Horst Siebert

Selbstgesteuertes Lernen und Lernberatung

Konstruktivistische Perspektiven

ziel

Dieser Titel ist auch als eBook erhältlich
ISBN 978-3-944 708-41-6

Sie finden uns im Internet unter
www.ziel-verlag.de

Herausgegeben von
RA Jörg E. Feuchthofen
Prof. Dr. Michael Jagenlauf MA
Prof. Dr. Arnim Kaiser

Die Reihe Grundlagen der Weiterbildung bietet Raum für

- Theorien, die das berufliche Handeln anregen und vertiefen.
- praktische Grundlagen und Tools.
- Ausarbeitungen, die konkurrierende Theorien, Praxen, Modelle und Ansätze gedanklich und empirisch weiterführen.

Wichtiger Hinweis des Verlags: Der Verlag hat sich bemüht, die Copyright-Inhaber aller verwendeten Zitate, Texte, Bilder, Abbildungen und Illustrationen zu ermitteln. Leider gelang dies nicht in allen Fällen. Sollten wir jemanden übergangen haben, so bitten wir die Copyright-Inhaber, sich mit uns in Verbindung zu setzen.

Inhalt und Form des vorliegenden Bandes liegen in der Verantwortung des Autors.

Bibliografische Information der Deutschen Nationalbibliothek
Die Deutsche Nationalbibliothek verzeichnet diese Publikation in der Deutschen Nationalbibliografie; detaillierte bibliografische Daten sind im Internet über *http://dnb.d-nb.de* abrufbar.

Printed in Germany

ISBN 978-3-940 562-37-1 (Print)

Verlag:	ZIEL – Zentrum für interdisziplinäres erfahrungsorientiertes Lernen GmbH Zeuggasse 7–9, 86150 Augsburg, www.ziel-verlag.de 3. Auflage 2013, Nachdruck 2016
Grafik und Layoutgestaltung:	Stefanie Huber, Friends Media Group GmbH Zeuggasse 7, 86150 Augsburg
Gesamtherstellung:	Friends Media Group GmbH www.friends-media-group.de

Inhaltsverzeichnis

Einleitung

Lebenslanges Lernen erfüllt unterschiedliche Funktionen: es fördert die ökonomische Wettbewerbsfähigkeit und berufliche Karrieren, es ermöglicht gesellschaftliche Partizipation, es erleichtert eine kluge Lebensführung und unterstützt eine reflexive Identitätsentwicklung. Lebenslanges Lernen findet nicht nur in institutionalisierten seminaristischen Formen statt. Gelernt wird ebenso in informellen Kontexten und auch „en passant“. Lebenslanges Lernen ist umso effektiver, je vielfältiger die Selbstlernkompetenzen sind. Nachhaltiges Lernen ist selbstgesteuertes Lernen – diese These wird von der konstruktivistischen Erkenntnistheorie bestätigt. Aber: auch selbstgesteuertes Lernen will gelernt sein und erfordert Unterstützung. Deshalb ist es konsequent, das Plädoyer für selbstgesteuertes Lernen mit der Forderung nach Lernberatung und nach unterrichtsbegleitenden Lernhilfen zu verbinden.

Selbstgesteuertes lebenslanges Lernen macht institutionalisierte Erwachsenenbildung nicht überflüssig, aber neue Lehr-Lernkulturen erscheinen erforderlich. Diese Kulturen des Lernens sind Bestandteil postmoderner Gesellschaften: sie sind erlebnisintensiv, kreativ, multikulturell, mehrperspektivisch, handlungsorientiert, nichtnormativ und vernetzt.

In den folgenden Kapiteln wird versucht, diese Zusammenhänge theoretisch, empirisch und bildungspraktisch zu verdeutlichen.

1. Selbstgesteuertes Lernen – zur Geschichte einer reformpädagogischen Idee

1.1 Paradigmenstreit in der Weimarer Volksbildung

Auch pädagogische Schlüsselbegriffe machen Karriere. Sie werden ins Gespräch gebracht, sind in aller Munde, geraten wieder in Vergessenheit, tauchen – oft auf Umwegen – wieder auf, erleben – in veränderten sozialhistorischen Kontexten und in modernisierter Terminologie – eine Renaissance. Solche verschlungenen Pfade lassen sich für „ganzheitliches Lernen“, für „emanzipatorische Pädagogik“ und auch für selbstgesteuertes Lernen aufspüren. Auf die Entstehungsgeschichte des selbstgesteuertes Lernens verweist der „Richtungsstreit“ der Weimarer Volksbildung.

Zur pädagogischen Diskussion trafen sich in den Zwanzigerjahren im „Hohenrodter Bund“ sozialreformerisch engagierte „Volksbildner“ – insbesondere Mitarbeiter von Volkshochschulen und Heimvolkshochschulen –, um eine „neue Richtung“ der Volksbildung zu realisieren. Die beiden kontroversen „Richtungen“ der Bildungsarbeit lassen sich wie folgt gegenüberstellen (wobei in der Praxis die Übergänge fließend waren und sich beide Konzepte oft vermischten):

Die „alte Richtung“ definierte Volksbildung „extensiv“ als Vermittlung, Verbreitung, Popularisierung wissenschaftlichen und kulturellen Wissens. Es überwog eine Vortragstätigkeit, der ein materialer, positivistischer, enzyklopädischer Bildungsbegriff zu Grunde lag. Im 19. Jahrhundert war der Zugang zu modernen wissenschaftlichen Erkenntnissen einer privilegierten Minderheit vorbehalten. Die Verfügung über neues Wissen wurde mit Bildung gleichgesetzt, und dieses Wissen verlieh ökonomische und politische Macht. „Wissen ist Macht“ – eine These von Francis Bacon – wurde von Wilhelm Liebknecht auch als Motto der sozialdemokratischen Arbeiterbewegung propagiert. Liebknecht definierte das Verhältnis von Wissen und Macht als wechselseitig: Wer über neues Wissen – zum Beispiel der Technik, der Ökonomie, der Psychologie – verfügt, ist dadurch anderen überlegen. Und zugleich: Wer politische und ökonomische Machtpositionen einnimmt, kontrolliert den Zugang zum Wissen (und den Bildungseinrichtungen).

Das „Wissen vermittelnde Paradigma“, wie es sich unter anderem in der „Universitätsausdehnungsbewegung“ manifestierte, war zumindest partiell demokratisch und reformerisch motiviert. Insofern lässt sich der Richtungsstreit zwischen extensiver Wissensverbreitung und intensiver Bildungserarbeitung – damals wie heute – nicht auf den Dualismus „konservativ – progressiv“ reduzieren.

Die Kritik an dieser Wissenschaftspopularisierung hatte drei Wurzeln:

1. Vor allem während des ersten Weltkriegs wuchsen die Zweifel an der optimistischen Gleichung „Wissenschaft = Industrialisierung + Demokratisierung = Emanzipation und Wohlstand auch für Benachteiligte". Dieser Fortschrittsoptimismus wurde durch die ökonomische und politische Entwicklung in Frage gestellt.
2. Die Reformpädagogik schärfte den Blick für die Mängel einer stofforientierten „Paukschule". Schon N. S. Grundtvig, der Begründer der dänischen Heimvolkshochschulidee, hatte für eine „lebendige", lebensweltorientierte Schule plädiert.
3. Die frontale Vermittlung wissenschaftlichen und kulturellen Wissens an Erwachsene, insbesondere an Arbeiter, erwies sich als wenig bildungswirksam. Die Rationalität des wissenschaftlichen Wissens blieb den meisten Erwachsenen verborgen, das Wissen blieb ihnen „äußerlich", es blieb – wie es die Kognitionspsychologie nennt – „träges Wissen".

Vertreter der „neuen Richtung" wie R. von Erdberg, W. Flitner, E. Weitsch, A. Mann, F. Laak, H. Lotze setzten sich für einen pädagogischen Perspektivenwechsel ein. Bildung wurde als Selbstbildung definiert, als Reflexion und Kommunikation von Erfahrungen, Deutungsmustern und Alltagswissen. Inspiriert wurde diese subjekt- und gemeinschaftsorientierte Konzeption durch reformpädagogische Ideen, aber auch durch den Lebensweltbegriff E. Husserls. Viele entdeckende, kreative, projektorientierte, auch narrative Arbeitsformen – zum Beispiel sokratische Gespräche, ökologische Erkundungen, erlebnispädagogische Veranstaltungen – sind heute in neuer Verpackung wieder modern.

Stellvertretend seien einige „Volksbildner" dieser neuen Richtung als Vorläufer des selbstgesteuerten Lernens zitiert. Zu den Sprechern des Hohenrodter Bundes gehörte Robert von Erdberg, Referent für Volksbildung am preußischen Kultusministerium. Robert von Erdberg unterscheidet 1920 drei Perioden der Volksbildung für Erwachsene: *„In der ersten (Periode), die von den Siebzigerjahren bis etwa in die Mitte der Neunzigerjahre reicht, war die Arbeit* ***vom Staate aus*** *eingestellt. In der zweiten Periode, die wir bis in das erste Lustrum des 20. Jahrhunderts rechnen dürfen, war die Bewegung* ***von der Kultur aus*** *eingestellt. In der dritten Periode ist sie* ***vom Menschen aus*** *eingestellt."* (von Erdberg 1920/1960, S. 17) Er kritisiert an der traditionellen Volksbildung eine „Ehrfurcht vor dem Wissen", mangelnde Unterscheidung zwischen Wissenswertem und Überflüssigem, eine Rollenverteilung zwischen „Gebenden und Empfangenden", eine Gleichsetzung von Wissen und Bildung, eine „Überfütterung mit Kulturgütern". Die „neue Richtung" bemüht sich um „Individualisierung" der Bildungs- (und Bibliotheks-) Arbeit. Von der Volkshochschule soll eine „neue geistige Bewegung" ausgehen. „Von der Auffassung ausgehend, dass Bildung nicht ein geistiger Besitz, sondern eine geistige Form ist, die durch die innere Auseinandersetzung mit der Kultur gewonnen wird, kommt die neue Richtung zu der Forderung einer individualisierenden Volksbildungsarbeit, die auf die im einzelnen Menschen gegebenen Voraussetzungen aufbauen muss.“ (v. Erdberg 1921/1960, S. 52)

Ähnlich wie Robert von Erdberg plädiert auch Eugen Rosenstock, unter anderem Direktor der Akademie der Arbeit in Frankfurt, für einen lebensweltorientierten Bildungsbegriff. Rosenstock unterscheidet drei „Bildungswelten“:

a) eine „geistliche Bildung der christlichen Welt“,
b) eine akademische wissenschaftliche Bildungswelt der Privilegierten,
c) eine gesellschaftsbildende Volksbildung.

Seine Kritik an der akademischen Volksbildung ist sozialpolitisch begründet. *„Was also im Zeitalter der akademischen Bildung an Volksbildung geleistet wird, das ist immer Brosamen von der Herren Tische, Abfütterung des unteren Mittelstandes mit populärer Literatur und mit Humboldt-Akademien.“* (Rosenstock 1920/1960, S. 71) Auch Rosenstock plädiert für eine subjektorientierte Didaktik. „Die Frage des Schülers tritt zum ersten Male an die erste Stelle vor die Antwort des Lehrers.“ (ebenda S. 77)

Unter dem Eindruck des Weltkriegs und des politischen Chaos schreibt er pathetisch: *„So macht erst der gemeinsame Leidensweg alle Deutschen zu Teilhabern eines gemeinsamen Lebenslaufs. (...) Dieser Lebenslauf stellt die ersten Fragen, die von der neuen Bildung zu beantworten sind. (...) In dem Zusammenbruch aller äußeren Bildung ist nun ein Maßstab gegeben für alles wahrhaft Bildende.“* (ebenda S. 79) Rosenstock spricht von einer „Lebensbildung“, die sozialorientiert und biografisch ausgerichtet ist. „Neben den Lebenslauf der Gemeinschaft muss sich ergänzend der Lebenslauf des einzelnen Menschen stellen.“ (ebenda S. 84) Seine Bildungsidee ähnelt dem, was wir heute als „Lebensführungskompetenz“ bezeichnen. Bevorzugte Organisationsform dieser Lebensbildung ist die Arbeitsgemeinschaft, in der „Verschiedendenkende“ gemeinsam lernen und eine gemeinschaftliche Zukunftswerkstatt etablieren.

Auch Alfred Mann, Volkshochschulleiter in Breslau, formuliert einen „volkstümlichen“ Bildungsbegriff, der soziales Lernen mit Individualisierung verknüpft. Auch Manns Bildungsbegriff orientiert sich nicht an dem Kanon und der Rationalität der Wissenschaftsdisziplinen, sondern an dem „Ich-Gesichtswinkel“ der Teilnehmer. Alfred Mann erörtert fünf didaktische Grundsätze der Volkshochschularbeit, darunter „die Forderung der Schüler-Selbsttätigkeit“. In diesem Begriff klingt vieles an, was der Terminus Selbststeuerung beinhaltet, nämlich Spontaneität, Selbsterkenntnis, auch Selbstkontrolle. *„Echten Bildungswert hat für einen Menschen nur die Erkenntnis, die er selbst aufzubauen vermag, nur der Gedanke, den er selbst zu denken weiß, nur das Kunstwerk, das er selbst erleben kann, nicht dasjenige, worüber ein anderer lediglich ihm etwas vorredet.“* (Mann 1928/1948, S. 26) Hier werden konstruktivistische Thesen einer „Autopoiese des Erkennens“ und einer „Emergenz der Kognition“ angedeutet.

Es geht hier nicht um eine umfassende Darstellung und kritische Würdigung der Bildungstheorie der Weimarer Volksbildung. Ich wollte lediglich auf eine „Anschlussfähigkeit" der aktuellen Diskussion über Selbststeuerung des Lernens hinweisen. Auf diese Zusammenhänge macht auch Hans Tietgens in seiner Analyse der „Teilnehmerorientierung in Vergangenheit und Gegenwart" (1983) aufmerksam. In der „neuen Richtung" „trat an die Stelle des Transports in ihrem Rang als gesichert geltender Kulturgüter die Suche nach der subjektiven Wahrheit. (...) Als Konsequenz eines nicht mehr zu verdeckenden Pluralismus der Normen wurden Suchbewegungen nach vorwärts und rückwärts angeregt." (Tietgens 1983, S. 10)

Paradigmenstreit

extensive Wissensvermittlung	**intensive Auseinandersetzung**
Popularisierung	Selbsttätigkeit
Verbreitung von Kenntnissen	Ich-Gesichtswinkel
Wissenstransfer	Lebensweltbezug
Unterricht	Arbeitsgemeinschaft
Sachlogik	Psychologik
Objekt	Subjekt
Vermittlung	Aneignung
Instruktion	Konstruktion

Bildung als

- Wechselverhältnis
- Erschließungskompetenz
- Welt-/Selbstverstehen
- Reflexivität

Abb. 1: Paradigmenstreit

1.2 Die Siebzigerjahre: Selbstorganisation statt Verschulung

Anfang der Siebzigerjahre des 20. Jahrhunderts, im Gefolge der Studentenbewegung, begann die Karriere des „Selbst“ – zumindest in Westdeutschland.

Selbstbestimmung war die emanzipatorische Leitidee der progressiven Pädagogik.
Selbstverwirklichung beinhaltete die Befreiung aus entmündigenden und entfremdenden Strukturen.
Selbsterfahrung war das didaktische Programm eines Lernens in Gesinnungsgemeinschaften.
Selbstorganisation war eine Alternative zu den verfestigten bürokratischen Strukturen des öffentlichen Bildungssystems.

Selbstbewusstsein sollen gegen autoritäre Fremdherrschaft immunisieren. Inspiriert wurde diese systemkritische Pädagogik unter anderem von lateinamerikanischen Pädagogen wie Paulo Freire und Ivan Illich. Vor allem Illich, der in Wien aufgewachsen war und nicht nur die lateinamerikanischen, sondern auch die europäischen Kulturen bestens kannte, wurde zum Sprecher einer Modernisierungs- und Zivilisationskritik. Er kritisierte vehement die kapitalistisch-industriegesellschaftliche Rationalität, die sich zunehmend aller Lebensbereiche bemächtigte. Zu dieser Ideologie gehörten ein Machbarkeitswahn und eine Technikgläubigkeit, ein ungebrochener Fortschrittsoptimismus und ein Denken in Profitkategorien. Das Prinzip des „mehr desselben“ wurde verabsolutiert: mehr Autobahnen für mehr Mobilität, mehr Krankenhäuser für mehr Gesundheit, mehr Waffen für mehr Frieden, mehr Schulpflicht für mehr Bildung etc. Diese Fortschrittsspirale – so Ivan Illich – wurde zunehmend kontraproduktiv und kontraintentional, die zum Teil unbeabsichtigten Nebenwirkungen konterkarierten die gut gemeinten Absichten.

Ivan Illich sprach von „Fortschrittsmythen“, er versuchte zu zeigen, „wie das industrielle Wachstum lediglich zur Modernisierung der Armut führt.“ (Illich 1983, S. 7) „Wir verlieren den Überblick über unsere Mittel, wir verlieren die Kontrolle über unsere Umweltbedigungen (...), wir verlieren den Geschmack an selbstvertrauender Bewältigung äußerer Gefahren und innerer Ängste.“ (ebenda S. 9) Die Modernisierung durch Experten entmündigt die Menschen. Die expandierende Gesundheitsversorgung macht krank, die Expansion des Erziehungswesens „verdummt“. Verloren geht die Fähigkeit zur „Konvivialität“, das heißt zum Miteinander-Leben, und die Bereitschaft zur „Selbstbegrenzung“. Ivan Illich verfolgt mit seinen Veröffentlichungen drei Ziele: *„Erstens, ich will den Charakter einer waren- und markt-*

intensiven Gesellschaft beschreiben, in der die Überfülle an Waren die autonome Erzeugung von Gebrauchswerten lähmt; zweitens, ich will aufzeigen, welche verborgene Rolle die Experten in dieser Gesellschaft spielen, indem sie deren Bedürfnisse prägen; drittens, ich will Illusionen aufdecken und Strategien vorschlagen, um die Macht der Experten zu brechen, die unsere Abhängigkeit vom Markt zu verewigen droht." (ebenda S. 15)

In Deutschland bestätigt und differenziert Heinrich Dauber diese modernitätskritische Gesellschaftsdiagnose. Dauber erkennt einen Zusammenhang zwischen „gesäuberter Erfahrung, industrieller Sterilisation und professioneller Reinigung". Daraus resultiert ein „Dilemma des professionellen Erwachsenenbildners": „Je weiter die Entmündigung der eigenen Lernfähigkeiten vorangeschritten ist, desto mehr bedarf es an nachfolgender pädagogisch-therapeutischer Arbeit, um Selbstbewusstsein und Selbstständigkeit wiederherzustellen." (Dauber in Breloer et al. 1980, S. 118)

Ivan Illich plädiert für eine „Entschulung der Gesellschaft", ja sogar für eine Abschaffung der Schule (wobei diese Forderung eher als Provokation und als heuristisches Planspiel zu verstehen ist). Seine Fundamentalkritik hat in der Pädagogik einen Sturm der Entrüstung, aber auch viel Zustimmung und Nachdenklichkeit hervorgerufen. Illich kritisiert die Schulpflicht, das Monopol der staatlich kontrollierten Schule und den Anspruch, durch Unterricht Bildung zu erzeugen. *„Als Institution ruht die Schule auf dem Grundsatz, dass Lernen ein Ergebnis von Lehren sei. (...) Den größten Teil dessen, was wir wissen, haben wir alle außerhalb der Schule gelernt." (Illich 1973, S. 42) Und: „Unsere derzeitigen Bildungseinrichtungen dienen den Zielen des Lehrers. Wir brauchen aber Beziehungsstrukturen, die es jedermann ermöglichen, sich selber dadurch zu entwickeln, dass er lernt und zum Lernen anderer beiträgt."* (ebenda S. 80)

Solche Thesen wurden von vielen Pädagogen als Kränkung empfunden. Selbstverständlich liegen viele Einwände auf der Hand. Für die Erwachsenenbildung kann geltend gemacht werden, dass ihr Institutionalisierungsgrad so gering war (und ist), dass von einer Weiterbildungspflicht und Fremdbestimmung noch kaum die Rede sein kann, dass eine Entinstitutionalisierung sich zu Lasten der Bildungsbenachteiligten auswirken würde.

Dennoch sind die Entschulungsentwürfe keine praxisfernen Gedankenspiele geblieben. So haben zwei „Bewegungen" die westdeutsche Gesellschaft und das Bildungssystem nachhaltig verändert: Die 68er Studentenbewegung und die „neuen sozialen Bewegungen". Die ÖKOPAX-Bewegung (Umwelt, Frauen, Frieden, Dritte Welt, Antikernkraft etc.) war (und ist) auch eine „Bildungsoffensive". Ihre Kernthese lautete: Lebensweltorientierte, selbstbestimmte, gesellschaftsverändernde Bildungsarbeit ist vor allem außerhalb der etablierten Institutionen möglich. Bildungsarbeit im Kontext der neuen sozialen Bewegungen muss selbstorganisiert sein.

Als Prototyp dieser selbstorganisierten Bildungsarbeit gilt die ***Volkshochschule Wyhler Wald***. Mitte der Siebzigerjahre formierte sich ein Widerstand der betroffenen Bauern gegen das geplante Atomkraftwerk Wyhl am Kaiserstuhl in der Nähe Freiburgs. Es etablierten sich Bürgerinitiativen, die ihre eigenen Lernprozesse organisierten, um sich mit ihrem Protest gegen die Experten der Atomlobby argumentativ behaupten zu können. Die Bürgerinitiativen gründeten ihre eigene, alternative Volkshochschule. Sie luden Referenten ein, bildeten Arbeitsgruppen und organisierten Exkursionen. (Vgl. Michelsen/Siebert 1985, S. 149 ff.)

Diese Bildungsarbeit ist ***„selbstinitiiert"***, das heißt selbstveranlasst. Die Initiative geht von den Betroffenen aus, so dass eine hohe intrinsische Motivation vorhanden ist. Die Lerninhalte ergeben sich nicht aus einem Fächer- oder Wissenschaftskanon, sondern aus lebensweltlichen Problemen und Verwendungssituationen. Lernmotive müssen nicht „geweckt" werden, sondern die vorhandenen Bedürfnisse nach einem gesunden und befriedigenden Leben motivieren zum Lernen. Diese Bildungsarbeit ist selbstorganisiert, das heißt, die Teilnehmer/innen entscheiden selber die ihnen angemessenen Veranstaltungsformen, Umgangsformen, Lernarrangements.

Je mehr diese ökologisch-alternative Bildungsarbeit an Umfang und Bedeutung gewann, desto unvermeidlicher wurden eine Institutionalisierung und eine Einschränkung der Selbstorganisation. Sobald staatliche Zuschüsse in Anspruch genommen wurden, war eine Anpassung an Vorgaben und Auflagen des Gesetzgebers unvermeidbar.

Martin Beyersdorf hat diesen ambivalenten Institutionalisierungsprozess der selbstorganisierten „alternativen" Bildungsarbeit empirisch rekonstruiert. Er macht die Grenzen der Selbstorganisation deutlich, vor allem dann, wenn eine Breitenwirkung der Bildungsarbeit angestrebt wird. „Selbstorganisierte Bildungsarbeit hat neue Themenfelder, Arbeitsweisen und Teilnahmegruppen für die Erwachsenenbildung erschlossen." (Beyersdorf 1991, S. 220) Um einer größeren Wirksamkeit willen ist aber eine Institutionalisierung – einschließlich einer dauerhaften Finanzierung – unerlässlich. So erscheint es wenig Erfolg versprechend, Selbstorganisation und Institutionalisierung als Gegensätze zu begreifen. Vielmehr kommt es darauf an, neue Formen der Institutionalisierung mit möglichst viel Selbstorganisation zu erproben.

Jean Paul Sartre: Der Autodidakt

„Plötzlich fallen mir alle Autoren ein, deren Bücher er letzthin gelesen hat: Lambert, Langlois, Larbalétrier, Lastex, Lavergne. Es überkommt mich wie eine Erleuchtung: Ich habe die Methode des Autodidakten verstanden – er bildet sich in alphabetischer Reihenfolge.
Ich sehe ihn an, und es packt mich so etwas wie Bewunderung. Welcher Wille gehört dazu, um auf diese Weise, langsam und verbissen, ein so ungeheures Vorhaben zu verwirklichen! Eines Tages vor sieben Jahren (er sagte mir, er studiere seit sieben Jahren) hat er feierlich diesen Raum betreten. Sein Blick schweifte über die ungezählten Bände in den Regalen, und er muss sich, ähnlich wie Rastignac, gesagt haben: ‚Und jetzt heraus zum Kampfe, menschliches Wissen!' Dann hat er das erste Buch auf dem ersten Bücherbord ganz rechts ergriffen und hat es auf der ersten Seite aufgeschlagen, erfüllt von Ehrfurcht und Schrecken und einer wilden Entschlossenheit. Er ist jetzt bei L. Auf J folgte K, auf K folgte L. Unvermittelt ist er übergegangen vom Studium der Käfer auf die Quantentheorie, von einem Werk über Tamerlan auf eine katholische Schmähschrift gegen den Darwinismus: Es hat ihn nicht einen Augenblick aus der Fassung gebracht. Er hat alles gelesen. Er hat die Hälfte von allem, was man über die Jungfernzeugung weiß, die Hälfte aller Argumente gegen die Vivisektion in seinem Schädel eingelagert. Hinter ihm und vor ihm liegt ein Weltall. Und der Tag ist nicht mehr fern, an dem er das letzte Buch des letzten Regals auf der äußersten Linken schließen und zu sich selbst sagen wird: ‚Und jetzt?'" (Sartre 1968, S. 36f.)

1.3 Mitte der 1990er Jahre: Von der Weiterbildung zum lebenslangen Lernen

Mitte der Neunzigerjahre wurde eine globale Weiterbildungskampagne inszeniert. (Vgl. Dohmen 1997, S. 10 ff.; Knoll 1997, S. 27 ff.; Nuissl 1997, S. 41 ff., Krug 1997, S. 50 ff.)

- Der Rat der Europäischen Union erklärte das Jahr 1996 zum „Jahr des lebenslangen Lernens“.
- Eine EU-Kommission veröffentlichte dazu ein „Weißbuch zur allgemeinen und beruflichen Bildung“ mit dem Titel „Auf dem Weg zur kognitiven Gesellschaft“.
- Der ehemalige Präsident der Europäischen Kommission, Jacques Delors, war Leiter einer „International Commission on Education for the 21st Century“, die 1996 einen Bildungsbericht für die UNESCO erarbeitete. Der Titel lautete: „Learning: The Treasure Within“. (Deutsch: Das Gold in den Köpfen)
- 25 Bildungsminister der OECD-Länder vereinbarten 1996 in Paris einen Aktionsplan „from education to learning“. Das Motto der Konferenz lautete „Lifelong Learning for All“.
- In Finnland fand 1996 eine „Conference of the European Year of Lifelong Learning“ statt zum Thema „The Joy of Learning. Implementing Lifelong Learning in the Learning Society“.
- In mehreren europäischen Ländern wurden anlässlich des „Europäischen Jahrs des lebenslangen Lernens“ „Lernfeste“ veranstaltet.
- 1997 fand in Hamburg die fünfte UNESCO-Weltkonferenz zur Erwachsenenbildung statt.
- Verabschiedet wurden in Hamburg eine „Agenda für die Zukunft des Lernens im Erwachsenenalter“ und eine „Deklaration CONFINTEA V“ (Conference Internationale de l'Education des Adultes).
- Das deutsche Bundesministerium für Bildung und Forschung richtete einen Arbeitskreis für ein „CONFINTEA follow up“ ein, der – unter Federführung des Deutschen Instituts für Erwachsenenbildung 1999 einen Bericht „Lernen für die Zukunft“ vorlegte.
- Die Konzertierte Aktion Weiterbildung etablierte 1996 eine Ad-hoc-Arbeitsgruppe zum Selbstgesteuerten Lernen.
- Günther Dohmen erstellte im Auftrag des Bundesministeriums für Bildung und Forschung 1996 ein Gutachten über „das lebenslange Lernen“ sowie 1997 einen Bericht über „Selbstgesteuertes Lernen“.

- Die Kommission Erwachsenenbildung der Deutschen Gesellschaft für Erziehungswissenschaft führte ihre Jahrestagung 1997 zum Thema „Selbstorganisiertes Lernen als Problem der Erwachsenenbildung" durch.
- Das Deutsche Institut für Erwachsenenbildung betreute von 1998 bis 2000 ein vom Bundesministerium für Bildung und Forschung gefördertes Projekt „Selbstgesteuertes Lernen – Serviceleistungen zur Entwicklung einer neuen Lernkultur in der Weiterbildung." (Dietrich et al. 1999)
- Am 11. Mai 2000 fand im Deutschen Bundestag auf Antrag der Fraktion der SPD und Bündnis 90/Die Grünen eine Debatte über „Lebensbegleitendes Lernen für alle" statt.

Informelles und selbstgesteuertes Lernen spielt auch in den folgenden Dokumenten und Empfehlungen der EU eine zentrale Rolle:

- „Memorandum über Lebenslanges Lernen" (2000)
- „Einen europäischen Raum des lebenslangen Lernens schaffen" (2001)
- „Aktionsplan der Kommission für Qualifikation und Mobilität" (2002)
- „Vorschlag für eine Entscheidung des Europäischen Parlamentes und des Rates über ein einheitliches Rahmenkonzept zur Förderung der Transparenz von Qualifikationen und Kompetenzen" (Europass) (2003)
- „Gemeinsame europäische Grundsätze für die Validierung des nicht-formalen und des informellen Lernens" (2004)
- „Entschließung des Rates der EU zur lebensbegleitenden Beratung" (2004)
- Zu nennen ist auch der Entwurf eines „Europäischen Qualifikationsrahmens" und die Vorlage eines „Deutschen Qualifikationsrahmens" (2007)

Diese Häufung der internationalen Konferenzen, Resolutionen, Projekte ist auffällig. Die Bewertung dieser Aktivitäten fällt unterschiedlich aus – je nachdem, ob man zu den Insidern oder den Outsidern gehört, ob man eingeladen wurde oder nicht etc. Die Wortführer sprechen von einer globalen politischen Aufwertung des lebenslangen Lernens, manche außenstehenden Beobachter von einer symbolischen Politik, einer Problemverschiebung und einem Ausstieg aus der öffentlichen Verantwortung für Weiterbildung. Die Vielzahl der Veröffentlichungen zeigt: Kein Schlüsselbegriff, kein Argument ist völlig neu. Für die Notwendigkeit ständigen Weiterlernens hat es immer schon gute Gründe gegeben. Auch die Slogans – zum Beispiel „lifelong learning for all" kommen uns bekannt vor. Und dennoch sind einige bemerkenswerte Akzentverschiebungen erkennbar. Es deutet sich ein Perspektivenwechsel an:

1. ***Es wird eine Umstellung von Weiterbildung auf „lebenslanges Lernen" vorgenommen.***
   Weiterbildung ist ein Strukturbegriff. Er bezeichnet einen Bereich des öffentlichen Bildungswesens; in Deutschland den „quartären Sektor". Lifelong learning betont die biografische Perspektive, die Kontinuität des Lernens von der Kindheit bis ins hohe Alter. Die institutionalisierten Bildungsangebote werden zwar nicht abgewertet, aber es wird betont, dass Lernen nicht identisch mit Weiterbildungsbeteiligung ist.
2. ***Der Lernbegriff wird ausgeweitet.***
   Früher wurde Education oft gleichgesetzt mit dem Erwerb formalisierter Schulabschlüsse. Jetzt wird Lernen nicht nur als schulisches, organisiertes Lernen begriffen, sondern als eine Vielfalt formaler und infomeller Aktivitäten. Der Lernbegriff wird enger mit einem Konzept „kluger Lebensführung" verknüpft. Der Delors-Bericht unterscheidet vier Dimensionen des Lernens: „Learning to know, learning to do, learning to be, learning to live together." (Vgl. Knoll 1997, S. 33.)
3. ***Es findet eine Akzentverschiebung von Lehre zur Lernberatung statt.***
   In den USA kursiert das Motto „more learning – less teaching". Die OECD propagierte eine Wende „from education to learning". Statt von Lehrenden ist häufiger die Rede vom „Facilitator", „Coach", Lernberater. In Deutschland verdrängt der Begriff „Lernkultur" den traditionellen Begriff Unterricht. Rolf Arnold spricht von einer „Ermöglichungsdidaktik" anstelle einer herkömmlichen „Vermittlungsdidaktik". (Vgl. Arnold 2000.)
4. ***Das Konzept der (Schlüssel-)Qualifizierung wird durch das der Kompetenzentwicklung ersetzt.***
   Soziale, personale, metakognitive Kompetenzen sind komplexer als trainierbare Qualifikationen. (Vgl. Sauer 1997, S. 25; Erpenbeck/Heyse 1999; Arnold/Müller 1999.) Kompetenzen werden „im Leben", in sozialen und beruflichen Kontexten, durch Erfahrungen erworben. Kompetenzen entstehen durch Mischungen organisierter und informeller Lernprozesse, durch eine Kombination von Sozialisationseinflüssen und intentionalen Bildungsaktivitäten.

Überspitzt formuliert: In der Vergangenheit waren bildungspolitische Konferenzen und Verlautbarungen meist auf die Konsolidierung des formalisierten Weiterbildungssystems ausgerichtet. Jetzt wird dieses Bildungssystem relativiert, institutionalisiertes Lernen wird nicht mehr als der Königsweg, sondern als ein Baustein in einem komplexen lebensweltlichen „curriculum vitae" „positioniert". Das lernende Individuum rückt in das Zentrum der Betrachtung: Es ist lernfähig, mündig, aber auch verantwortlich für seine Lernerfolge und Lernverweigerungen.

Die Metapher der Delors-Kommission „learning: the treasure within" signalisiert: Unser Reichtum liegt in unseren Köpfen. Wer seine eigenen Möglichkeiten nicht nutzt, hat selber Schuld. „Leitender Gesichtspunkt der Delors-Kommission war die Notwendigkeit, die nach Schätzungen der Faure-Kommission zu 50 % brachliegenden Kompetenzpotenziale der Menschen durch ein lebenslanges Kompetenz entwickelndes Lernen zu mobilisieren, das heißt, den Kompetenz-Schatz im Inneren der Menschen durch kontinuierliches Lernen zu heben." (Dohmen 1997, S. 11)

Die vorrangige Botschaft lautete: ***Die Lerngesellschaft benötigt nicht unbedingt einen weiteren Ausbau traditioneller Bildungseinrichtungen, sie benötigt neue Lernkulturen, in denen vielfältige Formen des selbstgesteuerten Lernens unterstützt werden.*** Man kann diese Position als Relativierung und Reduzierung der öffentlichen Verantwortung für die Weiterbildung verstehen. Man kann sie aber auch als eine Aufforderung zur Entwicklung neuer Angebotsformen und Netzwerke des Lernens begreifen. Aufgrund der ursprünglich vorherrschenden Befürchtungen scheint sich nun die zweite Sichtweise durchzusetzen.

Bemerkenswert schnell hat das Konzept des selbstgesteuerten Lernens Eingang in die bildungspolitische Diskussion gefunden. So wird in der Bundestagsdebatte über Weiterbildung am 11. Mai 2000 von einem Paradigmenwechsel gesprochen. Ernst Küchler, der Experte für Weiterbildung in der SPD-Fraktion, betont in seiner Begründung des Koalitionsantrags die notwendige Verknüpfung von selbstgesteuertem Lernen mit institutionalisierter öffentlicher Weiterbildung: „Selbstgesteuertes Lernen und informelles Lernen werden sich in die klassischen Lernstrukturen einbinden. Dabei kommt der ‚Eigenverantwortung' (...) des Einzelnen eine größer werdende Bedeutung zu. (...) Vielmehr müssen Eigenverantwortung und öffentliche Verantwortung angemessen korrespondieren." (Deutscher Bundestag Drucksache 14/3127, S. 9607) Empfohlen werden neue Netzwerke der Bildungsanbieter und „Anreizsysteme" (zum Beispiel Bildungskonten) für die Interessierten. In dem Antrag zur Weiterbildung wird unter anderem gefordert:

- *„die Beratung zu verbessern und ein Weiterbildungsberatungssystem aufzubauen (...)*
- *neue Lernformen und Lernarrangements für das selbstgesteuerte Lernen zu entwickeln und zu erproben (...)*
- *die professionelle Qualität des Personals nicht zuletzt bei der Wahrnehmung neuer Aufgaben und Rollen – zum Beispiel als Moderator oder Lernberater in selbstgesteuerten Lernprozessen – zu erhöhen."*

Zu dem „neuen Leitbild" heißt es: „Lebenslanges Lernen schließt eine Veränderung der Sicht des Lernens selbst ein und verlangt einen weit reichenden Einstellungswandel der Lehrenden und Lernenden." (Drucksache 14/3127, Antrag S. 3)

Ortfried Schäffter hat darauf aufmerksam gemacht, dass der Begriff selbstgesteuertes/selbstorganisiertes Lernen in unterschiedlichen Diskursen thematisiert wird (Schäffter 1997, S. 30 f.):

a) in einem bildungspolitischen Diskurs
„Hier beschäftigt man sich (…) damit, ob es wünschenswert oder gefährlich sei, wenn neo-liberale Ordnungsvorstellungen bei der Konzipierung von Weiterbildung stärker zum Zuge kämen."

b) in einem pädagogisch-programmatischen Diskurs
„Selbstorganisiertes Lernen wird normativ gefasst und aus der alteuropäischen Dualität von Autonomie und Fremdbestimmung bewertet."

c) in einem alltagsgebundenen Praktikerdiskurs
„Der Diskurs reagiert auf offenkundige Wirksamkeitsgrenzen institutionalisierten Lernens nach dem Instruktionsparadigma, das nicht mehr auf der Höhe der heutigen Lerntechnologie ist."

d) in einem paradigmatisch ausgerichteten Diskurs
Systemtheoretische Ansätze machen auf die Selbstreferenzialität des Lernens und des pädagogischen Handelns aufmerksam.

2. Theoretische Aspekte

2.1 „Selbstgesteuertes Lernen" – eine Wende der Wahrnehmung

Lernen – ein beobachtungsrelatives Konstrukt

Praxis *ist ein Handlungsfeld: Ein Kursleiter betritt einen Seminarraum, findet eine Gruppe vor und trifft Entscheidungen – hier und jetzt, möglichst eindeutig, möglichst plausibel, möglichst effektiv. Zu Gute kommt ihm sein implizites Wissen, seine pädagogische Erfahrung, sein „geschulter Blick", seine Routine.*

Theorie *ist Beobachtung. Mehrere Theoretiker setzen sich auf verschiedene Stühle und beobachten aus unterschiedlichen Perspektiven und Interessen mit unterschiedlichen Codes. Es ist nicht so, dass die einen „richtig" sehen und die anderen „falsch", aber niemand kann mehrere Perspektiven gleichzeitig einnehmen, niemand sieht das „Ganze", jede Ansicht hat ihre „blinden Flecke", doch auch Theoretiker können ihre Brille wechseln.*

Beobachter A hat die biografische Brille auf. Alle Teilnehmeräußerungen beruhen – für ihn – auf Erfahrungen, jeder Teilnehmer betritt den Raum mit einem unverwechselbaren biografischen Gespräch, jeder Diskussionsbeitrag hat eine eigene Geschichte. Beobachter B bewertet jeden Diskussionsbeitrag als Teil einer „symbolischen Interaktion" in einem gruppendynamischen Kontext. Jede Mitteilung ist an Gruppenmitglieder adressiert und hat einen Inhalts- und Beziehungsaspekt. Beobachter C ist Wissenssoziologe und interpretiert ein Seminar als Ort der gesellschaftlichen Vermittlung und Produktion von Wissen, als Austausch unterschiedlicher Wissensbestände. Für Beobachter D – den Systemtheoretiker – erfüllt ein Seminar Funktionen einer gesellschaftlichen Integration, aber auch Exklusion. Beobachter E registriert als Behaviorist Reiz-Reaktions-Prozesse in einer Gruppe, die Steuerung von Verhalten durch Impulse und Verstärkungen. Beobachter E beobachtet, wie Teilnehmer in dem Seminar autopoietisch Wirklichkeiten konstruieren und eine Emergenz der Kognition stattfindet.

Im Anschluss an das Seminar setzen sich die Theoretiker zusammen, überlegen, ob sich die Beobachtungen wie ein Puzzle zusammenfügen lassen, welche „Brillen" welche praktische Relevanz haben. Bei manchen Themen ist der biografische Blick besonders ergiebig, bei anderen Themen die interaktionis-

tische Perspektive. Vielleicht kommt ein Metatheoretiker als Beobachter zweiter Ordnung hinzu, der beobachtet, warum die Theoretiker so beobachten, wie sie beobachten. Nicht fehlen sollte bei dieser Talkshow der Kursleiter, der begründen und erklären kann, warum er so und nicht anders gehandelt hat, der sich von den Beobachtungen der Theoretiker zwar nicht belehren, aber doch anregen lassen kann, der aber auch den Theoretikern seine Wahrnehmungen und Fragen mitteilt und auf deren blinde Flecke hinweist. Der Praktiker entscheidet selber, welche theoretischen Ansichten für ihn viabel sind und wie viel theoretische Perturbation er verkraften kann, ohne sich in seiner Bildungspraxis allzusehr irritieren zu lassen. Es gibt Zeiten, in denen er für mehr Theorie zugänglich ist, in anderen Situationen kann er nur wenig Theorie verarbeiten, und er fühlt sich von den Theoretikern eher belästigt.

Es wird gelegentlich moniert, dass die Begriffe in der Kombination mit „selbst" unscharf seien. Die terminologische Unübersichtlichkeit ist zum Teil auf die unterschiedlichen Denkgebäude zurückzuführen: ***„Selbstbestimmung"*** stammt aus einem emanzipatorisch-politischen Bezugssystem; ***„Selbstverwirklichung"*** eher aus der Identitätstheorie; ***„Selbstreferenzialität"*** aus dem neurobiologischen Konstruktivismus. Manche Begriffe werden in unterschiedlichen Kontexten verwendet, zum Beispiel Selbstorganisation als Schlüsselkategorie für die Eigendynamik von Systemen aller Art oder im engeren Sinne als individuelles Management von Lernprojekten.

Der seit Mitte der Neunzigerjahre häufig verwendete Begriff des selbstgesteuerten Lernens ist eine Übersetzung des amerikanischen ***„self-directed learning"*** (gelegentlich auch ***self-guided learning***). So zitieren Peter Faulstich und Christine Zeuner eine „klassische" Definition von M. Knowles aus dem Jahr 1975: „In its broadest meaning, ‚self-directed learning' describes a process in which individuals take the initiative, with or without the help of others, in diagnosing their learning needs, formulating learning goals, identifying human and material resources for learning, choosing and implementing appropriate learning strategies, and evaluating learning outcomes." (Knowles in Faulstich/Zeuner 1999, S. 145)

Diese Umschreibung ist aktuell und konsensfähig. Selbststeuerung des Lernens betrifft die „Freiheitsgrade" (Gnahs 1998, S. 62)

- in der Entscheidung für Lernprojekte,
- in den Prioritäten der Lernbedürfnisse und Interessen,
- in der Begründung der Lernziele,
- in der Nutzung der Lernmedien und Lernhilfen,
- in der Bevorzugung von Lernstilen und Lernstrategien
- in der Bewertung der Lernergebnisse.

Die Selbststeuerung des Lernens unterscheidet sich je nach Lernart. Hier ist die Begriffsvielfalt noch unübersichtlicher: ***angeleitetes, organisiertes, institutionalisiertes, intentionales Lernen, implizites, inzidentelles, informelles Lernen, Lernen „en passant“ (Reischmann), unbewusstes, latentes Lernen, autodidaktisches Lernen, computerunterstütztes Lernen etc.***

Peter Faulstich weist auf die Multidimensionalität und Vielschichtigkeit der Kombinationen hin: Lernen in Kursen ist keineswegs nur „fremdbestimmt“, Lernen in Selbsthilfegruppen ist ebenso wenig nur „selbstbestimmt“. „So ist am Arbeitsplatz zum Beispiel intentionales, integriertes, fremdbestimmtes, wissenschaftsbezogenes Lernen möglich, im Unterricht kann inzidentelles, erfahrungsbezogenes, selbstbestimmtes Lernen stattfinden. Institutionell eingebundenes Lernen ist keineswegs immer fremdbestimmt, Lernen im sozialen Kontext nicht per se offen.“ (Faulstich 1999, S. 32) Eine Person kann sich „selbstbestimmt“ entschließen, Spanisch zu lernen und sich dann für ein curricular vorgegebenes Lernprogramm entscheiden.

Hilfreich ist ein Schema von Dieter Gnahs et al., in dem mehrere Entscheidungsebenen getrennt werden (Gnahs et al. 1998, S. 28).

Lernarrangements

Autodidaktisches Lernen	**Dimensionen des Lernens**	**Fremdgesteuertes Lernen**
Lernerzentrierung	Orientierung des Lerngeschehens	Lehrerzentrierung
agierender Lerner	Aktivitätsgrad der Lernenden	konsumierender Lerner
flexible Lernzeiten	zeitliche Flexibilität der Lernenden	gebundene Lernzeiten
variable Lernorte	räumliche Fexibilität der Lernenden	feste Lernorte
Lernzielautonomie	Entscheidungsfreiheit über Lernziele	vorgegebene Lernziele
frei wählbare Lerninhalte	Entscheidungsfreiheit über Lerninhalte	vorgegebene Lerninhalte
Selbstkontrolle	Überprüfung des Lernerfolges	Fremdkontrolle

Quelle: Konzertierte Aktion Weiterbildung 1998, S. 28

Abb. 2: Lernarrangements

Verwirrung entsteht, wenn deskriptive und normative Ebenen vermischt werden. Der Begriff Selbststeuerung ist positiv besetzt, er ist eine „Wärmemetapher“ (Niklas Luhmann). Selbststeuerung ist aus anthropologischen und demokratischen Gründen wünschenswert. Ob aber selbstgesteuertes Lernen „effektiver“, „erfolgreicher“ ist als angeleitetes Lernen, ist eine offene Frage, die empirisch zu klären ist, was allerdings wegen der Komplexität mentaler Prozesse ausgesprochen schwierig ist. Selbststeuerung, Selbstbestimmung sind ***relative*** Begriffe. Es gibt selten ein dualistisches Entweder-oder, sondern Grade, Ausprägungen, Varianten autonomen Handelns.

Noch eine Anmerkung zum Begriff der Selbst-Steuerung des Lernens. Ist Lernen überhaupt „steuerbar“? Steuerung unterstellt bewusste Regulierung. Viele Lernprozesse ereignen sich jedoch unbewusst, ungesteuert. Der Steuerungsbegriff entstammt dem technologischen Machbarkeitsdenken. Wir können unsere Kognitionen und Emotionen nicht wie unseren Pkw „steuern“. „Selbststeuerung“ ist deshalb eine ***Metapher***, eine bildhafte, „uneigentliche“ Bezeichnung.

Unscharf ist auch die Rede vom ***„Selbst“***. Ist die Aufwertung des Selbst (und des Ich) charakteristisch für die Individualisierungsprozesse unserer modernen Risikogesellschaft? Ist das Selbst sich selbst das Nächste? Ist die Wertschätzung des Selbst tatsächlich so selbstverständlich? (Buddhistische Leser werden Zweifel anmelden.) Fördert ein Plädoyer für Selbstbestimmung eine „Gesellschaft der Ichlinge“? (Keupp 2000) Welchen Stellenwert hat in dieser Selbstverwirklichungsdebatte die „Selbstlosigkeit“? Solche Fragen nach dem Welt- und Menschenbild des „Selbst“ an der Schwelle zu einem postmodernen, multikulturellen Millenium werden unter anderem von Peter Faulstich (1999, S. 34), Ortfried Schäffter (1998, S. 33) und Jürgen Wittpoth (1994) diskutiert.

So lässt sich folgende Zwischenbilanz ziehen:

1. Selbstgesteuertes Lernen ist kein exakter, operationalisierbarer Begriff, sondern eine Metapher, die Interpretationsvarianten zulässt und Interpretationsfantasie freisetzt.
2. Selbstgesteuertes Lernen speist sich aus unterschiedlichen Denktraditionen (Emanzipationspädagogik, Entschulungsdebatte, Kognitionswissenschaft etc.).
3. Neu ist nicht sosehr das selbstgesteuerte Lernen, sondern die Aufmerksamkeit und das ökonomische Interesse daran.
4. Eine dualisierende Gegenüberstellung (zum Beispiel selbstgesteuert versus fremdgesteuert) ist eher verwirrend als klärend. Auch ist selbstgesteuertes Lernen nicht per se erfolgreicher als angeleitetes Lernen.
5. Tendenziell gilt: Wer kontinuierlich an institutionalisierter Weiterbildung teilnimmt, verfügt auch über effektive Selbstlernkompetenzen.
6. Manche Lernziele lassen sich wirksamer allein erreichen (zum Beispiel Vokabellernen), andere Lernziele erfordern institutionalisierte Angebotsformen (zum Beispiel Rhetorik, Kommunikation).

7. Der Computer als Lehr-Lern-Medium und als „Ersatz" für seminaristische Weiterbildung wird (noch?) überschätzt.
8. Die Stärkung der Selbstverantwortung des Lernens sollte nicht mit einem Abbau öffentlicher Verantwortung für Weiterbildung verbunden sein.
9. Eine finanzielle Entlastung des Staates und der Wirtschaft ist von dem Konzept des selbstgesteuerten Lernens nicht zu erwarten.
10. Die institutionalisierten Lernkulturen verändern sich ständig (zum Beispiel Beratung, Netzwerke, flexible Angebote etc.), wobei nicht alles, was als neu angeboten wird, tatsächlich neu ist.

In der neueren Weiterbildungsliteratur – insbesondere in der Bildungsberichterstattung – werden die Begriffe **informelles Lernen und selbstgesteuertes Lernen** häufig synonym verwendet. In dem *„Berichtssystem Weiterbildung"* von 2008 heißt es:

„Mit dem Begriff des ‚informellen Lernens' wird ein weites Feld von möglichen Lernformen bezeichnet, die nicht in der Form des Unterrichts, also einer definierten Lernsituation mit den Rollen ‚Lehrende' und ‚Schüler/innen' stattfinden...

Als weitere Form des informellen Lernens (neben der informellen beruflichen Weiterbildung, H.S.) bezieht das Berichtssystem Weiterbildung das ‚Selbstlernen in der Freizeit' ein. Es ist dadurch definiert, dass man sich in den letzten 12 Monaten selbst etwas beigebracht hat', und zwar ‚außerhalb der Arbeitszeit und außerhalb von Lehrgängen/Kursen oder Seminaren'. (2007 waren es 39 % der Erwachsenen.) Ausdrücklich handelt es sich also um ‚intentionales Lernen'." (Rosenbladt 2008, S. 41 ff.)

Auch das internationale Berichtssystem *„Adult Education Survey"* unterscheidet nicht zwischen „informellem Lernen" und „intentionalem Selbstlernen".

Zum informellen, selbstgesteuerten Lernen wird das Lesen von Fachzeitschriften, Internet-Nutzung, Fernsehen, Museumsbesuche, Messen, aber auch Lernen von Freunden und Familienangehörigen gerechnet.

„Die Selbstlerner-Quote im AES ist höher (53 %) als die im BSW (39 %), weil sie sich auch auf das Selbstlernen in der Arbeitszeit erstreckt." (ebda. S. 58)

Lerntheoretisch betrachtet ist „selbstgesteuertes Lernen" der umfassende Begriff, da auch in Kursen und Seminaren selbstgesteuert gelernt werden kann. Der Begriff „informelles Lernen" bezeichnet eher (nicht organisierte) Lernkontexte – im Unterschied zum formalen Lernen in prüfungsbezogenen Kursen und zum non-formalen Lernen in nicht-abschlussbezogenen Seminaren. Wenn von „Bildungsbeteiligung" die Rede ist, ist lediglich die Teilnahme an institutionalisierten Veranstaltungen gemeint. Dabei ist allerdings zu beachten, dass auch die „Nicht-Teilnehmer" durchaus zu den „Lernaktiven" gehören können.

2.2 Selbstorganisation und die Modellierung des Selbst

Das vorherrschende Denkmuster der Industriegesellschaft ist mechanistisch. Die Welt und auch die Menschen werden wie Maschinen behandelt. Maschinen bestehen aus Einzelteilen, die bei Störfällen repariert oder ausgetauscht werden können. Maschinen sind durch Energie und Informationen nach dem Input-Output-Modell steuerbar und berechenbar. Die Ursache-Wirkung-Zusammenhänge folgen einer linearen Kausalität. Die mechanistisch-technologische Welt ist planbar, kalkulierbar, kontrollierbar. (Vieles spricht dafür, dass der Autoverkehr zügiger fließen würde, wenn die Hälfte aller Ampeln und Verkehrsschilder abmontiert würde.) Die bürokratisch-technologische Rationalität hat auch unser Bildungs- und Erziehungssystem geprägt. Auch Schüler und lernende Erwachsene wurden behandelt wie „triviale Maschinen“ (Heinz von Foerster 1993). Sie wurden nach behavioristischen Mustern mit Wissen gefüttert, sie wurden trainiert, konditioniert, geschult. Bildung resultierte angeblich aus Informationsverarbeitung, aus der Codierung und Decodierung von Informationen. Lernen erschien programmierbar – zum Beispiel durch Operationalisierung von Lernzielen, durch Planung von Lernschritten, durch „teacher-proof-Lerntests“, durch eine bürokratische Schulverwaltung. Der Eigensinn der Lernenden, Überraschungen im Unterricht, der heimliche Lehrplan – all diese Unwägbarkeiten galten eher als Störfaktoren. Lernprozesse werden oft übersteuert, determiniert, übermäßig standardisiert.

Technologisch-mechanistisches Denken ist nicht „falsch“, aber es ist nicht allgemein gültig, es funktioniert vor allem bei der Steuerung technischer Systeme, nicht aber bei lebendigen Systemen. Unser Nervensystem, unser Bewusstsein, soziale Systeme, Biotope, auch Organisationen, Gesellschaften, Kulturen sind komplexe, vernetzte, zirkuläre Systeme. Sie funktionieren durch Rückkoppelungen, Eigendynamik, Wachstum. Ihre Entwicklungen verlaufen nicht linear, sondern diskontinuierlich, oft chaotisch. Die Einzelelemente sind in Netzwerken miteinander verknüpft, sie sind interdependent verbunden. Eingriffe von außen stören die Homöostase und das Fließgleichgewicht, und solche Störungen sind oft irreversibel. Lebendige Netzwerke sind dadurch überlebensfähig, dass sie nicht fest verdrahtet, bürokratisiert und überreguliert sind. Das Ganze dieser Netzwerke ist mehr als die Summe der Teile; kleine Ursachen haben oft große Wirkungen und unkalkulierbare Nebeneffekte. Ein bekanntes Beispiel ist der meteorologische Schmetterlingseffekt. Je komplexer ein System – zum Beispiel eine demokratische Gesellschaft – desto mehr Selbstorganisation muss zugelassen und gefördert werden.

„Das ‚Selbstorganisations-Konzept' trägt der Tatsache Rechnung, dass Systeme – natürliche wie gesellschaftliche – einfach zu komplex, zu variantenreich und in sich zu differenziert sind, um sie wirklich in einfachen Erklärungsmodellen ‚abbilden' zu können. Systeme sind auch zu komplex und zu wenig kalkulierbar, um sie nur durch die Handhabung einiger zentraler Faktoren – ohne Risiko – erfolgreich und zielorientiert steuern zu können." (Arnold 1993, S. 23)

Fritjof Capra bezeichnet diese Wende von einer mechanistischen zu einer systemisch-ökologischen Weltsicht als Paradigmenwechsel. *„Die Wissenschaftler haben ihr unterschiedliche Namen gegeben: ‚dynamische Systemtheorie', ‚Theorie der Komplexität', ‚nichtlineare Dynamik', ‚Netzwerkdynamik' etc. Zu ihren Schlüsselbegriffen gehören chaotische Attraktoren, Fraktale, dissipative Strukturen, Selbstorganisation und autopoietische Netzwerke."* (Capra 1999, S. 10) Die zentrale Metapher dieses Paradigmas der Selbstorganisation ist das ***Netzwerk***. „Kurz gesagt schlage ich vor, die autopoietischen Netzwerke, wie Maturana und Varela sie definieren, als das ***Muster*** des Lebens, die dissipativen Strukturen, wie Prigogine sie definiert, als die ***Strukturen*** lebender Systeme und schließlich die Kognition, wie sie ursprünglich Gregory Bateson definiert hat und ausführlicher Maturana und Varela definieren, als den ***Prozess*** des Lebens zu verstehen." (ebenda S. 3 38)

Diese systemisch-konstruktivistische Theorie der Selbstorganisation liefert den konzeptionellen Rahmen für die didaktischen Begriffe Selbststeuerung, Selbstinitiierung, Selbstorganisation im engeren Sinne (als Gestaltung der Organisationsformen des eigenen Lernens) und Selbstevaluation.

Selbstorganisation bezieht sich auf neurobiologische Prozesse ebenso wie auf die Emergenz der Kognition, auf die vielfältigen „Lernprojekte Erwachsener" (Tough 1971) ebenso wie auf eine Seminargruppe, auf die Organisation einer Schule und auf die Ministerialbürokratie.

Auch die neuronalen Netzwerke unseres Gehirns werden als „selbstorganisierende Eigenschaftskarten" bezeichnet. Diese Netzwerke bilden nicht äußere Informationen lediglich ab, sondern „verschalten" neuronale Netze intern. *„99,9 % aller kortikalen Neuronen erhalten ihren Input von anderen kortikalen Neuronen und liefern ihren Output an andere kortikale Neuronen. Überspitzt ausgedrückt: Unser Gehirn beschäftigt sich fast ausschließlich mit sich selbst."* (Spitzer 2000, S. 135) Auch das Erinnern beruht auf der Selbstorganisation unseres Nervensystems. Äußere Anlässe sind allenfalls der Auslöser dafür, dass Gedächtnisinhalte aktiviert und neu „gemischt" werden.

Die Theorie der Selbstorganisation begründet keine Abschaffung des institutionalisierten Bildungssystems und der organisierten Erwachsenenbildung. Es lässt sich aus dieser Theorie keine „Antipädagogik" ableiten, wohl aber ein Argument für Bildungsangebote, die der individuellen wie gruppendynamischen Selbstorganisation möglichst viel Spielraum lassen.

Jürgen Kriz zieht aus der Theorie der Selbstorganisation unter anderem folgende Konsequenzen für die Gestaltung von Lernprozessen:

1. Selbstorganisation ist besonders notwendig, „wenn sich Umgebungsbedingungen ändern beziehungsweise geändert haben."
2. „Auch selbstorganisierende Prozesse sind ‚regelbar'", zum Beispiel als Gestaltung von Lernumgebungen.
3. Lernen lässt sich als „aktiv gestaltende Neuorganisation des Systems" definieren.
4. Lehre kann selbstorganisierende Prozesse unterstützen.
5. „Neue Strukturen entstehen besonders leicht dort, wo viele Freiheitsgrade (Chaos) und gewisse Instabilität" ermöglicht werden. (Kriz in Greif/Kurtz 1996, S. 42)

Wie definiert die kognitionstheoretische Literatur das ***Selbst?*** Wer oder was ist das Selbst, das das Lernen steuert? Ist das Selbst Ursache oder Wirkung des Lernens? Wo lässt sich das Selbst neurobiologisch und kognitionswissenschaftlich verorten?

These 1: Das Konzept des selbstgesteuerten Lernens ist nicht zu vereinbaren mit einer normativen Pädagogik.

These 2: Selbstgesteuertes Lernen betont die Aneignungs- gegenüber der Vermittlungsperspektive.

These 3: Selbstgesteuertes Lernen ist biografieabhängig.

These 4: Selbstgesteuertes Lernen ist selbstverantwortliches Lernen.

These 5: Auch selbstgesteuertes Lernen erfordert soziale Kontexte.

These 6: Die Selbststeuerung des Lernens bezieht sich nicht nur auf die Lernmethoden, sondern auch auf die Thematik.

These 7: Selbststeuerung ist ein kognitiver und emotionaler Prozess.

2.3 Selbstinstruktion und Selbstevaluation

Selbstgesteuertes Lernen ist auch eine Haltung. Die Haltung eines Menschen ist Grundlage seiner Identität. Zur Haltung gehören grundlegende Einstellungen, Werte, dauerhafte Motivationen, ein stabiles Selbstbild. Die Haltung gibt „Halt“, sie ist Orientierungsrahmen für alltägliches Denken, Fühlen, Handeln. Die Haltung kennzeichnet das Verhältnis eines Menschen zu sich selber und zu seiner Welt.

Haltungen sind in der Persönlichkeitsstruktur verwurzelt und können defensiv oder offensiv, pessimistisch oder optimistisch, regressiv oder progressiv sein. Eine Haltung des selbstgesteuerten Lernens erfordert zweierlei:

a) ein Lernselbstvertrauen, das heißt eine optimistische Einschätzung der eigenen Lernfähigkeit, und
b) ein Interesse an der Welt, das heißt eine Neugier auf Neues, Fremdes, Überraschendes.

Neugier ist ein anthropologisches Grundbedürfnis. Menschen waren seit jeher neugierig, die Welt zu erkunden, um sich zu orientieren. Neugier war und ist eine Überlebensnotwendigkeit und zugleich eine Voraussetzung für menschliche Autonomie. Eine Welt, in der alles geklärt und geregelt ist, in der alle Fragen beantwortet sind, verkümmert die Neugier und damit die Mündigkeit. Neugier ist die Fähigkeit und Bereitschaft, Fragen zu stellen und nach Antworten zu suchen.

Selbstgesteuertes Lernen beinhaltet eine Haltung der Neugier und der Mündigkeit. Neugier heißt Offenheit. Offenheit schließt die Bereitschaft zur Verunsicherung, zur Erprobung von Neuem, Riskantem, zum Experimentieren ein. Neugier ist lustbetont, sie ist gekoppelt mit „Entdeckerfreude“. Deshalb ist zum selbstgesteuerten Lernen geeignet, wer Freude am Lernen hat. Jemanden zum selbstgesteuerten Lernen überreden zu wollen, ist aussichtslos. Auch normative Appelle zum selbstgesteuerten Lernen sind wirkungslos. Selbstgesteuert lernt, wem selbstgesteuertes Lernen Spaß macht. Man kann einen Menschen veranlassen, ein Buch zu lesen, man kann ihn aber nicht zwingen, es mit Genuss und Freude zu lesen.

Weiterbildungspässe
Weiterbildungs- oder Qualifizierungspässe, in die vor allem berufliche Seminare eingetragen werden, gibt es seit längerem. Seit der ersten PISA-Studie und der Diskussion über selbstgesteuertes Lernen sollen solche Pässe auch informell erworbene Kompetenzen erfassen, dokumentieren und – möglichst international anerkannt – zertifizieren.
So hat das Bundesministerium für Bildung und Forschung gemeinsam mit der Bund-Länder-Kommission für Bildungsplanung ein Modellversuchsprogramm „Lebenslanges Lernen" initiiert. Zu diesem Programm gehört ein Verbundprojekt „Weiterbildungspass mit Zertifizierung informellen Lernens". Ein Ergebnis dieses Projekts ist der ***„ProfilPASS"*** – ein Leitfaden mit Fragebögen zur Selbstevaluation der Lernaktivitäten und der Kompetenzen.
Dieser Leitfaden enthält 5 Kapitel:

1. ***„Mein Leben":*** Dokumentation von Lebensphasen und kritischen Übergängen, z.B. Schulbildung, Weiterbildung, Erwerbstätigkeit, Hobbys, ehrenamtliche Aktivitäten, besondere Lebensereignisse, politisches Engagement, Familie.
2. ***„Meine Tätigkeitsfelder":*** Was habe ich getan? Was musste ich dazu können und lernen? Wie anspruchsvoll war die Tätigkeit? Besondere Ereignisse, z.B. eine Auszeichnung, eine Auslandsreise.
3. ***„Meine Kompetenzen":*** Besondere Fähigkeiten in den Bereichen Hobbys, Haushalt/Familie, Schule, Berufsausbildung, Wehr-/Zivildienst, Arbeitsleben, politisches/soziales Engagement, besondere Lebenssituationen.
4. ***„Meine Ziele und die nächsten Schritte":*** Ziele, Voraussetzungen, vorhandene Kenntnisse (Fähigkeiten, noch zu erwerbende Kompetenzen, kurzfristige/langfristige Ziele.
5. ***„Zeugnisse, Bescheinigungen u.ä.":*** Nachweise über berufliche, ehrenamtliche u.a. Tätigkeiten (z.B. Übungsleiter im Sportverein).

Selbstgesteuertes Lernen ist lernbar, und zwar durch ***Selbstinstruktion***. Ein selbstgesteuerter Lernstil lässt sich schulen, und zwar durch selbstbestimmte Regeln und Gewohnheiten, zum Beispiel:

- Freunde fragen, was sie lesen, wofür sie sich interessieren, wie sie lernen.
- Mit Freunden über eigene Interessen sprechen, ihnen den Inhalt eines gerade gelesenen Buches mitteilen, sie nach ihrer Meinung fragen.
- Sich bei der Lektüre eines Buches oder Zeitungsartikels Notizen machen, vielleicht sogar ein Lerntagebuch führen.
- Jeden Abend den Tag evaluieren: Was war wichtig? Was war interessant? Was will ich in Erinnerung behalten?

- Mit den eigenen Kindern/Enkelkindern/Partnern lernen: Was steht in den heutigen Schulbüchern im Vergleich zu den früheren Büchern? Was hat sich in den Schulfächern verändert?
- Sich von den eigenen Kindern informieren, beraten, aufklären lassen.
- Beim Lesen ein Fremdwörterbuch griffbereit haben.
- Bei politischen Fernsehsendungen, Interviews, Talkshows darauf achten: Wie wird gefragt, geantwortet, argumentiert? Wie entstehen Missverständnisse, wie wird aneinander vorbei geredet?
- Sich bei Vorträgen und Diskussionen fragen: Warum bin ich unzufrieden? Was vermisse ich? Was würde ich als Referent/Diskussionsleiter anders machen?
- Sich Zeit nehmen, Geduld üben; ein Buch nicht nur durchblättern und nach wenigen gelesenen Seiten weglegen.
- Sich vor der Lektüre eines Buches fragen: Was weiß ich von dem Thema? Was interessiert mich? Worauf bin ich gespannt?
- Sich kontrollieren, ob man beim Lesen noch „bei der Sache“ ist, ob und warum die Gedanken abschweifen, warum die Konzentration nachlässt.
- Einen schwer verständlichen Text zu einem späteren Zeitpunkt und in einem anderen Kontext noch einmal lesen.
- Überlegen, woran es liegt, dass ein Text schwer verständlich erscheint.
- Sich selber den Inhalt des Gelesenen mit eigenen Worten erzählen.
- „Leerzeiten“ zur Lektüre, zum Vokabellernen und Ähnlichem nutzen (zum Beispiel während der Bahnfahrt).
- Sich nicht „verzetteln“ und nicht ständig etwas Neues anfangen.

Zum selbstgesteuerten Lernen gehört eine aufmerksame Selbstbeobachtung und Selbstevaluation. Was macht mir Spaß, was nicht? Was fällt mir leicht, was nicht?

Hier ein Vorschlag für eine ***Checkliste*** zur Ermittlung der Stärken und Schwächen.

Ich kann gut/weniger gut …
- *wichtige Informationen beschaffen*
- *andere um Rat fragen*
- *Handlungen planen*
- *Probleme, Aufgaben, Texte strukturieren*
- *Namen, Zahlen behalten*
- *Ergebnisse zusammenfassen*
- *Ideen schematisch darstellen*
- *anderen etwas verständlich erklären*
- *Texte analysieren*

- *beobachten, wie andere argumentieren*
- *Zusammenhänge erkennen*
- *begrifflich ordnen, klassifizieren*
- *das Wesentliche erkennen*
- *geduldig bei einer Aufgabe bleiben*
- *logisch denken*
- *kreativ neue Ideen entwickeln*
- *Theorien auf Praxis übertragen*
- *interessiert zuhören*
- *sich in Diskussionen argumentativ durchsetzen*
- *spannend erzählen*
- *andere für eine Idee begeistern*
- *eine Gruppe humorvoll unterhalten*
- *Streit schlichten, Kompromisse finden*
- *Diskussionen leiten, moderieren*
- *Unterlagen sorgfältig ordnen*
- *Entscheidungen treffen.*

Sonja Radatz schlägt in ihrem Buch über „systemisches Coaching“ ein gezieltes ***„Selbstcoaching“*** vor. Selbstcoaching erfordert eine reflexive Selbstbeobachtung, auch die Überzeugung, dass man sein Lernverhalten verändern und verbessern kann. Dazu gehört, dass wir uns unserer eigenen Stärken und Schwächen bewusst werden, dass wir uns realistische Ziele setzen, dass wir uns vergewissern, was uns wichtig ist.

Es ist wenig sinnvoll, ständig etwas Neues anzufangen; es ist aber ebenso wenig sinnvoll, nur so weiter zu machen, wie bisher. „Sich verändern“ ist kein Selbstzweck, sondern muss begründet werden. Wir überlegen, welche Verhaltensweisen sich bewährt haben und zu uns passen und wann wir etwas Neues ausprobieren sollten. Wann halten wir an Gewohnheiten fest und wann lassen wir uns „perturbieren“?

„Wer die persönlichen Strukturen immer wiederkehrend infrage stellt, prüft stets auch mit seiner inneren Goldwaage, ob das Verhältnis zwischen Geben und Nehmen, zwischen Soll und Haben, zwischen Spaßhaben und Tributzollen noch passend ist.“ (Radatz 2008, S. 108)

Der amerikanische Bestsellerautor Daniel Goleman behauptet, dass die kognitive Intelligenz nur 20 % des Lebens- und Berufserfolges eines Menschen ausmacht, dass 80 % einer erfolgreichen Lebensführung auf andere Faktoren, insbesondere eine „emotionale Intelligenz“ zurück zu führen sind. (Goleman 1997, S. 54) Nun mag man gegenüber solchen Berechnungen skeptisch sein. Unstrittig ist immerhin, dass auch eine Selbstlernkompetenz aus kognitiven und emotionalen Faktoren besteht.

Thomas Ziehe weist darauf hin, dass viele Lernthemen – zum Beispiel aus Politik, Kunst, Ökologie, Philosophie – Realitätsdeutungen enthalten, die zugleich Identitätsangebote sind. Lerninhalte werden „biografisch zusammengeschlossen" und „für eigene Selbstentwürfe produktiv" gemacht. (Ziehe 1982, S. 152) Lernthemen sind libidinös besetzt, sie werden von den Lernenden nach „psychodynamischen Verwendungsmöglichkeiten" abgetastet. „Die Assoziationsketten, die Fantasiesegmente, die der Gegenstand zu evozieren in der Lage ist, können wir nicht als ‚Eigenschaften' des Gegenstands verstehen, sondern eher als dessen Aktualisierungsgehalt für Übertragungsvorgänge." (ebenda S. 157)

Unsere Deutungsmuster, unser Erfahrungswissen, unsere generativen Themen sind Teil unserer Identität. Es handelt sich vielfach um emotional verankerte, „lieb gewordene" Weltbilder, an denen wir hängen, von denen wir uns ungern trennen. Ein Buch, ein Fernsehbericht, ein Kursleiter, die diese vertrauten Deutungen in Frage stellen, rufen Kränkungen und Vermeidungsreaktionen hervor. Es werden in der Regel Gegenargumente und Einwände mobilisiert, um die irritierenden Sichtweisen zu entwerten. Dieser Widerstand gegen Neues, dieses Beharren auf Gewohntem ist psychohygienisch verständlich und – in Grenzen – auch funktional . Wer sich ständig verunsichern lässt, verliert seine alltägliche Selbstsicherheit. Wer sich aber gar nicht verunsichern lässt, den „bestraft das Leben".

Warum diese Erörterungen an dieser Stelle? – Voraussetzung für selbstgesteuertes Lernen und Fundament von Lern- und Erschließungskompetenzen sind instrumentelle, kognitive Lerntechniken. Doch solche Instrumente und „Instruktionen", wie sie in diesem Kapitel vorgestellt werden, sollten ergänzt werden durch metakognitive und „metaemotionale" Reflexionen. Der Begriff „metaemotional" ist missverständlich. Es gibt keine „Meta-Gefühle", aber es gibt kognitive Reflexionen und Kontrollen lernrelevanter Emotionen. Vielleicht passt der Begriff „emotionales Selbstmanagement" besser.

These: Selbstgesteuertes Lernen ist erfolgreich, wenn die „mitlaufenden" Emotionen wahrgenommen und evaluiert werden.
Evaluieren heißt hier: überprüfen, ob diese Gefühle den Lernprozess unterstützen oder hemmen.

Entsprechende Fragen sind:
- Gibt es Themen, die dauerhaft Vermeidungsreaktionen hervorrufen? Gibt es dafür biografische, zum Beispiel schulische Ursachen? Wie lassen sich diese Widerstände abbauen? Ist es sinnvoll, diese Widerstände abzubauen?
- Setzt man sich gerne oder widerwillig an den Schreibtisch, um zu lernen? Worauf ist ein Widerwille zurückzuführen? Ist es sinnvoll, dieses Lernprojekt (oder Studium) fortzusetzen? Kann man die Lernumgebung verändern?

- Wenn man sich über einen Text/einen Autor ärgert, warum? Liegt es an dem Autor, an seiner Sprache, am Thema, an seiner Einstellung? Wie reagieren andere auf diesen Text? Wenn die Abneigung anhält, gibt es Alternativen?
- Liest man den Text einer Autorin anders als den eines Autors?
- Wie wichtig, wie relvant ist das Thema? Wie viel Zeit und Energie ist man bereit zu investieren? Handelt es sich um ein „generatives Thema"? Es gibt ein Gefühl, ein „Gespür" für das, was wichtig ist.
- Wie groß ist die Frustrationstoleranz beim Lernen? Wie geht man mit schwierigen Abschnitten um, die man noch nicht verstanden hat? Wie geht man mit den eigenen Lernschwächen um?
- Wie hoch ist das eigene Anspruchsniveau? Kann man sich über kleine Lernfortschritte freuen?
- Wie ausgeprägt ist eine „epistemische Neugier", das Interesse an Neuem, Ungewohntem?
- Empfindet man häufig Lernstress und fühlt sich überfordert? Wie lässt sich der Stress abbauen?
- Wie groß ist die Ambiguitätstoleranz? Wird man bei divergierenden Positionen und Definitionen schnell gereizt und ungeduldig? Erwartet man klare, eindeutige Ergebnisse?
- Wie intensiv beschäftigt einen das Thema? Bleibt es „äußerlich" oder erweitert es den eigenen Horizont? Wird das Thema als persönliche Bereicherung, als Bildungserlebnis erfahren?
- Macht es mehr Spaß, einen anspruchsvollen Text verstanden zu haben als einen trivialen; eine schwierige Aufgabe gelöst zu haben als eine leichte?

Der englische Begriff „mindfulness" lässt sich mit „Achtsamkeit" übersetzen. (Goleman 1997, S. 67). Achtsamkeit meint den pfleglichen Umgang mit sich selbst. Es hat wenig Zweck, sich zum Lernen zu zwingen. Man sollte dann lernen, wenn man Spaß daran hat. Wer gereizt und widerwillig ein Buch in die Hand nimmt, wird kaum Gewinn daraus ziehen.

Selbstgesteuertes Lernen erfordert Begeisterungsfähigkeit. Alle ökonomisch und gesellschaftlich begründeten Appelle zum lebenslangen Lernen bleiben folgenlos, wenn die Subjekte nicht „mitspielen". Lebenslanges Lernen kann nicht organisiert und nicht erzwungen werden, lebenslanges Lernen muss als Bereicherung kognitiv und emotional erlebt werden. Lernen soll Spaß machen. Aber Spaß machen vor allem Lernfortschritte, Erfolgserlebnisse, nicht Spielereien. Oder?

Selbstgesteuertes Lernen ist auf Dauer nur dann „erfolgreich“, wenn es in ein Konzept gelungener Lebensführung eingebunden ist. Etwas verstanden haben, etwas begriffen haben, eine Fertigkeit zu können, ein Aha-Erlebnis zu haben – all diese Lernerfolge sind mit einem Glücksgefühl verbunden. Diese Erfahrung ist umso nachhaltiger, je wichtiger, je relevanter die „Sache“ ist. Intensiv lernen heißt: voll und ganz „bei der Sache sein“, sich in ein Thema, eine Aufgabe, einen Text „versenken“ können.

Der Psychologe Csikzentmihalyi hat diesen Zustand als ***Flow*** bezeichnet. Die Tätigkeit selber – zum Beispiel eine sportliche Betätigung – beinhaltet ein Glücksgefühl, und zwar relativ unabhängig von dem „Nutzen“. Eine solche freudige Selbstzufriedenheit bildet den Kern intrinsicher Motivation.

Geglücktes Lernen ist oft mit einer „aufgeschobenen Bedürfnisbefriedigung“ verbunden. Dazu gehört die Bereitschaft, auf andere angenehme Tätigkeiten eine Zeitlang zu verzichten – um eines späteren Lernerfolgs willen. Wer Lernen als Abenteuer, als Erlebnis entdeckt, ist auch bereit, sich anzustrengen und „Durststrecken“ auszuhalten.

2.4 Entkopplung von Lehren und Lernen

Lehren und Lernen lassen sich als getrennte Systeme betrachten, die nur lose miteinander gekoppelt sind. Wer lehrt, verfügt über einen anderen Referenzrahmen als ein Lernender. Es ist die Ausnahme, dass jemand das lernt, was gelehrt wird. Was für bedeutungsvoll und sinnvoll gehalten wird, entscheidet jeder aufgrund seiner Erfahrung und Motivation selbstreferenziell. Lehre ist ein Angebot, es bleibt dem einzelnen überlassen, eine Auswahl zu treffen. Die Lerninhalte bleiben in der Verfügung der Lehrenden. Manche Inhalte erscheinen „viabel“, andere erscheinen nicht – oder nicht in dieser Situation – „brauchbar“.

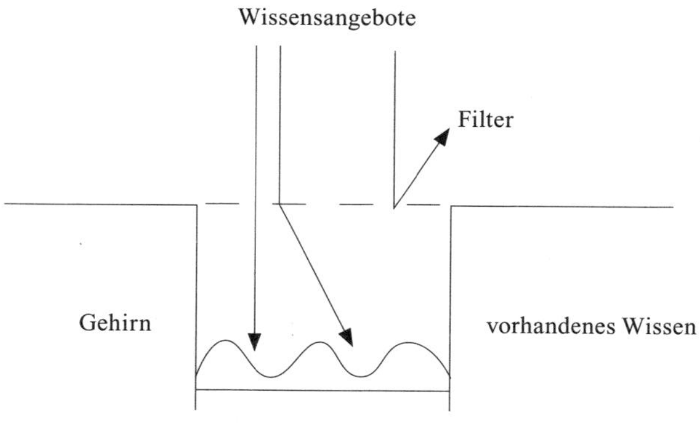

Abb. 3: Unser Gehirn wählt aus. Wissen, das in vorhandene Wissensnetze passt, wird integriert, gelegentlich auch uminterpretiert und angepasst. „Unverträgliches“ Wissen wird abgewehrt, gelegentlich aber auch aufbewahrt.

Neue Inhalte werden nicht immer als Bereicherung erlebt, sondern oft auch als Verunsicherung und sogar als Enteignung. Das Infragestellen „liebgewordener“ Einsichten kann als Verlust, sogar als Identitätskrise gedeutet werden (Ein solches „kritisches Lebensereignis“ war für viele Ostdeutsche die Vereinigung 1990). Thomas Ziehe betont: „Es führt kein Weg drumherum: wer lehrt, beglückt nicht nur, er bedroht auch.“ (Ziehe 1982, S. 175). Lernwiderstände und Desinteresse können auch Schutzmechanismen sein, die „ihre subjektive Berechtigung haben“ (ebenda.).

Auch wenn Erwachsene nicht nur aus Lernmotivationen an einem Seminar teilnehmen – gelernt wird auf jeden Fall; Lernerfahrungen können gar nicht verhindert werden. Gelernt wird nicht nur von den Lehrenden, sondern auch von den anderen Teilnehmern. Es kann sogar angemessen sein, dass der Kursleiter sich zurückzieht, um das Lernen in der Gruppe zu fördern. Lernprozesse verlaufen nicht nur „ungeplant“ und unbewusst, sondern oft auch „kontraintentional“, d. h. entgegen der Intention der Lehrenden. So kann der Teilnehmer zu der Einsicht gelangen, dass dieses Thema für ihn nicht „viabel“ oder zu komplex oder emotional z. Zt. unpassend ist. Das Verhältnis zwischen Lehrenden und Seminarteilnehmern ist kontingent und ambivalent, geprägt von Erwartungserwartungen, selektiven Wahrnehmungen, Erinnerungen, Projektionen – mit einem Wort: Teilnehmer und Kursleiter konstruieren sich wechselseitig. Siegfried Schmidt beschreibt Lehrende und Lernende als „gekoppeltes Beobachtungssetting“, in dem „doppelte Kontingenz“ herrscht und in dem alle Beteiligten „in allen Handlungen an ihre Systemspezifik“ gebunden sind. (Schmidt 2003 a, S. 45).

Der Konstruktivismus plädiert keineswegs für eine „Deprofessionalisierung“, für eine Entwertung der PädagogInnen. Im Gegenteil. In komplexen Wissensgesellschaften sind professionelle Pädagogen unverzichtbar, um Zugänge zu Wissenswelten zu eröffnen und um die Aneignung von Wissen und Kompetenzen zu erleichtern. Das Interesse an Themen wird fast immer durch „vertrauenswürdige“ Personen geweckt. Und häufig sind es Lehrer und Kursleiter, die ein Thema repräsentieren, verkörpern. Lernen hat nicht nur – wie P. Watzlawick es formuliert hat – einen Inhalts- und einen Beziehungsaspekt, sondern die Inhalte sind Bestandteil der Identität.

Der Bremer Gehirnforscher und Konstruktivist Gerhard Roth betont einerseits: „Bedeutungen können gar nicht vom Lehrenden auf den Lernenden übertragen, sondern müssen vom Gehirn des Lernenden konstruiert werden.“ (Roth 2003, S. 21). Und er stellt andererseits fest: „Die moderne Gedächtnisforschung zeigt, dass bei jedem Inhalt…auch mitgelernt wird, wer diesen Inhalt vermittelt (Quellengedächtnis) und wann und wo das Lernen (Orts- und Zeitgedächtnis) stattfindet.“ (ebenda. S. 27).

Die Rollen und Profile der Lehrenden wandeln sich. Die Aufgabe der Wissensvermittlung wird nicht nebensächlich, aber die Bedeutung der Lerndiagnose, der Beobachtung II. Ordnung (beobachten, wie Teilnehmer beobachten), der (metakognitiven) Lernhilfen, der „Perturbationen“ (z.B. durch dosierte Diskrepanzen und provokative Fragen) nimmt zu.

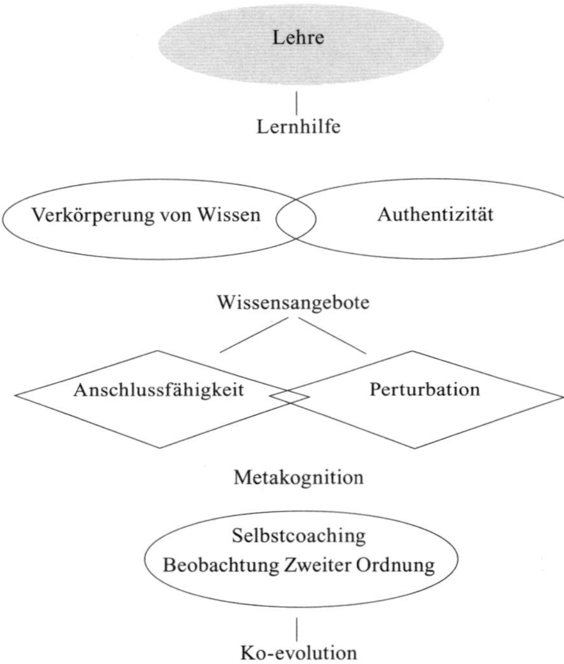

Abb. 4: Lehre als Ermöglichung

Was gelegentlich in Vergessenheit gerät: Auch Pädagogen sind autopoietische, selbstreferenzielle „Systeme". Auch sie sind nicht „objektive" Anwälte der Sache. Auch sie konstruieren ihr Fach, ihr Selbst und „ihre" Teilnehmer. Seminare sind Inszenierungen aufgrund von Selbst- und Fremdbildern. Ein Seminar ist ein Theaterstück, in dem Rollen ausprobiert werden, in dem „probe-gedacht" und „probe-gehandelt" wird.

Auf dieser Bühne finden aber auch – trotz aller Autopoiesis – Ko-evolutionen und Ko-konstruktionen statt. Gemeinsam lernt man (oft) besser.

Der Konstruktivismus hat das Spektrum unserer Beobachtungen des Lernens erweitert. Gleichzeitig hat er die Einsicht verstärkt, dass auch Lernen ein Konstrukt ist. Lernen ist ein „Erklärungsmodell" für die Beobachtung „spezifischer Veränderungen" (Schmidt 2003 a, S. 41). Genauer: Lernen erklärt „Veränderungen durch Selbstreferenz des sich ändernden Systems. Das bedeutet zugleich, dass Lernen als Erklärungsmodell nur bei selbstorganisierenden Systemen sinnvoll ist." (ebenda.) „Selbstgesteuertes Lernen" ist so gesehen eine Tautologie.

3. Empirische Befunde zum selbstgesteuerten Lernen

3.1 Subjektive Lerntheorien Erwachsener

These: Erwachsene lehren und lernen auf der Grundlage subjektiver Alltagstheorien.

Wissenschaftliche Lerntheorien basieren auf epistemologischen und anthropologischen Annahmen sowie auf empirischen (z.B. neurobiologischen, kognitionspsychologischen) Forschungen. Wissenschaftliche Theorien erfordern konsensfähige operationale Definitionen und systematische, logische Argumentationen. Diese Theorien enthalten verallgemeinerbare Aussagen. Die Theoreme müssen intersubjektiv nachprüfbar und widerspruchsfrei sein. Die wissenschaftliche Sprache ist möglichst eindeutig und affektneutral und vermeidet vieldeutige Metaphern und Konnotationen.

Subjektiven Alltagstheorien kann eine Popularisierung wissenschaftlicher Kenntnisse zugrunde liegen (z.B. über die Notwendigkeit lebenslangen Lernens). Vor allem aber enthalten diese Theorien (individuelles und milieuspezifisches) Erfahrungswissen. Dieses Wissen besteht nicht nur aus Primärerfahrungen, sondern auch aus kollektiven Deutungsmustern, aus Rationalisierungen („Dazu bin ich zu alt") und aus medialen Informationen (z.B. Talkshows).

Diese Alltagstheorien sind meist biografisch „gewachsen", sie sind oft widersprüchlich, wobei diese Widersprüche auf der Unterschiedlichkeit und Kontingenz der Lebenswelten und Erfahrungen beruhen (z.B. dass Weiterbildung nützlich und schädlich sein kann). Präskriptive und deskriptive Aussagen werden häufig vermischt. Die Sprache ist überwiegend metaphorisch, anschaulich, emotional, aber auch unpräzise.

Subjektive Lerntheorien sind – im Unterschied zu wissenschaftlichen Theorien – großenteils *implizit, unbewusst.*

Ein Beispiel: Wer den Umgang mit einem neuen Computer erlernen will, trifft eine Auswahl aus unterschiedlichen Lernstrategien: Lektüre der Bedienungsanleitung, Befragung des Nachbarn, Besuch eines VHS-Kurses. Jede Wahl basiert auf Annahmen über geeignete Lernarten und über die eigenen Fähigkeiten. Diese erfahrungsgesättigten Annahmen sind Bestandteil der „heimlichen" Lerntheorie. Wir können uns dieser impliziten Lerntheorie – zumindest teilweise – bewusst werden, z.B. in einer Interview- oder Lernberatungssituation.

Zur Handlungsrelevanz von subjektiven Theorien

Subjektive Lerntheorien sind Bestandteil unseres *Alltagsbewusstseins*. Das Alltagsbewusstsein besteht aus lebenspraktischen Wissensbeständen sowie aus Routinen und Gewohnheiten, die die Bewältigung alltäglicher Herausforderungen erleichtern. Die subjektiven Theorien ermöglichen also eine Handlungsorientierung, aber sie legitimieren auch nachträglich eine Handlung oder ein Unterlassungshandeln.

Der Begriff Alltagsbewusstsein wird häufig im Zusammenhang nicht dem Begriff Lebenswelt verwendet. Lebenswelt meint nicht nur die sozioökonomischen und soziokulturellen Lebensverhältnisse, sondern auch die subjektiv erlebte und gedeutete Welt. Lebenswelt ist somit eine Wirklichkeitskonstruktion, die sich auf das Verhältnis von Subjekt und Umwelt bezieht. Die Lebenswelt ist ein *„thematisches Universum“* (Freire 1973, S. 71 ff.). Dieses Universum beinhaltet „generative Themen“, d.h. existenzielle Themen, die die Beziehung des Menschen zu sich selbst, zu den Mitmenschen und zur Umwelt definieren. Generative Themen können sich auf „Grenzsituationen“ – z.B. Krankheit, Unrecht, Gewalt – beziehen, in denen der Mensch an seine Grenzen stößt, aber auch – durch Aktion und Reflexion – seine Grenzen erweitert. P. Freire spricht dann von „Grenzakten“.

Lebewesen nehmen ihre Umwelt (selektiv) wahr, um sich in ihr orientieren und erfolgreich handeln zu können. Erkennen und Handeln bilden eine „Einheit der Differenz“: Erkenntnisse (also auch Alltagstheorien) steuern Handlungen, und sie resultieren aus Handlungen (vgl. Maturana 1996, S. 111).

Subjektive Lerntheorien sind als Fühl-Denk-Verhaltensprogramme zugleich Bestandteile von *Lebensgeschichten*. In einer Zeit der reflexiven Moderne, in der die weltanschaulichen „Metaerzählungen“ fragwürdig werden und die traditionellen sozialen „Stützsysteme“ zerbröckeln, ist das Individuum auf sich selbst und seine Lernkapazitäten angewiesen. Subjektive Lerntheorien erweisen sich so als Suchbewegungen: Lernen erleichtert die Suche nach einem befriedigenden Leben und einer intelligenten Lebensführung.

Zur Lernbiografie gehören nicht nur die früheren Lernerfahrungen und die erlebten „Lerngeschichten“, sondern auch die Zukunftsperspektiven. Die subjektiven Lerntheorien resultieren nicht nur aus biografischen Erfahrungen und Zukunftsplänen, sondern auch aus der sozialen Zugehörigkeit. Neuere Milieuforschungen verweisen auf z.T. erhebliche Mentalitätsunterschiede und unterschiedliche Lernmotive (vgl. Barz/Tippelt 2004, 2 Bde)

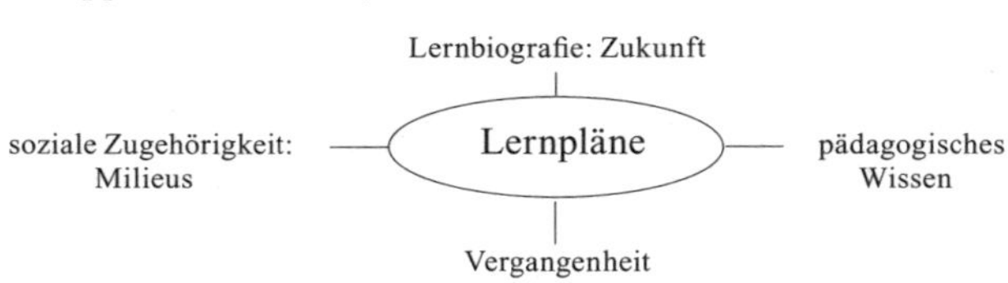

Abb. 5: subjektive Lerntheorien

Vereinfacht gesagt: Die sozialen Milieus liefern die lerntheoretischen Deutungs-*muster*, die aufgrund individueller Erfahrungen und Selbstkonzepte konkretisiert und differenziert werden. Die Milieuebene veranschaulicht die gesellschaftlichen Pluralisierungsprozesse, die chronologische Biografiedimension verweist auf Individualisierungsprozesse.

Erkenntnistheoretisch lassen sich diese Lerntheorien im *sozialen Konstruktivismus* verorten. Auf diesen theoretischen Hintergrund verweisen auch H. Barz und R. Tippelt: „In der hier vorliegenden Analyse von Weiterbildungsverhalten und -interessen wird ein sozialkonstruktivistischer Ansatz empirisch realisiert, der davon ausgeht, dass die subjektiven Kognitionen, also die individuellen Überzeugungen der Menschen deren Handeln elementar bestimmen." (Barz/Tippelt 2004, Bd. 2, S. 11).

Ein wichtiger Bestandteil der subjektiven Lerntheorien ist auch die Selbstevaluation der eigenen ***Lernstile***. Josef Schrader hat Lernstile und Lerntypen der beruflichen Weiterbildung mit Hilfe standardisierter Teilnehmerbefragungen untersucht.

J. Schrader kommt zu dem Ergebnis: „Individuelle Lernstile scheinen sich biografisch recht früh herauszubilden und über die Zeit relativ stabil zu bleiben. Dabei ist die Art und Weise zu lernen offenbar nur ein Aspekt eines spezifischen Umgangs mit der (Um-)Welt im Allgemeinen. Das zeigt sich z.B. an den Parallelen zwischen dem Lernstil einerseits und den bevorzugten Tätigkeiten und Beschäftigungen in der Kindheit, der Jugend und im Erwachsenenalter oder den Anforderungen am (ersten) Arbeitsplatz andererseits." (Schrader 1994, S. 209).

Subjektive Lerntheorien sind Bestandteil der Identität und der Wirklichkeitskonstruktion. Sie geben Aufschlüsse über das Selbstbewusstsein, die Selbstwirksamkeitsüberzeugung (self efficacy), das Wertsystem, die Lebensziele und Lebenspläne.

Lerntheorien von Teilnehmenden und Nicht-Teilnehmenden

„Lebenslanges Lernen" ist ein Konstrukt, das seit Beginn der 1990er Jahre international weit verbreitet ist. Zu fragen ist, wie die Erwachsenen mit der gesellschaftlichen Aufforderung zum lebenslangen Lernen umgehen, wie sie die gesellschaftliche Wirklichkeitskonstruktion mit ihrem Selbstbild und ihrer Lebensplanung verbinden, wie sie sich selber aufgrund ihrer Lernbiografie als lernende Erwachsene „konstruieren". Dieser Konstruktionsprozess bezieht sich auf den alltäglichen Begriff des Lernens, auf die Schulzeit und den Einfluss der Schule auf die Persönlichkeitsentwicklung, auf die – insbesondere beruflichen – Lernanforderungen, auf die Weiterbildungsangebote und auf das Bild von den Weiterbildungsteilnehmer/ innen. Wie schlägt sich das gesellschaftliche Programm des lebenslangen Lernens im Bewusstsein und im Handeln der Individuen nieder?

Wir haben in Seminaren über „Biografieforschung und biografisches Lernen" diese Subjektperspektive des lebenslangen Lernens untersucht. [1] Student/innen der Erwachsenenbildung haben 74 „fokussierte Interviews" zur Lerngeschichte und zu den Lernpraktiken Erwachsener durchgeführt. Das Sprichwort „Was Hänschen nicht lernt, lernt Hans nimmermehr" war der Eingangsimpuls, der überraschend differenzierte und reflektierte Kommentare auslöste. Anschließend wurde gefragt, ob die Interviewten im vergangenen Jahr an einem Seminar der Weiterbildung teilgenommen haben. Zwischen der Teilnahme und den lebensweltlichen Lernaktivitäten war nur eine schwache positive Korrelation erkennbar. Anders formuliert: viele Befragte sind sehr lernaktiv, obwohl sie nicht oder selten das institutionalisierte Bildungsangebot nutzen. Gefragt wurde dann nach den Schulerinnerungen und Schulerfahrungen, wobei die Schulzeit aus der Perspektive des Hier und Jetzt rekonstruiert wird: In Relation zu der momentanen Lebenssituation und den jetzigen Lernerfahrungen als Erwachsener wird die schulische Vergangenheit jeweils neu gedeutet. Gefragt wurde ferner nach dem bevorzugten Lernstil, wobei eine Klassifizierung (Lernen aus Erfahrung, learning by doing, Lernen durch Lektüre und Internet, Lernen durch Gespräche) vorgegeben wurde.

Im folgenden werden einige Lernkonstrukte dargestellt, die sich auf einer Skala von „offensiver Lernwiderstand" bis „Lernen als Lebensstil" verorten lassen.

[1] Interviewer/innen waren: Wiebke Albrecht, Gerda Bauer, Jasmin Bleicher, Meike Browarzik, Imke Burkhardt, Nicole Ebel, Yuliya Fesenko, Sylvia Fredebohm, Nicole Friehe, Monika Gapska, Veronica Ghica, Inna Giesecke, Sabine Hamm, Judith Heers, Carsten Hildebrandt, Erika Köster, Manuela Krebs, Kerstin Krummheuer, Jessica Lerena-Dreger, Katrin Linkermann, Silke Müller, Jens Nolden, Cornelia Pankalla, Natalie Pape, Claudia Pfeiffer, Natasche Peunings, Julia Rullo Rorira, Julia Seisselberg, Sandra Sieverling, Elfriede Studt, Claudia Usedom-Boziaonek, Sabine de Wall, Susanne Walz, Svenja Wemhöner, Patricia Willner

Weiterbildung als Zeitverschwendung

Interviewpartner Nr. 37: 50 Jahre alt, männlich, verheiratet, 2 Kinder, Hauptschulabschluss, Kfz-Mechaniker.

Er bestätigt das Sprichwort, dass die Lernfähigkeit im Alter nachlässt. Seine Erinnerungen an Schule und Lernen sind negativ. *„Na, Lernen hat mir nie viel Spaß gemacht, und wenn ich mich drücken konnte, dann habe ich das auch getan. Das liegt wohl daran, dass ich schon die Schule so total dooffand."*

Er verspürt keine berufliche Notwendigkeit, sich weiterzubilden. *„Ja, und heute habe ich meinen Job und da interessiert es keinen, ob ich noch drei Sprachen oder anderes Zeug mehr kann." „Ich arbeite, und das reicht, lernen musste ich früher in der Penne. Ich glaube, das tue ich mir freiwillig nicht noch einmal an."*

Insgesamt eine in sich stimmige Konstruktion von Weiterbildung als überflüssige Tätigkeit. Weiterbildung ist etwas für Leute, die nichts Besseres zu tun haben. „Normale" Menschen haben eine Teilnahme an Seminaren nicht nötig.

Als Akademiker braucht man keine Erwachsenenbildung

Interviewpartner Nr. 64: 34 Jahre alt, männlich, Rechtsanwalt, ledig, Abitur, „Nichtteilnehmer", aber lernaktiv

Herr A. betont seinen Status als Akademiker. „Lernen" ist für ihn positiv besetzt, nicht aber Lehrer, Schule, Erwachsenenbildung. Er liest viel – *„berufsbedingt"* – und besorgt sich Informationen aus dem Internet. Gerne erinnert er sich an den Klassenzusammenhalt während der Schulzeit, ausgesprochen negativ ist sein Bild von den Lehrern. *„Man wusste nie, woran man ist."*

An einem Seminar der Erwachsenenbildung hat er noch nie teilgenommen. Obwohl er über keine Erfahrungen verfügt, ist sein Urteil negativ: *„In so einem Kurs sitzen meist Nicht-Akademiker. Dafür ist mir die Zeit zu schade, da sich ja bekanntlich das Leistungsniveau immer am Mittelmaß des Kurses und noch darunter orientiert. Das Konzept der Erwachsenenbildung sagt mir nicht zu."* Auch zweifelt er an den Qualifikationen der Lehrenden.

Diese Person betont den Status des Akademikers, der die institutionalisierte Erwachsenenbildung nicht benötigt. Das (vermutete) Angebot von Volkshochschulen entspricht nicht seinem Anspruchsniveau.

Negative Schulerinnerungen erweisen sich als Weiterbildungsbarriere

Interviewpartnerin Nr. 2: 26 Jahre alt, weiblich, Arzthelferin, verheiratet. Im vergangenen Jahr hat sie nicht an einem Seminar teilgenommen (keine Zeit, keine Lust, kein attraktives Angebot), dennoch generell lerninteressiert.

Ihre derzeitige Lernpassivität empfindet sie selber als peinlich: *„Privat fällt mir momentan nichts ein. Ich habe irgendwie keinen Bereich, der mich wirklich interessiert. Man, bin ich langweilig."*

Ihre Schulerinnerungen werden von Misserfolgserlebnissen geprägt, die offenbar Schuldgefühle auslösen. *„Die Orientierungsstufe waren die schlimmsten zwei Jahre, die ich gemacht habe. Da hatte ich total viele Misserfolge. Da war ich nicht so gut. Die Schule war unwichtig, ich habe nicht wirklich gelernt und deswegen schlechte Noten geschrieben... Manche Lehrer waren ungerecht und haben die guten Schüler bevorzugt, da hat einfach die Chemie nicht gestimmt... Ich musste eine Klasse wiederholen... Die Lehrer haben schon immer gesagt: ‚Noch so eine'. So wurde man bei manchen Lehrern gleich abgestempelt, hatte keine Chance mehr zu zeigen, was man konnte."*

Schulische Ängste und Misserfolge führen zu einem negativen Selbstwertgefühl und einer geringen Selbstwirksamkeitsüberzeugung. Institutionalisiertes Lernen ist angstbesetzt und mit Vermeidungsreaktionen verknüpft.

Die Konstruktion der Erwachsenenbildung ist von dem eigenen Selbstbild abhängig

Interviewpartner Nr. 5: 36 Jahre alt, männlich, selbstständiger Kaufmann, ledig, Abitur und hat kein Interesse an Erwachsenenbildung.

Ein Universitätsstudium und eine Berufsausbildung hat er abgebrochen. Er liest selten Bücher und diese meist nicht zu Ende. Die Interviewerin beschreibt ihn als schüchtern. Seine beliebteste Lernaktivität ist Fernsehen. Dennoch ist er offenbar kreativ: er erfindet Patente.

Er interpretiert sich selber als selbstbestimmt, der sich nicht unter Druck setzen lässt. Er beschreibt sich als *„eigentlich träge und faul"*.

Seine Schulerinnerung ist geprägt von dem Gefühl, Außenseiter zu sein. *„Dass da immer so Cliquenwirtschaft ist und dass man auch dazu gehören will und das vielleicht gar nicht immer tut – oder so. Daran erinnere ich mich nicht gerne."*

Auch seine Erinnerung an das (abgebrochene) Universitätsstudium ist negativ: *„Irgend etwas hat mir an der Uni nicht gefallen. Ja, dass die mich immer so unter Druck gesetzt haben, da hatte ich Probleme mit. Ich bin ein viel zu selbstbestimmter Mensch.“* Ein Seminarbesuch in der Erwachsenenbildung kommt für ihn kaum in Frage. Die Einrichtungen und die – von ihm konstruierten – Teilnehmer passen nicht zu seinem Lebensstil.

Diese Person macht einen intelligenten, aber introvertierten Eindruck. Hinter der arroganten Ablehnung der Volkshochschule scheint sich eher eine existenzielle Verunsicherung zu verbergen.

Krisenverarbeitung als Lernprozess

Interviewpartnerin Nr. 10: 28 Jahre alt, weiblich, Abitur, Diakonin, z.Zt. arbeitslos, verheiratet.

Ein entscheidendes Lernerlebnis hängt mit ihrer Kündigung als Diakonin und der anschließenden Arbeitslosigkeit zusammen. *„Nachdem es sehr große Konflikte am Arbeitsplatz gab und ich mich entschlossen hatte, zu kündigen, erlebte ich einen sehr großen Bruch in meinem Leben. Dies stellte aber zugleich einen sehr großen Lernfortschritt dar. Ich habe gelernt, selber Entscheidungen zu treffen, mir angemessene Hilfe zu suchen und schließlich neue Wege zu gehen. Auch ist mir bewusst geworden, dass ein solcher Einschnitt mit richtiger Trauerarbeit verbunden ist.“*

Auch wenn der Anlass schmerzlich ist, wird der Lernprozess positiv bewertet. *„Der Begriff ist für mich eindeutig positiv besetzt, da mir durch Lernen immer wieder neue Türen geöffnet werden.“*

Kritische Lebensereignisse führen zu neuen Lernerfahrungen und lösungsorientierten Lernstrategien. Angebote der Erwachsenenbildung werden eher kompensatorisch, d.h. als Ausgleich genutzt, wobei die Beziehung zu den Lehrenden im Vordergrund steht.

Lernen als Emanzipationsprozess

Interviewpartner Nr. 30: 40 Jahre alt, männlich, verheiratet, 2 Kinder, Abitur, Diplomsozialpädagoge, Diplomsupervisor, Zusatzqualifikation Gruppendynamik, tätig in der Familienbetreuung, z.Zt. Teilnahme an einem Seminar über „Provokative Therapie".

Als besonders intensive Lernphase erlebt er eine Zusatzausbildung in Gruppendynamik. Hier lernt er, seine eigene Biografie zu reflektieren, er lernt, *„wie ich andere erlebe und wie ich erlebt werde". Er lernt, sich von seinen Eltern zu emanzipieren. „In dieser Zeit war ich ca. 30 Jahre alt, wo ich gedacht hatte, ich wäre schon längst erwachsenen. Da musste ich erkennen, dass es mir persönlich an der eigenen Ablösung fehlt. Das war ein sehr wichtiger Punkt in meinem Leben."*

Außerdem lernt er in diesem Seminar Konflikten nicht auszuweichen. Und er lernt, *„dass ich bei gewissen Menschentypen immer Schwierigkeiten haben werde." „Das war eine harte, aber auch eine lehrreiche Zeit."*

Offensichtlich war das Gruppendynamik-Seminar eine Zäsur im Leben, wobei seine als befreiend empfundene Identitätskrise sein „heimlicher Lehrplan" und nicht das Thema des Seminars war. Gleichsam unterhalb des offiziellen Seminarinhalts erlebt er einen emanzipatorischen Lernprozess, der seine weitere Identitätsentwicklung nachhaltig beeinflusst. Ein – zunächst berufsbezogenes – Fortbildungsseminar wird zu einem „kritischen Lernereignis".

Leben lernen

Interviewpartner Nr. 12: 30 Jahre alt, männlich, Hauptschule, Orthopädie-Meister, verheiratet.

Er nimmt z.Zt. nicht an Seminaren teil, weil eine solche Weiterbildung ihm momentan *„nicht wichtig genug"* ist. Dennoch ist seine Einstellung zum Lernen und auch zum Seminarbesuch positiv.

Dem Sprichwort *„Was Hänschen nicht lernt, lernt Hans nimmermehr"* widerspricht er vehement. Er ist überzeugt, als Erwachsener „besser" zu lernen als früher: *„Ich habe eher das Gefühl, ich lerne nun besser... Ich habe jetzt einen anderen Abstand im Kopf, um die Dinge wahrzunehmen. Als junger Auszubildender habe ich vieles für ganz wichtig gehalten, was ich mir unbedingt merken wollte. Und so hatte ich einen riesigen Kopf voller Infos und konnte im Endeffekt wenig davon umsetzen... Das hat mir deshalb im Endeffekt nicht soviel Spaß gemacht."*

Dieser Gesprächspartner entspricht nicht dem gesellschaftlichen Muster des lebenslangen Lerners. Obwohl er seinen Beruf ernst nimmt, sind die gängigen Begründungen für Weiterbildung sekundär. Lernen heißt für ihn: sich und die Umwelt aufmerksam zu beobachten, Wichtiges von Unwichtigem zu unterscheiden, ständig neue Erfahrungen zu machen, Wünsche zu leben… Von der Erwachsenenbildung erwartet er offenbar keine Antworten auf seine Sinnfragen.

Lernen ist eine optimistische Konstruktion der Lebenswelt

Interviewpartner Nr. 3: 60 Jahre alt, männlich, Studium, Bauingenieur, verheiratet, hat 2 Söhne, die studieren.

Er hat im vergangenen Jahr an keinem Seminar teilgenommen, da er kein passendes Angebot gefunden hat, ist aber ansonsten hochmotiviert, sowohl selbstorganisiert zu lernen als auch an Seminaren teilzunehmen.

Er ist im klassischen Verständnis gebildet. Für ihn ist berufliches Lernen existenznotwendig, aber darüber hinaus hängt Lernen untrennbar mit Lebenssinn, mit sinnvoller Lebensführung zusammen. Wenn das Lernthema relevant ist, stellt sich die Frage nach Freiwilligkeit oder Zwang nicht.

Zu seiner Schulzeit sagt er: *„Wenn man merkt, dass man etwas in der Schule Gelerntes im Leben anwenden könnte, dann macht es Sinn im Leben, Freude, Spaß.“*

Berufliche Weiterbildung ist *„berufsnotwendig, damit man weiterkommt“*. *„Wenn man keine Weiterbildung macht, ist man eigentlich weg vom Fenster.“*

Aber darüber hinaus ist lernen leben. Zweimal betont er, dass er tot ist, wenn er nicht mehr lernt: *„Manchmal, sage ich, wenn ich nicht lerne, bin ich tot.“* Auf die Frage, welche Assoziationen der Begriff Lernen hervorruft, antwortet er: *„Auf jeden Fall angenehme Assoziationen. Ja, wenn ein Mensch das lernende Leben hat und dann nicht mehr lernt, das ist der Tod.“*

Lernen gehört für diese Person zum „Habitus“ und ist Bestandteil seiner Lebensführung. Er ist auch an Veranstaltungen der Erwachsenenbildung interessiert, ist aber eher ein selbstgesteuerter Lerner.

Lernen ist Gefühlssache: „anzugträgerlastige Kurse“

Interviewpartnerin Nr. 6: 33 Jahre alt, weiblich, Promotion in Südafrika in Theologie, Pastorin. Sie nimmt häufig an Seminaren teil (Thema: Hospiz, Fundraising, Trauerbegleitung, Demenz).

Die Gesprächspartnerin unterscheidet lebendiges Lernen (in Gruppen) und „Karteikartenlernen“: *„Bei Sprachen mache ich das typische Karteikartendrehen ... Das benutze ich vor allen Dingen für langweiligen Detailkram.“*

Seminare der Erwachsenenbildung beurteilt sie – nicht nur, aber auch – emotional: „Die Fundraising-Tagung war inhaltlich schon hervorragend, und es waren gute Leute da, die sehr gut referiert haben, aber die Atmosphäre war doch sehr miefig, sehr anzugträgerlastig, sehr männerlastig, und es wurde nicht als positives Lernen bei mir verbucht.“

Sie lernt lieber mit Buchstaben als mit Zahlen. *„Mit Buchstaben konnte man spielen, konnte man sich Geschichten ausdenken und viele andere Sachen machen, aber mit Zahlen konnte man gar nichts machen, zumindest war es nicht lebendig.“*

Diese Person entspricht dem Idealbild der institutionalisierten Erwachsenenbildung: an Sozialkontakten interessiert, intrinsisch motiviert, aufgeschlossen für neue Sichtweisen.

Zeichnet sich in unserer Wissensgesellschaft ein „neuer Lerntyp“ ab? Empirisch lässt sich diese Frage aufgrund des Datenmaterials nicht zuverlässig beantworten. Dazu sind Längsschnittuntersuchungen und Kohortenvergleiche erforderlich. Außerdem hat es vermutlich zu allen Zeiten kreative, „ungewöhnliche“ Lerner gegeben.

Dennoch scheint der Anteil derjenigen Erwachsenen zugenommen zu haben, für die
- permanentes intentionales Lernen zur alltäglichen Lebensführung gehört, für die Lernen ein „Lebensbedürfnis“ ist
- die eine überlegte Auswahl aus der Fülle der Angebote treffen und sich ihr individuelles „Lernprogramm“ zusammenstellen
- die einen partnerschaftlichen, authentischen, „nicht-schulischen“ Lehrstil erwarten
- die didaktisch-methodische Qualität von Bildungsveranstaltungen kompetent beurteilen können
- die aktivierende, konstruktive Lernmethoden bevorzugen.

Lernbarrieren

Das Lernen im Erwachsenenalter wird überwiegend als selbstbestimmt und bereichernd wahrgenommen, während die Erinnerungen an schulisches Lernen eher ambivalent sind.

Es besteht ein Zusammenhang zwischen angenehmen schulischen Assoziationen und Weiterbildungsbeteiligung. Negative Lernergebnisse der Kindheit wirken als Lernbarrieren im Alter nach. Allerdings werden gelegentlich negative Schulerinnerungen durch positive Erfahrungen in der Erwachsenenbildung kompensiert.

Es lassen sich vier Gruppen von Nichtteilnehmer/innen unterscheiden:

a) Erwachsene, die grundsätzlich nicht an Seminaren interessiert sind. Für diese Gruppe ist das Themenangebot uninteressant und irrelevant (wobei die meisten von ihnen die Programme der Erwachsenenbildung gar nicht zur Kenntnis nehmen). Nicht nur die Einrichtungen werden eher geringschätzig beurteilt, sondern auch die Teilnehmenden (Nr. 50, 48, 64). Institutionalisierte Weiterbildung gehört nicht zu ihrer Lebenswelt und wird ihnen voraussichtlich auch in Zukunft fremd bleiben. Viele von ihnen betonen, dass sie ohnehin ständig im Alltag lernen (Nr. 5, 9, 16).

b) Erwachsene mit speziellen Interessen, für die die Erwachsenenbildung keine (anspruchsvollen) Veranstaltungen anbietet und die aufgrund ihres Bildungsniveaus in der Lage sind, ihren Lernprozess selbstorganisiert zu gestalten. (Nr. 12, 19, 34, 64) Diese Personen sind aber prinzipiell an geeigneten Tagungen oder Kongressen interessiert (Nr. 3).

c) Erwachsene, die aufgrund unbefriedigender früherer Seminarerfahrungen nicht mehr teilnehmen, sei es, dass sie kognitiv überfordert waren, sei es, dass die Lerninhalte oder Methoden nicht ihren Erwartungen entsprachen, sei es, dass sie sich von der Gruppe oder der Seminarleitung nicht akzeptiert fühlten. Bei vielen von ihnen sind Lernängste ausgeprägt (Nr. 2, 21, 32). Einige dieser Personen sind an einer sozialen Unterstützung und Begleitung interessiert (Nr. 41, 44). Bei einigen wirken negative Schulerinnerungen nachhaltig (Nr. 50), andere haben unangenehme Erfahrungen mit Umschulungsmaßnahmen gemacht (Nr. 35).

d) Erwachsene, die z.Zt. aufgrund familiärer, beruflicher oder gesundheitlicher Belastungen keine Zeit haben (Nr. 11, 28, 29, 31, 40, 58). Hierzu gehören auch Personen, die in ländlichen Gebieten wohnen und große Entfernungen zu den Seminaren zurücklegen müssten. Gelegentlich werden Teilnahmegebühren als Barriere genannt (Nr. 17).

Eine eindeutige Verteilung nach demografischen und sozialstrukturellen Merkmalen ist nicht erkennbar. Bei den Nichtteilnehmenden sind Männer, Hauptschulabsolventen, Ledige (!) und Menschen mit negativen Schulerinnerungen überrepräsentiert.

Lernen wird von den meisten Erwachsenen als befriedigend erlebt, wenn es mit kognitiven Erfolgserlebnissen, mit emotionalen Flow-Gefühlen und mit sozialer Anerkennung gekoppelt ist. Ist ein solches Gleichgewicht nicht gegeben, wird auf die „Zumutung" lebenslangen Lernens meist mit Abwehrreaktionen und Abwertungen reagiert. Das Interviewmaterial lässt Trends und Tendenzen der Weiterbildung aus Sicht der AdressatInnen erkennen, die im Folgenden thesenartig dargestellt werden, die allerdings auf unterschiedlichen Dimensionen angesiedelt sind und in Fragestellungen für weitere Forschungen umgewandelt werden können.

Gesellschaftlicher Mentalitätswandel

1. Das gesellschaftliche Lernklima hat sich positiv verändert.
2. Das „Programm" des lebenslangen Lernens wird weitgehend akzeptiert.
3. Die „Adoleszenz-Maximum-Kurve" und traditionelle Rollenklischees (Lernen in der Kindheit, Arbeit im Erwachsenenalter) werden kaum noch vertreten.
4. Gesellschaftliche Begründungen (z.B. Globalisierung, Multikulturalität, Wissensgesellschaft) spielen für die subjektiven Lernentscheidungen kaum eine Rolle.
5. Subjektive Lerntheorien sind eingebettet in umfassendere Alltagstheorien des Lebens und des Selbst.

Lernmotive/-barrieren

6. Schulisches Lernen wird eher negativ, erfahrungsorientiertes Lernen in der Erwachsenenbildung eher positiv bewertet.
7. Kontakt – und Überforderungsängste sind bei Nichtteilnehmenden stärker ausgeprägt.
8. Praxisrelevanz der vermittelten Lerninhalte ist das meist genannte Qualitätskriterium von Seminaren der Erwachsenenbildung.
9. Emotionale Faktoren des Lernens werden häufiger angesprochen als kognitive (z.B. Über-/Unterforderung).
10. Optimistische Zukunftsperspektiven begünstigen Weiterbildung.
11. Self-efficacy (Selbstwirksamkeitsüberzeugung) wirkt sich sehr positiv auf Lernaktivitäten aus.
12. Wer sich weiterbildet, neigt zur Selbstattribuierung.
13. Sympathische Kursleiter/innen fördern die Weiterbildungsmotivation.
14. Die Grenzen zwischen Allgemein- und Berufsbildung, zwischen Identitäts- und Qualifizierungslernen werden fließend.

Nutzung des Bildungsangebots

15. Bei Frauen ist eine expansive Lernhaltung, bei Männern eine reaktive Lernhaltung vorherrschend.
16. Das Veranstaltungsangebot ist bei Nichtteilnehmenden relativ unbekannt.
17. Computerbasiertes Lernen ist eher die Ausnahme.
18. Eine extravertierte Persönlichkeitsstruktur und Interesse an Sozialkontakten fördern eine Weiterbildungsbeteiligung.
19. Weiterbildungsaktive kennen mehr Erwachsenenbildungteilnehmende
20. Viele Nichtteilnehmer/innen würden Seminare in Begleitung von Bekannten besuchen.
21. Viele Nichtteilnehmer haben ein negatives Bild von den Einrichtungen, Lehrenden und Teilnehmenden.
22. Nichtteilnehmende lassen eine größere informatorische, soziale und affektive Distanz zum Weiterbildungssystem erkennen.

Jede/r Erwachsene verfügt über subjektive Lerntheorien. Auch ein Widerstand gegen lebenslanges Lernen ist Teil solcher Theorien. Diese Alltagstheorien sind nicht falsch oder richtig, obwohl sie mehr oder weniger gut „informiert“ sind. Deshalb ist eine reflexive Evaluation dieser Theorien wünschenswert. Diese Lerntheorien haben immer auch eine legitimatorische Funktion: sie legitimieren eine Weiterbildungsbeteiligung, aber auch eine Nichtteilnahme.

Christiane Schiersmann hat durch eine repräsentative Befragung die **Weiterbildungserfahrungen** und die **Lernbereitschaft Erwerbstätiger** erforscht und dabei die Selbststeuerung von Lernprozessen untersucht. Den theoretischen Hintergrund bilden systemisch-konstruktivistische Lerntheorien sowie neuere Erkenntnisse der Hirnforschung.

Der Index der Selbststeuerung wird durch 7 Items erfasst:

1. „Ich eigne mir lieber neue Kenntnisse an, als mich mit Dingen zu beschäftigen, die ich schon beherrsche.
2. Beim Lernen bin ich in der Regel sehr erfolgreich.
3. Einen großen Teil meiner Zeit verbringe ich damit, Neues zu lernen.
4. Ich kann eine Vielzahl von Weiterbildungen nachweisen, zu denen mich niemand verpflichtet hat.
5. Ich bin beim Lernen auch dann bei der Sache, wenn ich wenig Anerkennung von anderen dafür bekomme.
7. Ich verfolge regelmäßig die Fachzeitschriften in meinem Arbeitsgebiet.“ (Schiersmann 2006, S. 18)

Der Selbststeuerungsindex der Befragten wurde in einer siebenstufigen Skala (von „keine Selbststeuerung" bis „große Selbststeuerung") errechnet. Die Korrelation mit unabhängigen Variablen (Geschlecht, Schulbildung, Berufsausbildung, Erwerbstätigkeit, familiale Förderung) ergab:

Die *familiale Förderung* hat den größten Einfluss auf selbstgesteuertes Lernen.

Es folgten das *berufliche Bildungsniveau* und der *Erwerbsstatus.*

Dieses Ergebnis ist zweifellos bemerkenswert. Der Einfluss der Familienangehörigen auf das Lernverhalten wurde in früheren Untersuchungen oft vernachlässigt.

Ch. Schiersmann gelangt zu der Schlussfolgerung: Es „wird auch die Frage weiter zu vertiefen sein, wie groß der Einfluss der frühen Lernerfahrungen auf die Ausprägung der Selbststeuerungskompetenz einzuschätzen ist und welche Möglichkeiten zur Nachsteuerung … bestehen." (ebenda. S. 22)

3.2 Kognitive und emotionale Lernvoraussetzungen

In den Siebzigerjahren haben mehrere Volkshochschulen „Selbstlernzentren" eingerichtet, das heißt, mit audiovisuellen Materialien ausgestattete Mediotheken, in denen Erwachsene individuell und flexibel ihre Lernprozesse gestalten konnten. Durch solche offenen Lernräume sollten die Hemmschwellen Bildungsbenachteiligter beim Zugang zur Weiterbildung abgebaut werden. Doch der gegenteilige Effekt trat ein: Vor allem lerngewohnte Erwachsene waren in der Lage, sich selbstständig und effektiv dieses Selbstlernangebots zu bedienen. Vereinfacht gesagt:
Selbstgesteuert lernen können diejenigen, die es gelernt haben, selbstgesteuert zu lernen.

Jost Reischmann fasst die Ergebnisse der amerikanischen Forschung wie folgt zusammen: *„Eine Reihe von Forschern hat versucht, die Charakteristika zu identifizieren, die erfolgreiche von erfolglosen selbstgesteuerten Lernern unterscheiden. Dabei ergeben sich Profilleisten, die den selbständigen Lerner etwa mit folgenden Fähigkeiten beschreiben: Er/Sie ist flexibel, ist selbstreflexiv, zeigt Neugier und Offenheit, ist logisch und analytisch, verantwortlich und selbstbewusst, hat Durchhaltevermögen und ein positives Selbstbild, verfügt über Lernstrategien und Lernmethoden, evaluiert sein Lernen. (...) Self-directed Learning meint hier ‚Skills of Inquiry'. Lerntechniken, die individuelle Fähigkeit, sein eigenes Lernen zu organisieren sowie eine entsprechende Eigenschaft (attitude)."* (Reischmann 1997, S. 132) Reischmann spricht treffend von einer „Tugend-Liste". Er kritisiert zu Recht „die Annahme einer kontextunabhängigen Persönlichkeitsvariablen und damit die Unterstellung, Selbstlernfähigkeit könne beliebig von einer Situation auf andere übertragen werden." (ebenda S. 132 f.) In der Tat dürfte es kaum jemanden geben, der in allen Bereichen „selbstlernfähig" ist – von der Einkommensteuererklärung bis zur Gentechnik. Außerdem ist es fraglich, ob es sinnvoll und effektiv ist, alles selber und ohne fremde Hilfe lernen zu wollen. Personale und soziale Kompetenzen lassen sich nicht ausschließlich selbstgesteuert erwerben. Fraglich ist es auch, ob die Fähigkeit zum selbständigen Lernen ohne Weiteres ein Persönlichkeitswert ist. „Höchst unklar sind die Ergebnisse zur Frage, ob Self-directed Learning (Lernweg) zur self-direction (Persönlichkeit) führt. Dieser allzu leicht behauptete Zusammenhang ist empirisch weitgehend offen." (ebenda S. 135)

Gerald A. Straka hat den Zusammenhang zwischen Arbeitsplatzbedingungen und dem Interesse am selbstgesteuerten Lernen bei Sachbearbeiterinnen der Allgemeinen Ortskrankenkasse und bei Mitarbeitern der Fischverarbeitungsindustrie untersucht. Dabei wurden positive Korrelationen zwischen Autonomieerleben, Kompetenzerleben und sozialer Einbindung einerseits und inhaltlichen Lerninteressen und selbstgesteuertem Lernen andererseits festgestellt. (Straka 1997, S. 151 ff.)

Helmut Friedrich und Heinz Mandl haben auf Grund der vorhandenen empirischen Untersuchungen ein „Komponentenmodell" des selbstgesteuerten Lernens entwickelt.

Motivationale und kognitive Komponenten selbstgesteuerten Lernens

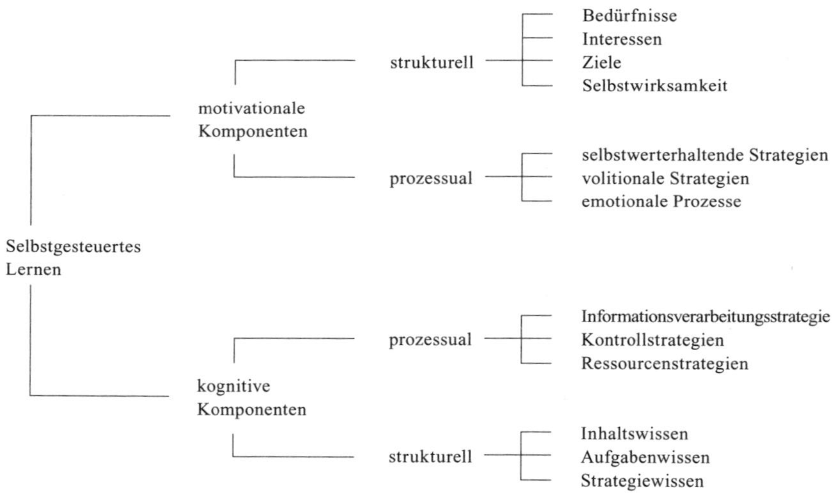

Abb. 6: Motivationale und kognitive Komponenten selbstgesteuerten Lernens (Friedrich/Mandl 1997, S. 242)

Sie unterscheiden motivationale („wollen") und kognitive („können") Komponenten, und dabei jeweils wieder strukturelle („Strukturen") und prozessuale („Strategien") Dimensionen. Für selbstgesteuertes Lernen ist die Verbindung von Emotionen und Kognitionen wesentlich: Man muss Spaß am Lernen haben, neugierig sein, Ausdauer haben, optimistisch sein etc. Auch Zielstrebigkeit und Geduld sowie die Fähigkeit, sich realistische Ziele zu setzen, sind Bestandteil einer Selbstlernkompetenz. Zur Selbstwirksamkeitsüberzeugung gehört die Einsicht, dass eine Person in der Lage ist, ein Problem oder eine Aufgabe selbständig zu lösen. Diese Überzeugung erfordert also eine Selbst- (versus Fremd-)Attribuierung. Eine solche Attribuierung wird durch eine selbstkritische Evaluation früherer Lernerfolge und Misserfolge erleichtert. Damit verknüpft sind „selbstbilderhaltende Bewältigungsstrategien". „Selbstbilderhaltend" ist es, bei einem Misserfolg nicht generell an der eigenen Kompetenz zu zweifeln, sondern die Fehler zu analysieren und Konsequenzen aus dieser Erfahrung zu ziehen. Volitionale Bewältigungsstrategien sind zum Beispiel reflexive Kontrollen der Aufmerksamkeit, der Motivation, der Emotionen, von Misserfolgserlebnissen, von Einflüssen der Lernumgebung, aber unter Umständen auch eine „sparsame Informationsverarbeitung", das heißt die Überprüfung, wie viel Detailwissen tatsächlich benötigt wird. (Friedrich/Mandl 1997, S. 246) Zu den kognitiven Faktoren gehören inhaltliche Vorkenntnisse, aber auch ein metakognitives Wissen über die eigenen Lernstärken und Lernschwächen, über Lernstile und Mechanismen des Gedächtnisses. Eine Selbstlernkompetenz beinhaltet auch die Fähigkeit, Lernanforderungen sowie die Schwierigkeit und Problemtiefe von Lernaufgaben beurteilen zu können. Kontrollstrategien sind vor allem Verfahren der Selbstevaluation. Es ist wichtig, sich der eigenen Lernfortschritte zu vergewissern und festzustellen, ob das erworbene Wissen ausreicht oder noch erweitert werden sollte. Man sollte gelöste und ungelöste Aufgaben unterscheiden können und sich seiner kognitiven Grenzen und Möglichkeiten bewusst werden. Zur Evaluation gehört auch eine Bewertung „sozialer Ressourcen", zum Beispiel der Beratung durch Freunde.

Helmut Friedrich und Heinz Mandl unterscheiden zwei Konzepte zur Förderung selbstgesteuerten Lernens: Das *„eine besteht darin, dem Individuum die oben -skizzierten kognitiven und motivationalen Komponenten selbstgesteuerten Lernens* ***direkt*** *zu vermitteln. (...) Dies ist der Ansatz des* ***Lernstrategietrainings****. Der andere,* ***indirekte*** *Förderansatz besteht darin, Lernumgebungen so zu gestalten, dass sie den Lernenden die Möglichkeit für selbstgesteuertes Lernen eröffnen."* (ebenda S. 253)

PISA für Erwachsene

Die OECD, die die PISA-Studien in Auftrag gegeben hat, plant nun eine international vergleichende Messung der Kompetenzen Erwachsener (PIAAC). Mehrere Arbeitsgruppen tagen regelmäßig und zahlreiche Machbarkeitsstudien liegen bereits vor. Das Bundesministerium für Bildung und Forschung hat ein „Konsortium" beauftragt, ein Forschungskonzept zu entwickeln. Diese Arbeitsgruppe hat im November 2004 eine Empfehlung vorgelegt. Die Hauptuntersuchung soll noch im Jahr 2005 beginnen.

Erfasst werden sollen formale, non-formale und informelle Lernaktivitäten sowie berufliche und lebenspraktische Kompetenzen während des ganzen Lebenslaufs. Beabsichtigt ist der Abbau von Lernbarrieren insbesondere bei „Risikogruppen", die Erleichterung von Übergängen (z.B. Schule-Arbeitswelt, Erwerbstätigkeit-Ruhestand) und eine Optimierung und Koordination der Bildungsangebote.

Gemessen werden folgende ***„Fähigkeiten“***:
- Literatur
- Kommunikation
- Problemlösungskompetenz

Ferner sollen ***„Dispositionen“*** erfasst werden, u.a.:
- Selbstorganisation
- Selbstwirksamkeitserwartungen
- Berufliche Professionalität
- Neugierde

„Performanzindikatoren“ sind z.B.
- soziales Engagement
- kulturelle Aktivitäten
- Weiterbildungsbeteiligung

Folgende ***„Domänen“*** werden berücksichtigt:
- Literacy/ Numeracy
- Problem Solving
- Health Literacy
- Information und Communication Technologies
- Teamwork
- Communication (Sprechen und Sprachen)

Negative Lernvoraussetzungen äußern sich oft als **Lernwiderstände**. Lernwiderstände können a) eine Nichtteilnahme, b) einen Kursabbruch, c) einen „inneren Drop-out“, d.h. eine Lernresistenz in einem Kurs verursachen. Peter Faulstich nennt einen Katalog an Indikatoren, die auf Lernwiderstände verweisen:

„In Lernsituationen treten unterschiedliche Widerstandstaktiken zu Tage: Blockieren, Nicht-Verstehen, Müdigkeit, Initiativlosigkeit, Orientierungsverlust, Lernvermeidungsstrategien, Ablenkung der Thematik, Ignorieren oder aber Provozieren der Dozenten, Abwerten der Lehrenden, Missverstehen, Klagen über Lernsituation, inszenierte Regelverstöße, Ablenken anderer Lernender, Umdefinieren der Lerndefinition, mutwilliges oder achtloses Beschädigen von Inventar, Verbreiten permanenter Unruhe. Zuspätkommen, Pausenverlängern, Fehlzeiten, Abbruch.“ (Faulstich 2006, S. 21)

Solche Verhaltensweisen werden von Lehrenden meist als „Störungen", die entsprechenden Teilnehmer als „schwierig" wahrgenommen. So sind solche Lernvermeidungsreaktionen oft Thema von Lernberatungen. Dabei geht es allerdings nicht nur um den Abbau solcher Widerstände. Lernwiderstände sind oft begründet und sollten ernst genommen werden. Zugrunde liegen z.B. eine „verordnete" Teilnahme ohne eigene Motivation, aber auch negative Erfahrungen mit ähnlichen Kursen oder auch die fehlende Relevanz der Themen. Manche Themen werden auch als identitätsbedrohlich empfunden.

Peter Faulstich bezeichnet – in Anlehnung an Klaus Holzkamp – ein Lernen, dessen Sinn und Bedeutsamkeit nicht eingesehen wird, als „defensiv": *„Als ‚defensives Lernen' wird ‚lebenslanges Lernen' zum äußeren Zwang.*

Es wird als Druck wahrgenommen, permanent, also ‚lebenslänglich' externen Anforderungen hinterher zu hetzen. Damit wird Lernen zur Entmündigung." (ebda. S. 24)

Lernwiderstände sollten also von den Veranstaltern und den Lehrenden als Herausforderung und als Anlass zur Selbstreflexion verstanden werden.

Zum selbstgesteuerten Lernen gehört es

- ***zu wissen, wo welches Wissen zu finden ist,***
- ***zu wissen, welches Wissen man für welche Aufgaben braucht,***
- ***Wichtiges von Unwichtigem unterscheiden zu können,***
- ***verschiedene Wissensformen (empirisch, theoretisch, Erfahrung, Offenbarung etc.) unterscheiden zu können,***
- ***zu wissen, wie das Wissen jeweils zu Stande gekommen ist,***
- ***Zusammenhänge herzustellen und Unterschiede zu beachten,***
- ***Grenzen des Wissbaren zu erkennen.***

3.3 Selbstgesteuertes Lernen in der Lehr-Lernforschung

Die Lehr-Lernforschung (früher: Unterrichtsforschung) untersucht unter anderem
- ob Gelegenheiten zum selbstgesteuerten Lernen die Motivation und Zufriedenheit der Lernenden erhöhen
- ob selbstgesteuertes Lernen effektiver und „erfolgreicher" ist als angeleitetes -Lernen
- für welche Themen und Lerntypen ein hohes Maß an Selbststeuerung angemessen ist
- ob und wie in Seminaren eine Selbststeuerungskompetenz gefördert wird.

Wir haben 1971/72 in Hannover das Lehr- und Lernverhalten Erwachsener in Seminaren mit Hilfe von Teilnehmer- und Kursleiterbefragungen, teilnehmenden Beobachtungen und experimentellen Versuchsanordnungen untersucht. Eine zentrale Frage bezog sich auf die Formen didaktisch-methodischer Mitbestimmung („Partizipation") und deren Wirksamkeit:
1. Entgegen dem Selbstverständnis der Erwachsenenbildung wurde eine Selbst-steuerung (zum Beispiel in Kleingruppen) selten zugelassen oder gar angeregt.
2. Die Kursleiter verstanden ihre Rolle überwiegend als Wissensvermittler, selten als Lernberater und Vermittler von Lerntechniken.
3. Lernzielpartizipationen förderten die Zufriedenheit und den selbstbeurteilten Lernerfolg.
4. Bei Lernzieldiskussionen dominierten die „lernerfahrenen" Teilnehmer mit höherer Schulbildung.
5. Teilnehmer ohne höhere Schulbildung, Frauen und Ältere fühlten sich in solchen Partizipationsdiskussionen eher unterlegen und plädierten deshalb für einen autokratischen, nicht-partizipativen Lehrstil.
6. Männer waren – mehr als Frauen – an einem autodidaktischen Selbststudium interessiert, während viele Frauen die Seminare auch wegen der Kontakt- und Kommunikationsgelegenheiten schätzten.

Wir haben im Sommer 2000 erneut eine Teilnehmerbefragung durchgeführt, wobei wir zum Teil die Items und Fragen aus den Siebzigerjahren wiederholt haben, um Veränderungen des Lernverhaltens in den vergangenen drei Jahrzehnten zu ermitteln. Eine solche Längsschnittuntersuchung ist nicht unproblematisch:
a) Möglicherweise haben sich die Bedeutungshorizonte der Schlüsselbegriffe verändert (unter Umständen ist der Begriff Lernen inzwischen bei Erwachsenen positiver besetzt als damals).

b) Die soziale Teilnehmerstruktur hat sich gewandelt. (Der Anteil der Teilnehmenden mit Abitur ist von 25 % (1972) auf 37,1 % (2000) gewachsen. Der Altersdurchschnitt ist deutlich gestiegen: 1972 waren 40,9 % der Befragten bis zu 25 Jahre, 2000 nur noch 13,1 %. Das Geschlechterverhältnis ist nahezu konstant geblieben (männlich 30 %, weiblich 70 %)).
c) Das thematische Kursangebot ist nicht mehr identisch. (Ein Drittel der im Jahr 2000 berücksichtigten Kurse behandelt die neuen Informations- und Kommunikationsmedien, die 1972 noch kein Thema waren. Ein weiteres Drittel sind damals wie heute Sprachkurse. Gesprächskreise, musisch-kreative Seminare, Selbsterfahrungsgruppen wurden nicht berücksichtigt.)

Erkennbar sind folgende Trends:
1. ***Die sozial-kommunikative Orientierung hat sich verstärkt.*** 89,5 % behaupten, in Gruppen besser zu lernen als alleine. 41,9 % stellen fest, dass sie manchmal von anderen Teilnehmenden mehr lernen als von den Dozenten. Ängste in Gruppen äußern nur noch 15,8 %.
2. ***Die Bereitschaft zur aktiven Mitarbeit ist gegenüber 1972 gewachsen.*** Nur 10,5 % (1972: 32,5 %) fühlen sich häufig gehemmt, in Gruppen aktiv mitzuarbeiten. Während sich 1972 noch 28,7 % auf „Zuhören“ beschränken wollten, waren es 2000 nur noch 10,7 %. Die Bereitschaft, in Arbeitsgruppen die Diskussionsleitung zu übernehmen, ist deutlich gewachsen („möglichst nicht“ antworteten 1972 38,1 %, 2000 nur noch 19,8 %).
3. ***Das Selbstbewusstsein gegenüber den Lehrenden ist gestiegen. Jedoch ist kein Funktionsverlust, sondern ein Funktionswandel der Lehrenden erkennbar.*** Nur noch 23,1 % (1972: 33,9 %) bevorzugen die eher rezeptive Methode des „Vortrags mit Diskussion“. Dass der Kursleiter Inhalte und Methoden alleine entscheidet, lehnen 46,5 % ab (1972 nur 31,1 %). Erstaunlich ist, dass – trotz des gestiegenen Schulbildungsniveaus – 53,5 % eine persönliche Lernberatung durch die Kursleiter wünschen.
4. ***Das Lernen zu Hause am Computer ist für die meisten Teilnehmenden keine attraktive Alternative.*** Während 1972 noch mehr als die Hälfte dem Statement zustimmte „Wissen kann ich mir besser zu Hause aneignen“, waren es im Jahr 2000 nur noch 19 %. Dem Statement „Wenn es für das Thema gute CD-ROMs oder Kassetten gibt, lerne ich lieber zu Hause“, stimmen nur 19,5 % zu.

Mit aller Vorsicht lässt sich resümieren: Das gewachsene Lernselbstbewusstsein und die neuen Medien bewirken kein Desinteresse an institutionalisierten Angeboten des sozialen Lernens. Zu relativieren ist auch die weit verbreitete These: „Einrichtungen der Erwachsenenbildung bekommen die Aufgabe zugewiesen, Orientierungshilfe angesichts der unsicheren Lebenslagen zu bieten und die soziale Kohäsion in einer segmentierten Gesellschaft zu fördern.“ (Schiersmann/Thiel 2000, S. 27)

Die Mehrzahl unserer Befragten scheint primär an pragmatischen, instrumentellen, auch außerberuflich verwertbaren Qualifikationen interessiert zu sein.

Reinhold Nickolaus hat die empirischen Untersuchungen einer selbstgesteuerten/handlungsorientierten Didaktik in der gewerblich-technischen Bildungsarbeit ausgewertet. Selbststeuerung und Handlungsorientierung gelten auch in der Berufspädagogik als vorteilhaft. Gegenüber einem pauschalen Überlegenheitsanspruch legen die empirischen Befunde jedoch eine vorsichtige Bewertung nahe.

Für ein selbstgesteuertes, handlungsorientiertes Lernen sprechen unter anderem die Thesen:

1. „Selbstgesteuerte, handlungsorientierte Erarbeitungsformen führen zu einer höheren Lernmotivation als systematische direktive Instruktionsvarianten.
2. In systematischen, direktiven Instruktionsvarianten wird häufig träges Wissen erworben, das in der konkreten Handlungssituation nicht oder nur begrenzt eingesetzt werden kann. Handlungsorientiertes Lernen in variierenden (multiplen) Kontexten begünstigt hingegen den Aufbau von Kompetenzen, die zur Bewältigung wechselnder und neuartiger Anforderungen notwendig sind."

Diese Pro-Thesen lassen sich empirisch stützen, aber auch die Contra-Thesen:

1. „Die mit selbstgesteuerten, handlungsorientierten Erarbeitungsformen verbundene erhöhte Lernmotivation ist keineswegs zwingend auch mit besseren Lernergebnissen verknüpft. Mangelnde Strukturierung, Systematik und Klarheit in selbstgesteuerten, handlungsorientierten Erarbeitungsformen und subjektive Selbstüberschätzungen des Lernerfolges durch die Lernenden sind die Kehrseite erhöhter Lernmotivation. (…)
2. In den Lernenden zur Selbststeuerung überlassenen Lernprozessen begünstigt die Handlungsorientierung eine finale Ausrichtung, die die Lernenden dazu verleitet, den Lernprozess bei Erreichung des Ziels abzubrechen, ohne dass (…) die für Transferprozesse notwendigen Abstraktionen vorgenommen worden sind."(Nickolaus 2000, S. 192 f.)

Dem Motivationszuwachs durch Selbststeuerung entspricht nicht unbedingt ein Zuwachs an systematischen Lernfortschritten, und Selbststeuerung ist nicht bei allen Themen die erfolgreichste Lernart. Wünschenswert erscheint vielfach eine Kombination von selbstgesteuerten und angeleiteten Lernphasen sowie ein Wechsel der Lernanforderungen. Nickolaus verweist auf Untersuchungen, in denen die besten kognitiven Ergebnisse bei „geleiteten Lehr-Lernarrangements" festgestellt wurden. „Dies deutet darauf hin, dass Selbststeuerung von Lernprozessen bei (…) ‚hoher'

Komplexität der Aufgaben in Überforderung und mangelnde Klarheit im Lernergebnis umschlagen kann." (ebenda S. 196) Ob ein Wissen „träge" bleibt, scheint nicht nur von der Selbst-/Fremdsteuerung des Lernens, sondern auch von der Thematik und Praxisrelevanz des Wissens abhängig zu sein. Insbesondere bei wenig strukturierten („ill structured") Lernaufgaben werden unsichere und „schwächere" Lerner durch selbstgesteuerte Lernarrangements oft überfordert. „Zusammenfassend ist davon auszugehen, dass Lernergebnisse (...) von einem komplexen Wirkungsgeflecht beeinflusst werden und trotz plausibler Modellannahmen letztlich offen ist, inwieweit über ‚handlungsorientierte' Lehr/Lernarrangements eher als über Instruktionsunterricht Handlungskompetenzen (...) gefördert werden können." (ebenda S. 199) Nickolaus warnt vor einer „Pendelschlagdidaktik", die von einem Extrem (der Fremd-/Selbststeuerung) zum anderen wechselt.

So belegen einige Fallstudien unter besonderen Bedingungen die Vorzüge seminaristischer Lernformen, zum Beispiel bei Schulungen in Windows NT: „Warum ist das Seminar dem Learning-by-doing meist überlegen? (...) Erstens fordert Trainer-geleitete Schulung weniger Lernzeit als die Methode ‚learning-by-doing', so dass Kosten eingespart werden können. (...) Zweitens vermittelt Trainer-geleitete Schulung gezielter professionelle Kompetenz, so dass der Anwender die teure Computer-Anlage effektiver nutzen kann." (Lehnert 2000, S. 234)

Generell lässt sich die These belegen:
Selbstgesteuertes Lernen und seminaristisch Lernen sind keine Gegensätze.
Zwischen beiden Lernformen besteht eine positive Korrelation: Wer oft selbstgesteuert lernt, nimmt auch häufig an Seminaren teil. Wer selten die Weiterbildungsangebote nutzt, gehört auch selten zu den selbstgesteuerten Lernern. Im günstigen Fall regt ein Seminar zum selbstgesteuerten, informellen Lernen „zu Hause" an.

Eine zweite These lautet:
Selbstgesteuertes Lernen ist nicht bei allen Lerninhalten und für alle Zielgruppen einem fremdgesteuerten Lernen überlegen.
Je komplexer das Thema ist und je weniger Vorkenntnisse und Orientierungswissen vorhanden sind, desto mehr didaktische Strukturierung ist erforderlich. Außerdem erfordert selbstgesteuertes Lernen eine *Selbstlernkompetenz*, die bei vielen Erwachsenen nicht vorausgesetzt werden kann (vgl. Friedrich/Mandl 1997, S. 237 ff.).

Diese Selbstlernkompetenz ist eine überfachliche Schlüsselkompetenz, zu der eine intrinsische Motivation, emotionale Neugier und Freude am Lernen, aber auch Persönlichkeitsmerkmale wie Ausdauer und Frustrationstoleranz, ferner kognitive Stile – z.B. logisches und analytisches Denken sowie Techniken des geistigen Arbeitens und der Selbstorganisation der Lernprojekte, aber auch eine selbstkritische Einschätzung der Stärken und Schwächen und der Lernfortschritte gehören (vgl. Erpenbeck/Heyse 1999, S. 93 ff.).
A. Grotlüschen und B. Brauchle verbinden das Konzept Selbstlernkompetenz mit der Bildungstheorie. *„Selbstlernkompetenz kann insofern nicht ohne eine Reflexivität auskommen. Diese jedoch ist nicht beliebig, sondern an den Gegenstand gebunden. Im Wesentlichen speisen sich solche Herangehensweisen an Selbstlernen also aus einem wohlverstandenen aufklärerischen Bildungsbegriff, der angekoppelt ist an die gegenwärtig vieldiskutierte subjektwissenschaftliche Lerntheorie.“* (Grotlüschen/Brauchle 2006, S. 107)

3.4 Stile selbstgesteuerten Lernens

Selbstgesteuertes Lernen ist kein besonderer Lernstil, sondern eher ein Lernarrangement, das biografie- und kontextabhängig ist und in vielfältigen Formen praktiziert wird. Selbstgesteuertes Lernen ist individualisiertes Lernen. Dennoch besteht ein theoretisches und bildungspraktisches Interesse daran, typische Lernstile zu ermitteln. Der Stand der Lernstilforschung ist unbefriedigend, und zwar theoretisch wie empirisch. Das liegt unter anderem daran, dass Lernen ein beobachtungsrelatives Konstrukt ist. Die meisten Untersuchungen haben heuristischen Wert, das heißt, sie sind anregend für eine Selbstreflexion der Lernenden. (Vgl. Schrader 1994, S. 11 ff.) Vielleicht ist es kein Zufall, dass Lernstilforschung in dem Standardwerk „Psychologie der Erwachsenenbildung“ von Franz Weinert und Heinz Mandl kaum erwähnt wird. In dem Kapitel über das Lernen mit Medien stellt Bernd Weidenmann fest: *„Weitgehend unerforscht ist die Frage, ob unterschiedlich codierte instruktionale Botschaften auch unterschiedlich mental repräsentiert werden. Interaktionen der Nutzung (von Medien und medialen Lernangeboten) mit Lernstilen und mentalen Repräsentationen: Bei Erwachsenen sind verfestigte Lernstile und Lernstrategien zu erwarten; es wäre zu untersuchen, inwieweit einerseits bestimmte Medien und mediale Angebote mit ihnen kompatibel sind und inwieweit andererseits eine häufige Nutzung bestimmter medialer Lernangebote die Entwicklung bestimmter Stile und Strategien fördert.“* (Weidenmann 1997, S. 429)

Ein Klassiker der Lernstilforschung ist der ***„learning style inventory“*** des Amerikaners David Kolb (1976). Kolb hat einen Lernstiltest für Erwachsene entwickelt, der ohne großen Aufwand auszufüllen und auszuwerten ist, der auf der Kognitionstheorie von Jean Piaget basiert und der sich nicht auf schulisches Lernen, sondern auf alltägliches, außerinstitutionelles Lernen bezieht (deutsche Fassung: Hans-Dieter Haller, Universität Göttingen).

Dieser Selbsteinschätzungstest ist einfach durchzuführen: Er enthält neun Gruppen mit je vier Eigenschaften/Tätigkeiten. In jeder Zeile muss eine Rangfolge der Begriffe vorgenommen werden, die den eigenen Lernstil am besten charakterisieren (von 4 Punkten bis 1 Punkt). Jeder Begriff erhält also einen Punktwert.

	1. Spalte	2. Spalte	3. Spalte	4. Spalte
1.	unterscheidend	ausprobierend	beteiligt sein/ engagiert	praktisch
2.	aufnehmend	bedeutsam	analytisch	unparteiisch
3.	fühlend	beobachtend	denkend	handelnd
4.	zustimmend	risikofreudig	überprüfend	bewusst
5.	einfühlend	produktiv	logisch	in Frage stellend
6.	abstrakt	betrachtend	konkret	aktiv
7.	gegenwartsbezogen	nachdenkend	zukunftsbezogen	pragmatisch
8.	Erfahrung	Beobachtung	Entwurf/Plan	Experiment
9.	intensiv	zurückhaltend	rational	verantwortlich

Abb. 7: Lerneigenschaften

Auswertung

In einem ersten Auswertungsschritt addieren Sie die Punktwerte der einzelnen Spalten, allerdings nur die der unten angegebenen Zeilennummern. Das heißt, die Punkte für „unterscheidend", „abstrakt", „intensiv", „bedeutsam", „risikofreundig", „produktiv", „engagiert" etc. bleiben unberücksichtigt. Der durchschnittliche Punktwert für jede Spalte kennzeichnet einen Lernstil:

1. Spalte	2. Spalte	3. Spalte	4. Spalte
2 3 4 5 7 8	1 3 6 7 8 9	2 3 4 5 8 9	1 3 6 7 8 9
KE = ... Punkte	RB = ... Punkte	AB = ... Punkte	AE = ... Punkte

Die Punktwerte werden vertikal addiert, allerdings nur die der angegebenen Zeilen.

KE = konkrete Erfahrung *AB = abstrakte Begriffsbildung*
KB = reflektierte Beobachtung *AE = aktives Experimentieren*

Die vier Summenwerte verweisen auf die Ausprägung unterschiedlicher Lernstile und Aneignungsmodi von Wirklichkeit. Die höchsten Punktwerte in der ersten Spalte verweisen auf ein ***Lernen aus Erfahrungen***. Lerninhalte, die nicht mit konkreten Situationen verknüpft werden, bleiben „äußerlich". Inhalte, die biografisch und/oder beruflich verankert werden können, werden „nachhaltig" angeeignet. Erfahrungslernen ist in besonderer Weise „erwachsenengemäß", allerdings können angebliche Erfahrungen (zum Beispiel mit Politik, Massenmedien, Wissenschaft, Ausländern) auch lernhemmend wirken. Der „Erfahrungslerner" neigt dazu, vorschnell einen Transfer und Verknüpfungen herzustellen und Unterschiede zu vernachlässigen. Vermutlich bevorzugt dieser „Typ" Seminare, in denen er seine Erfahrungen mitteilen kann.

Hohe Punktwerte – mehr als 15 – in Spalte 2 verweisen auf eine ausgeprägte ***reflektierte Beobachtung***. Diese Lerner beobachten Situationen und Sachverhalte sorgfältig. Sie sind mit eigenen Meinungsäußerungen zurückhaltend. Ihr Lernverhalten ist distanziert und abwartend, sie gehören oft zu den Schweigern in einer Gruppe. Dieser Lernstil eignet sich für selbstgesteuerte Lernsituationen.

Der dritte Lernstil wird als ***abstrakte Begriffsbildung*** (abstract conceptualization) bezeichnet. Bei diesem Stil überwiegt ein theoretischer, systematischer Zugang zur Wirklichkeit. Dieser Lernstil eignet sich besonders für selbstgesteuerte Lernarrangements, auch für ein Lernen mit Hilfe wissenschaftlicher Texte.

Aktives Experimentieren ist besonders bei praktischen Lernaufgaben gefragt, zum Beispiel bei einem arbeitsintegrierten „learning by doing". Dieser Lernstil ist handlungsorientiert und bevorzugt ein Lernen durch „Versuch und Irrtum".

Es ist eher die Ausnahme, dass bei einer Person nur ein Lernstil besonders ausgeprägt ist. Es ist durchaus denkbar, dass alle Punkte auf mehrere Dimensionen gleichmäßig verteilt sind.

David Kolb macht auf die Prozesshaftigkeit komplexer Lernaufgaben aufmerksam, die eine Kombination mehrerer Lernaktivitäten wünschenswert erscheinen lässt:

„Kolb beschreibt Lernen als einen vierstufigen Zyklus, in dem Erfahrungen in Konzepte übersetzt werden, welche dann wieder neue Erfahrungen leiten. Unmittelbare konkrete Erfahrung bildet die Basis für Beobachtungen und Reflexionen. Diese Beobachtungen dienen dazu, Ideen, Verallgemeinerungen, ‚Theorien' zu entwickeln. Die Folgerungen aus diesen ‚Theorien' werden sodann in neuen Situationen überprüft und bilden die Basis für neue konkrete Erfahrungen." (Schrader 1994, S. 21)

Dementsprechend ist in der Regel ein gestuftes Lernprogramm wünschenswert, in dem sich seminaristische Veranstaltungen und selbstgesteuerte Lernphasen ergänzen und abwechseln. Dabei ist das theoretische Lernen oft selbstgesteuert möglich, während das aktive Experimentieren anwendungsorientierte Aufgaben benötigt und das Erfahrungslernen sozialkommunikative Lerngelegenheiten.

Keiner dieser Lernstile ist generell überlegen, sondern je nach Kontext und Lernaufgabe geeignet. So erscheint es angemessen, in fremden Ländern zunächst sorgfältig und aufgeschlossen zu beobachten, neue Erfahrungen zuzulassen und nicht sofort auf Grund früherer Erfahrungen zu urteilen.

David Kolb hat in einer zweiten Stufe mehrere Lernstile kombiniert und zu Persönlichkeitstypen zusammengefasst. Auch hier ist der Berechnungsmodus einfach: Die Punkte aus Spalte 1 („Erfahrung") werden von den Punkten der Spalte 3 („Begriffsbildung") subtrahiert: AB – KE = … Die Punkte Spalte 2 („Beobachtung") werden von Spalte 4 („Experimentieren") subtrahiert: AE – RB = … Diese Werte werden in ein Koordinatensystem eingetragen:

Persönlichkeitsstile

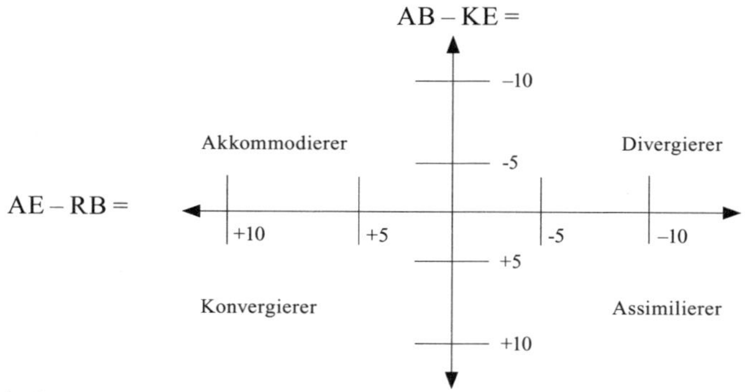

Abb. 8: Persönlichkeitsstile

Akkommodieren und Assimilieren sind – nach Jean Piaget – unterschiedliche Modi des Umgangs mit der Welt. Akkommodieren ist die Bereitschaft, sich auf neue Situationen einzulassen, offen zu sein für Neues. Neugier, Experimentierfreude und Erfahrungsoffenheit begünstigen ein solches Verhalten zur Welt.

Assimilieren ist die Fähigkeit, die Außenwelt an vorhandene Deutungsmuster und Alltagstheorien anzupassen, die Welt gleichsam in das interne System zu integrieren. Unsere Konstruktion von Wirklichkeit ist im Normalfall ein Prozess des Assimilierens.

Konvergieren ist eine effektive, systemkonforme Lösung von Problemen. Konvergentes Denken eignet sich für Aufgaben mit eindeutigen Lösungen, zum Beispiel Intelligenztests.

Divergieren ist dagegen originell, kreativ, ungewöhnlich, aber nicht unbedingt effektiv. Divergentes Denken ist fantasievolles Denken, Perspektivenwechsel, innovatives Denken.

Für Konvergierer wie Divergierer gilt: Wünschenswert sind soziale Lernumgebungen. Ein extrem konvergentes Denken ist im Normalfall ebenso wenig erfolgreich wie übertrieben divergentes Denken. Ähnliches gilt für assimilierendes und akkommodierendes Lernen: Beide „Modi" menschlicher Existenz sollten sich komplementär ergänzen.

Komplexer und aufwändiger als der Lernstiltest von David Kolb ist das Testinstrumentarium LIFO ***(Life-Orientation)***, das 1989 von Atkins und Katcher entwickelt wurde und das von J. Erpenbeck und V. Heyse zur Analyse beruflicher Kompetenzbiografien verwendet wurde. Die LIFO-Methode berücksichtigt grundlegende Einstellungen und Persönlichkeitsvariablen, und auf Grund von Lebensorientierungen und Selbstkonzepten werden Lernstile erfasst. Die vier grundlegenden Orientierungen sind Leistung (hohes Anspruchsniveau, unterstützt Leistungen anderer), Aktivität (Dominanz, überwindet Hindernisse), „Vernunft“ (begründet Entscheidungen und Verhalten, vermeidet Risiken) und Kooperation (fördert Beziehungen, ist kompromissbereit). Alle vier Werte gelten als Lernstärken, die jedoch in extremen Ausprägungen zu „Schwächen“ werden können.

Diese Grundwerte werden mit neun Lernstilmerkmalen verknüpft:
- ***Lernzufriedenheit*** (äußere Anerkennung oder Selbstbestätigung)
- ***Lehrerbezug*** (Unterstützung des selbstorganisierten Lernens durch Lehrende)
- ***Kontextbezug*** (Einschätzung des Lernarrangements)
- ***Konfliktbewältigung*** (Umgang mit Lernschwierigkeiten)
- ***Sozialbezug*** (sich von anderen beraten lassen)
- ***Kritik-/Selbstkritikfähigkeit*** (eigene Schwächen beim selbstorganisierten Lernen)
- ***Lernselbstkonzept*** (Selbstvertrauen beim Lernen)
- ***Selbstständigkeit*** (Unabhängigkeit von Hilfen)
- ***Selbstwertgefühl*** (personale Kompetenz). (Vgl. Erpenbeck/Heyse 1999, S. 115)

Unterschieden werden ferner sechs Lehrstile: aufgabenorientiert, gemeinsames Planen, schülerzentriert, themenzentriert, lernzentriert, emotionell anregend.

Auf Grund dieser Befragungen kommen Erpenbeck/Heyse zu dem Ergebnis, dass Kompetenzentwicklung weitgehend identisch mit der Fähigkeit zur Selbstorganisation ist. Personale und soziale Kompetenzen sind „Kernkompetenzen“ eines Unternehmens und des Individuums. „Es handelt sich bei diesen Kompetenzen (...) um Selbstorganisationsdispositionen.“ (Erpenbeck/Heyse 1999, S. 134) Und: „Kompetenzlernen kann also nur in spezifischen Formen selbstorganisierten Lernens gelingen.“ (ebenda S. 132)

Einige Resultate zum Zusammenhang selbstorganisiertes Lernen – Kompetenzentwicklung – Biografie:
- Hochleistungsorientierungen sind in der familiären und schulischen Sozialisation entstanden.
- „Organisierte Weiterbildung spielt bei dem untersuchten Personenkreis nur eine marginale Rolle. (...) Je komplexer die Kompetenz, desto geringer die Bedeutung der organisierten beruflichen Weiterbildung.“
- „Die wichtigste Kompetenzquelle ist die im Rahmen von Förderungsprojekten, von innerbetrieblicher Zusammenarbeit, von informellen Zusammenkünften und Beziehungen sowie mit ausgewählten Experten geführte diekte Kommunikation. (...) Erst an zweiter Stelle steht das Selbststudium von Literatur. (...) Kurz, die im Berufsleben erfolgsentscheidenden Kompetenzen sind nach der initialen Ausbildung fast gänzlich außerinstitutionell und selbstorganisativ erworben worden.“ (ebenda S. 132 f.)

Allerdings lassen diese Befunde keine Bewertung oder gar Entwertung des beruflichen Weiterbildungssystems zu. Immerhin: Der Zusammehang von Selbstorganisationsfähigkeit und beruflicher Kompetenz ist plausibel. „Ein selbstorganisiertes, komplexes System – das lernende und sich entwickelnde Individuum – agiert (...) als Teil eines umfassenderen, ebenfalls selbstorganisierten komplexen Systems – des Unternehmens." (ebenda S. 136)

Kompetenzentwicklung und Weiterbildungsbeteiligung werden von Erpenbeck/Heyse entkoppelt. Komplexe Kompetenzen basieren auf Persönlichkeitseigenschaften, die sich im Lauf des Lebens in alltäglichen Lebenswelten entwickeln. Personale und soziale Kompetenzen setzten vielfältige reflektierte Erfahrungen und implizite Wissensbestände voraus. Der Anteil deklarativen Wissens, wie es vor allem seminaristisch vermittelt wird, wird durch diese Untersuchung deutlich relativiert.

3.5 Selbstgesteuertes Lernen im Internet

Vor allem ein computerunterstütztes selbstgesteuertes Lernen scheint den Herausforderungen einer Wissensgesellschaft zu entsprechen. So prognostiziert Günther Dohmen: „Die jüngste Entwicklung der modernen Informations- und Kommunikationstechnologie bietet neue Möglichkeiten zur unmittelbaren Unterstützung des lebenslangen Lernens. Der direkte Informationsabruf zum ‚learning just in time', die ‚virtuelle' Einbeziehung von Experten in formale und informelle Lernprozesse, die Nutzung von interaktiven PC-Programmen und weltweiten Informationsnetzwerken – das gibt der Entwicklung des lebenslangen Lernens eine neue Dimension und einen neuen Auftrieb." (Dohmen 1996, S. 8)

Lernen mit Hilfe des Internet

Vorteile:
- Vernetzung verschiedener Informationsquellen
- Schneller Zugriff auf Informationen, die beispielsweise für eine Projektbearbeitung erforderlich sind
- Selbstständiges Recherchieren von Informationen
- Fördert die Autonomie des Lerners durch Selbstbestimmung und Aufhebung von Raum und Zeit
- Lernende treten mit recherchiertem Vorwissen in eine Lernsituation ein
- Vielfalt vorhandener Lernmaterialien statt vorgegebener Lehrbücher
- Zeitnaher Austausch mit andern Personen und Institutionen per E-Mail und im Chatroom
- Fördert die Medienkompetenz des Nutzers (z.B. Umgang mit der Hardware als technisches Instrument und als Kommunikationsmittel, Erlernen neuer Anwendungssoftware bei der Nutzung der Kommunikationswege)

Nachteile:
- Fehlendes persönliches Erleben
- Konsequenzen des Handelns erfolgen nicht unmittelbar
- Aufbau von Beziehungen ohne persönlichen Kontakt
- Auswahl und Reduktion der Lerninhalte erfolgen „per Zufall"
  (Fulda 2005, S. 5)

Die empirischen Untersuchungsergebnisse zur Qualität und Wirksamkeit dieser Programme und des Lernens via Internet sind noch uneinheitlich. Hier einige Einschätzungen: „Der Forschungsstand zum computervermittelten kooperativen Lernen wächst zwar, ist aber noch nicht groß und zum Teil auch widersprüchlich. (...) Über das Lernen in Computernetzwerken weiß man nur wenig; instruktionspsychologische Fragestellungen sind bisher kaum bearbeitet worden." (Reinmann-Rothmeier/Mandl 1997, S. 387) Auch bei interaktiven Designs scheint die Gefahr einer „Depersonalisierung" und einer „unpersönlichen Kommunikation" zu bestehen. (Reinmann-Rothmeier/Mandl, S. 388) „Besonders hervorzuheben ist das Überangebot an Information, das schnell zur kognitiven Überlastung der Kooperationspartner führen kann." (Reinmann-Rothmeier/Mandl, S. 388)

Bernd Weidenmann unterscheidet Instruktionsmedien und Konstruktionsmedien: „Während in der Schule Medien nahezu ausschließlich der Instruktion dienen, fungieren sie in der Erwachsenenbildung in hohem Maße als Mittel und Werkzeuge, mit denen die Lerner den Lerngegenstand selbstständig bearbeiten, Materialien herstellen und Informationen untereinander kommunizieren." (Weidenmann 1997, S. 409)

Zu einer ähnlichen Einschätzung gelangt Bernhard Koring: „Die Nutzung von internetbasierten Lernangeboten in der Erwachsenenbildung bleibt weit hinter den heute schon gegebenen Möglichkeiten zurück." (Koring 1999, S. 9)

Ähnlich wie Weidenmann unterscheidet Koring eher instruktive und eher konstruktive Programme: „Virtuelle Kurse" vermitteln vor allem Wissen, sind also auf Instruktion ausgerichtet. „Virtuelle Lernprojekte" sind problem- und aufgabenorientiert und fördern ein aktives, experimentierendes Lernen. Außerdem unterscheidet Koring zwischen der ***Interaktivität*** eines Programms, das heißt der Möglichkeit, Fragen zu stellen, Wünsche zu äußern und selbstständig Aufgaben zu bearbeiten und Probleme zu lösen und der ***Kommunikativität***, das heißt den sozialen Kontakt- und Verständigungsmöglichkeiten. (Koring 1999, S. 15)

Diese Konstruktionsprogramme unterstützen eine „situierte Kognition", die von der konstruktivistischen Kognitionswissenschaft nachdrücklich favorisiert wird. Vor allem in der beruflichen Weiterbildung scheinen sich ein computergestütztes Training und die Simulation authentischer Aufgaben durchzusetzen. Qualitätsmerkmale für solche Lernarrangements sind: „Computerunterstützte Lernumgebungen sollten Bezug zur Lebenswelt der Erwachsenen aufweisen (Kriterium: Realitätsnähe), durch interessante Ausgangsprobleme intrinsische Motivation für das Lernen wecken (Kriterium: Problemorientierung) und dem Lerner viel Raum für Eigenaktivität einräumen (Kriterium: Lerneraktivität)." (Mandl et al. 1997, S. 439)

Es ist offensichtlich, dass lineare Ursache-Wirkung-Messungen computerunterstützter Lernprogramme „unterkomplex" sind und unbefriedigend bleiben. Ob erfolgreich mit dem Computer gelernt wird, hängt von zahlreichen interdependenten Faktoren ab, so dass sich eher feldtheoretische Forschungsdesigns anbieten. Mandl/Gruber/Renkl schlagen ein „Aptitude-Treatment-Matter-Interaction" -Modell vor, das dem oben genannten Behavior-Setting-Modell ähnelt. Entsprechende Untersuchungen berücksichtigen Lerner-Faktoren (Kenntnisstand, Lernstil, Abstraktionsfähigkeit, Motivation etc.), die Unterrichtsform und das pädagogische „Setting" sowie die Struktur des Lerninhalts. „Ein Überblick über die pädagogisch-psychologische Forschung zeigt, dass die vielfältigen Beziehungen zwischen Lerner, Gegenstandsbereich und pädagogischem Kontext (...) bislang nur ansatzweise untersucht wurden. Letztendlich entscheidet aber erst ihre Berücksichtigung darüber, ob Lernen und Lehren mit dem Computer erfolgreich ist oder scheitert." (Mandl et al. 1997, S. 460)

A. Grotlüschen und B. Brauchle bestätigen die Vermutung, dass E-Learning nur in Ausnahmefällen zum Abbau von Bildungsbenachteiligungen beiträgt. Auch das Berichtssystem Weiterbildung belegt, *„dass sich die Teilnahme an E-Learning (Lernen mit Neuen Medien bzw. internetgestützte Lernformen) fast vollständig auf Hochschulabsolventen bzw. leitende Angestellte konzentriert. Bei genauerem Hinsehen wird deutlich, dass E-Learning bestimmte Eigenschaften einschließt, die für ungeübte Lernende besondere Hindernisse darstellen."* (Grotlüschen/Brauchle 2006, S. 5)

Die Autorinnen stellen eine **„dreifache Selektivität"** fest: Zunächst erfolgt eine Selektion durch unser Schulsystem. Zweitens: Erwachsene ohne höhere Schulbildung sind auch in der Weiterbildung unterrepräsentiert. Und drittens: E-Learning erreicht nur ca. 10 % der Erwachsenen, und vor allem diejenigen, die zu den Weiterbildungsaktiven gehören (ebenda. S. 15 f.)

Die meisten Untersuchungen lassen erkennen, dass ein computerunterstütztes Lernen überdurchschnittliche Lernfähigkeiten voraussetzt. Dass die neuen Programme Bildungsbarrieren abbauen und die Zugangsschwellen zur Weiterbildung senken, dürfte mehr Wunsch als Wirklichkeit sein. Virtuelle Lernprogramme sind in der Regel keine Alternative zu traditionellen seminaristischen Bildungsangeboten, wohl aber eine sinnvolle Ergänzung und Bereicherung. Eine dualisierende Betrachtung des herkömmlichen Unterrichts und des mediengestützten Lernens ist wenig ergiebig. Wünschenswert sind Kombinationen unterschiedlicher Medien, vielfältige Lernumgebungen, didaktische Netzwerke. „Es geht also letztlich darum, die Vorteile möglicher Varianten so zu verknüpfen, dass pädagogische Ziele ebenso wie Effizienzkriterien so weit wie möglich erreicht werden können." (Kerres/Jechle 1999, S. 25) Selbstgesteuertes Lernen kann durch die neuen Medien unterstützt werden; allerdings erscheint auch eine individuelle Betreuung und Beratung insbesondere bei lernungewohnten Erwachsenen unverzichtbar. Nicht zu vergessen ist ferner, dass die virtuellen Programme – zum Beispiel auf CD-ROM – den Lernprozess nicht steuern, sondern dass die Lernenden autopoietisch und selbstreferenziell mit diesen Programmen „umgehen". Die Evaluationsforschung sollte also nicht nur die Wirkung der Medien auf den Lerner, sondern auch die eigensinnige Assimilation des Lernangebots in die vorhandenen Wissensnetze und Deutungsmuster untersuchen.

Nahezu alle Einrichtungen der Erwachsenenbildung bieten Kurse zur Nutzung des PC an – auf unterschiedlichen Anspruchsniveaus, für unterschiedliche Verwendungsbereiche und Zielgruppen. Seltener scheint eine didaktische Verwendung von CD-ROM und Internet in anderen Fachbereichen, zum Beispiel in Fremdsprachenkursen, zu sein. Auch eine Kombination von Präsenzphasen in Seminaren und Tele teaching, Tele tutoring, Chat groups und Ähnlichem scheint bisher eine Ausnahme zu sein. Peter Faulstich und Christine Zeuner kommen zu dem Ergebnis: „Die reale Nutzung der informationstechnischen Medien in Erwachsenenbildungsangeboten und auch in der betrieblichen Weiterbildung bleibt deutlich hinter den Erwartungshorizonten und Marktprognosen zurück. Auch viele öffentlich geförderte Pilotprojekte sind nicht in den Regelbetrieb übergegangen. Die Potenziale multimedialer Lernangebote werden wenig implementiert." (Faulstich/Zeuner 1999, S. 150) Am häufigsten werden Computer offenbar zum Erwerb von Daten- und Faktenwissen genutzt. Je mehr Wissen aber verfügbar ist, desto schwieriger wird es, Wichtiges von Unwichtigem zu unterscheiden, die Methoden der Wissensproduktion zu durchschauen, Zusammenhänge herzustellen, relevante Fragen zu stellen, Wissensgrenzen einzuschätzen etc. Solche zum Teil metakognitiven Medienkompetenzen erfordern komplementäre, auch kommunikative Lerngelegenheiten.

Auch fördern Medienprogramme nicht unbedingt ein selbstgesteuertes Lernen. Zwar begünstigen sie eine gewisse „Zeitsouveränität", aber die Wahlmöglichkeiten sind meist begrenzt und die Software ist überwiegend behavioristisch und fachlich strukturiert. Der Normalfall des PC-Lernens ist eine rezeptive, reaktive Lernhaltung. „Wichtig ist es, tragfähige mediendidaktische Konzepte zu entwickeln. Überzogene Gebrauchswertversprechen der Hersteller führen meist eher zu Enttäuschungen. Oft unterliegt eine naive Didaktik, welche leicht des Lehr-Lern-Kurzschlusses zu überführen ist." (Faulstich/Zeuner 1999, S. 154)

3.6 Lernen in der Wissensgesellschaft

„Lernen Erwachsene heute anders als früher?"

Diese Frage ist empirisch kaum befriedigend zu beantworten. Das Weiterbildungsberichtssystem des Bundesministeriums für Bildung und Forschung verzeichnet von 1994 bis 1997 einen deutlichen Anstieg sowohl der institutionalisierten Teilnahme an Seminaren als auch der selbstorganisierten Lernaktivitäten: *„Folgt man den neuesten Zahlen des Berichtssystems Weiterbildung, so hat zwischen den Berichtsjahren 1994 und 1997 eine Art ‚Selbstlernboom' stattgefunden. Der Anteil der Erwerbstätigen, der ‚Selbstlernen durch Beobachten und Ausprobieren' als Lernaktivität angibt, ist laut dieser Untersuchung von 23 auf 50 % gestiegen. Einen ähnlichen Bedeutungszuwachs verzeichnet das ‚Lesen berufsbezogener Fach- und Sachbücher beziehungsweise -zeitschriften' (von 33 auf 52 %). Schließlich hat sich auch der Anteil der Erwerbstätigen, die selbstgesteuert mit Hilfe von Medien lernen, mehr als verdoppelt (von 11 auf 24 %)."* (Gnahs 2000, S. 2)

Allerdings ist zu bezweifeln, ob sich tatsächlich die Lernaktivitäten in diesem Ausmaß verändert haben. Vermutlich hat sich vor allem das Antwortverhalten dem Zeitgeist angepasst.

Eine weitere Informationsquelle zur Veränderung der Lernaktivitäten sind Befragungen von Unternehmen, zum Beispiel eine Befragung durch das Institut der deutschen Wirtschaft 1998. „Für die Zukunft erwarten fast 43 % der (...) befragten Unternehmen einen Bedeutungszuwachs des selbstgesteuerten Lernens. Dieser Trend geht einher mit einer Verlagerung der betrieblichen Lernaktivitäten vom Seminarraum an den Arbeitsplatz, was wiederum mitverursacht ist durch arbeitsorganisatorische Änderungsprozesse, die in hohem Maße auf das Selbststeuerungspotenzial der Beschäftigten setzen." (Gnahs 2000, S. 2)

Zur Frage veränderter Lernkompetenzen lassen sich folgende Thesen aufstellen:

- Die Lernpotenziale moderner Lebenswelten haben zugenommen. Massenmedien, Urlaubsreisen, multikulturelle Nachbarschaften, internationale Verflechtungen vieler Unternehmen bieten täglich neue Lerngelegenheiten. Unsere Alltagswelten sind zunehmend „wissensbasiert" – man denke nur an Haushaltstechnik, Gebrauchsanweisungen, neue Medikamente, die Entwicklungen der Automobilindustrie etc.

- Das Schulbildungsniveau ist kontinuierlich gestiegen. Auch die „Verweildauer" in dem Schul- und Hochschulsystem hat zugenommen. Immer mehr Menschen „besuchen" immer länger Schulen, Universitäten, Einrichtungen der Erwachsenenbildung.
- Der Bildungsmarkt ist vielfältiger geworden. Vor allem in Ballungsgebieten gibt es zu manchen Themenbereichen – zum Beispiel Gesundheit, EDV, Esoterik, musisch-kulturelle Bildung – bereits ein Überangebot. Eine Unterversorgung ist selten. Außerdem sind die Angebotsformen attraktiver geworden.
- Immer mehr Menschen – insbesondere Frauen – engagieren sich in Bürgerinitiativen, Selbsthilfegruppen, Nachbarschaftshilfe, Seniorentreffs, multikulturellen Gruppen, Elterninitiativen etc. Dadurch kommen lernintensive „Milieumischungen" zu Stande.
- Eine Autoritätsgläubigkeit hat abgenommen. Politikern, wissenschaftlichen Experten, Journalisten gegenüber ist man kritisch und skeptisch. Auch Lehrende müssen ihre Kompetenz ständig neu unter Beweis stellen. Der Umgang mit wissenschaftlichen Erkenntnissen und Terminologien ist – auch in Seminaren der Erwachsenenbildung – eher kritisch. (Vgl. Nolda 1996, S. 348 ff.)
- Es setzt sich eine „konstruktivistische Alltagstheorie" durch, das heißt eine Skepsis gegenüber dogmatischen Wahrheitsansprüchen, eine Relativierung von Wirklichkeitskonstruktionen, eine Akzeptanz multipler Perspektiven, eine Einsicht in die Beobachtungsabhängigkeit unserer Lebenswelt etc.
- Die Massenmedien beeinflussen nicht nur unser Freizeitverhalten und unsere Lebensgewohnheiten, sondern auch unsere Denk- und Wahrnehmungsstile, unser Weltwissen und unsere Mentalitäten.
- Die Medien tragen zur Enttabuisierung intimer Themen bei. Täglich können in den verschiedenen Fernsehprogrammen durchschnittlich dreizehn Talkshows gesehen werden, in denen fast kein Thema der Lebensführung ausgespart wird.
- Es werden zwar immer mehr Bücher hergestellt und verkauft, aber immer weniger literarische Bücher von Anfang bis Ende gelesen. Die Fähigkeiten in der Verwendung von Schrift und Texten scheinen zu stagnieren. Auch scheint die Zahl der funktionalen Analphabeten zuzunehmen.
- Erwachsene sind immer weniger bereit zu lernen, was sie sollen, sondern entscheiden zunehmend selber, was sie lernen wollen. Lernanforderungen müssen plausibel sein, um akzeptiert zu werden.
- Zur Bewältigung der alltäglichen und beruflichen Aufgaben sind nicht nur wissenschaftliche Kenntnisse, sondern auch „weiche" Kompetenzen wie „gesunder Menschenverstand", „Fingerspitzengefühl", Intuition, implizites Erfahrungswissen, Gelassenheit, emotionale Intelligenz erforderlich.
- Empathie und Sensibilität im zwischenmenschlichen Umgang scheinen bei der jüngeren Generation zuzunehmen. Ein psychologisches Alltagswissen ist weit verbreitet.

- Lerngeduld und Lernausdauer nehmen offenbar ab. Längerfristige Seminare werden in der nicht-beruflichen Erwachsenenbildung kaum noch nachgefragt.

1996 bis 1998 führten die Prognos AG Basel und Infratest Burke Sozialforschung München im Auftrag des Bundesministeriums für Bildung eine Expertenbefragung zur Zukunft der Wissensgesellschaft und der Wissenschaften ***(„Wissens-Delphi")*** und zu den Perspektiven für das Bildungssystem und den Bildungsbegriff ***(„Bildungs-Delphi")*** durch. Die Ergebnisse wurden 1998 in den drei Abschlussberichten veröffentlicht. Befragt wurden zirka 1 000 Expert/innen nach voraussichtlichen Entwicklungen im Wissenschafts- und Bildungssystem.

Als „besonders dynamische Wissensgebiete" wurden mehrheitlich genannt:
- Informationstechnik und Medien
- neue Technologien
- Medizin, menschlicher Körper
- Umwelt, Umweltschutztechnik
- internationale Wirtschaft und Arbeitswelt
- gesellschaftlicher Wandel und Wissensmanagement.

Innerhalb dieser Wachstumsbereiche gewinnen neue Wissensarten an Bedeutung:
- ***„Folgenwissen*** *wird erforderlich, wenn neues Wissen nicht-intendierte Folgen in anderen Bereichen hat und damit Fragen aufwirft. Folgeabschätzungen werden nicht nur im Technikbereich, sondern auch bei Gesetzen, politischen Maßnahmen oder ökonomischen Entwicklungen wichtiger.*
- *Neue komplexe Problemfelder wie Arbeitslosigkeit, Globalisierung oder die ökologische Problematik induzieren Bedarf an vernetztem Wissen aus unterschiedlichen Gebieten. (...)*
- *Mit dem Wissen wächst auch der* ***Bedarf zur Bewältigung der Informations- und Wissensmenge."*** (DELPHI. Integrierter Abschlussbericht. 1998, S. 31)

Die Trends einer Wissens- und Wissenschaftsgesellschaft erfordern eine Revision des Allgemeinwissens. „Eine Gesellschaft, die vom Wissen lebt, muss deshalb ihre Bürger in die Lage versetzen, mit der Informations- und Wissensflut zurecht zu kommen. Das bedeutet etwa, möglichst geschickt mit Informationen und Wissen umgehen und das eigene Wissen managen zu können." (ebenda S. 41)

Der idealtypische Lerner der Zukunft ist nicht unbedingt jemand, der viel Wissen „auf Vorrat" speichert, sondern der sich relevantes Wissen „just in time" aneignet und wichtiges von unwichtigem Wissen unterscheidet.

In dem ***Bildungs-Delphi*** werden Lernkompetenzen für wünschenswert gehalten, die zur Selbststeuerung des Lernens befähigen.

Folgende Prognosen werden von den Experten für wahrscheinlich gehalten:

- *„Der Erwerb von Kompetenzen zur Aneignung und Erschließung von Wissen hat eine prioritäre Bedeutung im Bildungssystem. (1,6)*
- *Problemlösungswissen ist im Jahr 2005 beziehungsweise 2020 wichtiger als reines Fachwissen. (1,5)*
- *Die fast universale Verfügbarkeit von Wissen als Folge medialer Vernetzung führt zu einer Vielfalt von Lernorten. (1,3)*
- *Lernen erfolgt im Wechsel von formaler und informell-situativer Bildung. (1,3)*
- *Die Eigenverantwortung des Individuums gewinnt im Bildungssystem deutlich an Bedeutung. (1,3)*
- *Das Prinzip lebenslangen Lernens hat sich auf allen Qualifikationsebenen weitgehend durchgesetzt. (1,3)"* (DELPHI, Abschlussbericht Bildung 1998, S. 13 f.)

Als besonders wahrscheinlich gilt außerdem:

- eine „neue Rolle der Lehrenden als Moderatoren von Lernteams".

Strittig sind Prognosen wie

- „Fachübergreifendes Lernen verdrängt das Lernen in Einzeldisziplinen weitgehend."

Die Experten registrieren im gesamten Bildungssystem einen „erheblichen Veränderungsbedarf", vermuten aber im Hochschulsystem und im allgemeinbildenden Schulsystem „Beharrungskräfte", die Veränderungen blockieren.

Als eine wichtige Strategie zur Innovation des Bildungssystems wird eine Öffnung der Bildungseinrichtungen für neue Lebenswelten angesehen.

„Die Phänomene der Öffnung von Bildungsinstitutionen für andere Lebenswelten und die Pluralisierung von Lernorten sind als Schlüsselcharakteristika zukünftiger Bildung anzusehen." (ebenda S. 37) So wird eine „Vernetzung, Verzahnung und Verschmelzung von Lern- und Arbeitsaktivitäten" prognostiziert. Außerdem wird mit einer beschleunigten ***Virtualisierung*** im Bildungssystem gerechnet. „Eine Zunahme von Simulationen und virtuellen Lehrangeboten wird von fast allen Experten erwartet." (ebenda S. 47)

„Die Individualität der Lernenden wird bei der Auswahl und der Gestaltung der für den Einzelnen geeigneten Lernarrangements stärker berücksichtigt. Elemente der Selbstorganisation verbreiten sich im Alltagsleben, sie bewirken eine Höherbewertung von Eigeninitiative und Selbststeuerung auch beim Lernen. (...) Die Basisbeziehung der Bildung (Lehrender – Lernender) wird zunehmend durch wachsende Netzwerke des Lernens ergänzt und teilweise auch abgelöst. (...) Netzgestützte Learning Communities bieten die Möglichkeit zum wechselseitigen Austausch." (ebenda S. 54)

Bei der Frage nach dem Bedeutungszuwachs von Kompetenzen rangieren „lerntechnische/lernmethodische Kompetenzen“ an der Spitze. Auch Medienkompetenz und interkulturelle Kompetenz sowie psycho-soziale Kompetenzen werden zunehmend wichtiger.

Von den Lehrenden wird in Zukunft verstärkt eine ***Beratungskompetenz*** erwartet, denn: „Selbstverantwortliches, selbstgesteuertes Lernen kann das Vertrauen in Selbstwirksamkeit stärken, sollte aber (...) mit pädagogischer Beratung als ‚Auffangnetz‘ kombiniert werden.“ (ebenda S. 66)

„Die Rolle der Lehrenden tendiert hin zu der von ***Beratern***. (...)
Lehrende werden zu ***Moderatoren*** von Lernprozessen in Gruppen. (...)
Problemlösungsbezogene ***Projektarbeit*** gewinnt an Bedeutung. (...)
Eine Aufgabe der Lehrenden liegt in der Anregung von ***Patenschaften*** beziehungsweise Mentoring innerhalb der Gruppe von Lernenden, aber auch durch Mentoren von außerhalb. (...)“ (ebenda S. 75)

Das ***Resumé*** der Forschungsgruppe lautet:

„Lernen erfährt in der Wissensgesellschaft eine Bedeutungserweiterung: Die Aneignung vorgegebener, klar definierter Lerninhalte verliert an Bedeutung. Korrespondierend dazu gewinnen individuelle, flexible Lernprozesse an Relevanz, in denen es um das Erschließen von Wissen im Wandel, um offenes Experimentieren, um Entwickeln und Ausprobieren geht. Zu erwarten ist eine Dynamisierung von Lernen, die verschiedene Lebensphasen und Erfahrungswelten durchdringt.“ (ebda S. 72)

Wilhelm Liebknecht hat – Anlehnung an Francis Bacons Erkenntnis „Wissen ist Macht“ – Wissen als eine sozialpolitische Kategorie definiert. Seiner Festrede zur Gründung des Dresdener Arbeitsbildungvereins 1872 gab er den programmatischen Titel „Wissen ist Macht – Macht ist Wissen“.

Wenn heute von Wissensgesellschaft die Rede ist, dann fast ausschließlich im ökonomischen Sinn: Wissen ist Produktivkraft; Wissen ist Humanressource, Wissensmanagement verspricht Wettbewerbsvorteile, Vorruhestandsregelungen und Entlassungen werden als Know-how-Verlust diskutiert, Wissen ist Wachstum.

Die ***ethische Dimension*** der Wissensgesellschaft, auf die z.B. Hans Jonas hingewiesen hat, scheint völlig in Vergessenheit geraten zu sein. Wissen ist untrennbar mit Verantwortung verknüpft. Trotz aller Vorläufigkeit des Wissens wissen wir genug über die umweltzerstörerischen und gesundheitsschädlichen Folgen unseres industriellen Produzierens und Konsumierens. Wir wissen auch Bescheid über die Konsequenzen der neoliberalistischen Globalisierung für die Ärmsten der Armen in Schwarzafrika und in anderen benachteiligten Ländern. Wir wissen, dass wir kurzsichtig und egoistisch die natürlichen Ressourcen ausbeuten und verbrauchen, dass wir den Planeten – im wörtlichen und übertragenen Sinn – verwüsten. Wir können künftigen Generationen nicht glaubhaft machen, wir hätten nicht gewusst, wie ruinös unser Lebensstil und unser Wirtschaften ist. Das Motto des profitorientierten Denkens lautet „Nach uns die Sintflut“.

Wissensgesellschaft zu humanisieren und auf Nachhaltigkeit zu überprüfen, ist als eine ethische Herausforderung und eine Aufgabe der Pädagogik, der Erwachsenenbildung und der wissenschaftlichen Forschung. Wissen und Ethik, Lernen und Verantwortung müssen (wieder?) neu vernetzt werden.

Merkmal der Wissensgesellschaft ist aber nicht nur der Zuwachs des Wissens, sondern auch das Wachstum des Nichtwissens. Mit (fast) jedem Forschungsprojekt wächst die Komplexität des Forschungsgegenstands und die Vielfalt der Variablen. Mit fast jeder Untersuchung wächst aber auch die Zahl der unbeantworteten Fragen. Paradox formuliert: Wissen produziert Nichtwissen. Das gilt auch für jeden Einzelnen: Je mehr Kenntnisse man über eine Sache besitzt, desto sensibler wird man für die Grenzen und für die Vorläufigkeit des Wissens. Zu glauben, man wisse über alles Bescheid, ist eher ein Zeichen von Ignoranz. Lernen ist durchaus nicht nur Beseitigung, sonder auch Erweiterung des Nichtwissens.

Umgang mit Nichtwissen ist also eine besondere Kompetenz. Dazu gehören Urteilsvorsicht, reversible, d.h. korrigierbare Lösungen, intellektuelle Bescheidenheit, Aufgeschlossenheit für Andersdenkende, Verzicht auf Verallgemeinerungen, Lernbereitschaft... Unser Wissen ist großenteils *„Interimswissen“*, d.h. vorläufiges, hypothetisches Wissen.

Niklas Luhmann spricht von einem *„allgemeinen Druck übermäßiger Komplexität und Kontingenz, der zum Aufbau interner Strukturen der Selbstmotivation, Informationsverarbeitung und Lernfreiheit führt.“* (Luhmann 2008, S. 30)

Wissensgesellschaft ist somit zwangsläufig auch Lerngesellschaft.

Luhmann unterscheidet einen lernenden, veränderungsoffenen Stil von einem normativen, beharrenden Stil. *„In der normativen Stilisierung des Erwartens drückt sich demnach die Entschlossenheit aus, nicht zu lernen.“* (ebda. S. 39)

Allerdings kann eine normative Haltung gelegentlich lebensdienlich, viabel sein. Luhmann spricht von einer *„lebensnotwendigen Reduktionsleistung“* durch einen *„normativen Erwartungsstil“*.

4. Lernberatung

4.1 Lernen in einer Ratgebergesellschaft

„Nahezu jede alltägliche Problemlage korrespondiert inzwischen auch mit einer mehr oder weniger professionalisierten und institutionalisierten Beratungsagentur privater oder öffentlicher Art." (Mader 2001, S. 39)

Sozialwissenschaftler sind kreativ in der Erfindung neuer Gesellschaftsbeschreibungen und Zeitdiagnosen: Risikogesellschaft, Erlebnisgesellschaft, Mediengesellschaft, globale postindustrielle, postmoderne, postmaterialistische, multikulturelle, desintegrierte Gesellschaft, Informationsgesellschaft, Wissensgesellschaft, Gesellschaft der Ichlinge...

Trotz dieser Vielfalt der Etikettierungen ist eine relativ große Übereinstimmung in der Beschreibung der Merkmale festzustellen. Die Semantik der Aufklärung wird durch eine Semantik der Auflösung ersetzt:

- Unübersichtlichkeit, Unsicherheit, Ungewissheit
- Erosion der sozialen Stützsysteme, der Traditionen und Wertvorstellungen
- Individualisierung, Auflösung der Normalbiografie, Patchworkidentität
- Pluralisierung der Milieus, Entgrenzungen, Exklusionen
- Beschleunigungen, zunehmende Veralterung des Wissens, Kontigenz
- Intransparenz, Gleichzeitigkeit des Ungleichzeitigen, Nichtlinearität, Vielfalt...

Man mag einwenden, dass die These der wachsenden Ungewissheit der Behauptung einer Wissensgesellschaft widerspricht. Doch dies ist nur ein scheinbarer Widerspruch: Zwar nimmt die Zahl der professionellen Wissensproduzenten und Wissensvermittler rapide zu, ebenso wie die Menge der Forschungsprojekte und wissenschaftlichen Veröffentlichungen. Aber mit dem Wachstum des Wissens wächst das Nichtwissen. Fast jede Expertise wird mit mindestens einer Gegenexpertise beantwortet. Das wissenschaftliche Wissen wird immer spezialisierter und exklusiver. Mit dem Spezialwissen nimmt die Irritation zu, da ein Zusammenhangwissen verloren geht. Neues Wissen ist nicht nur hilfreich, sondern oft auch riskant, prekär, mit unkalkulierten Nebenwirkungen behaftet. Je mehr Wissen, desto mehr Desorientierung und Kontrollverlust. Die Abhängigkeit von Expertenwissen wächst gleichzeitig mit der Entwertung und dem Obsoleszenztempo dieses Wissens. Die Beschleunigung der Wissensproduktion fördert kaum noch Erkenntnisforschritt oder gar Humanisierung der gesellschaftlichen Verhältnisse. „Wahrheit" zerfällt in viele widersprüchliche, parzellierte Teilwahrheiten.

Ein Modewort dieser Postmoderne ist Kontigenz. Nichts ist eindeutig, alles könnte auch anders gemeint sein.

Die Menschen sind „freigesetzt“ in einem doppelten Sinn: Sie sind befreit von einengenden Traditionen, Rollenerwartungen und Sozialkontrollen. Sie sind aber zugleich verurteilt zu ständigen riskanten Entscheidungen unter den Bedingungen der Ungewissheit. Dies ist der Nährboden für die wachsenden Bedürfnisse nach Hilfe und für den expandierenden Ratgebermarkt. Die Wirklichkeit löst sich auf in eine Vielzahl von subjektiven Lebenswelten:

„Der spanische Philosoph Ortega y Gasset hat einmal bemerkt, dass es so viele Welten wie Ansichten gebe. Seine Theorie des Perspektivismus stellte die neuzeitlich-moderne Vorstellung einer einfachen, erkennbaren, objektiven Realität in Frage, indem er ihr die Idee von multiplen Realitäten engegensetzte, die jede die einzigartige Lebensgeschichte eines Menschen auf der Erde repräsentiert.“ (Rifkin 2000, S. 260)

Wir leben in einer Zeit der Desillusionierung und Entmythologisierung. Fortschrittsgläubigkeit und Machbarkeitsoptimismus zerbröckeln. Die Überzeugung, durch mehr Produktion, Konsum, bürokratische Regulierung und globale Vernetzung mehr Wohlstand und Lebensqualität für alle herzustellen, erweist sich als grandioser Irrtum. Das Projekt der Moderne ist in eine Krise geraten – trotz steigender Lebenserwartung und privaten Reichtums. Die Zahl der Millionäre wächst ebenso wie die Zahl der Depressionen und die Zerstörung der Umwelt. In gewisser Weise ist die Lage hoffnungslos, aber nicht ernst, denn: „Die neue Ära ist vieldeutig und verschiedenartig, unterhaltend und humorvoll, tolerant und chaotisch. Sie ist eklektisch und äußerst respektlos. Ideologie, unveränderliche Wahrheiten und eherne Gesetze wirft man über Bord, um Aufführungen jeglicher Art Raum zu geben.“ (Rifkin 2000, S. 263)

Die Zeit des Indikativ („so und nicht anders“) ist vorbei. Die Ära des Konjunktiv („alles könnte auch anders sein“) ist angebrochen.

Der Amerikaner Rifkin registriert einen „Niedergang des historischen und den Aufstieg des therapeutischen Bewusstseins“ (ebenda. S. 272)

Ein (auch von uns) vielgepriesener Ausweg aus dem Dilemma von Desorientierung und Erweiterung der Möglichkeiten lautet: lebenslang lernen. Doch auch das ist leichter gesagt als getan. Auch in der Weiterbildung nimmt die Unübersichtlichkeit zu. Viele Programme sind nicht zimperlich mit Versprechungen und Verheißungen. Sofern der „Kunde“ die Wahl hat – und er nicht einfach von der Arbeitsverwaltung in eine „Maßnahme“ „vermittelt“ wird – fällt ihm die Entscheidung schwer: Was ist das Richtige für ihn? Was ist für sein Problem geeignet? Wie aufwändig ist das Thema? Welches Wissen, welche Kompetenzen werden vorausgesetzt? Wieviel wert ist das Zertifikat? Wer ist der Kursleiter, wer sind die anderen Teilnehmer? Wird er dort akzeptiert?

Aber auch: Kann ich eigentlich noch „richtig“ lernen? Welcher Lerntyp bin ich? Was kann ich? Welche Lernmethoden bevorzuge ich? Lohnt es sich noch in meinem Alter, Spanisch zu lernen? Soll ich lieber einen Kurs besuchen oder im Internet surfen? Oder gibt es gute Bücher und Kassetten? Oder Freunde?

Der Beratungsbedarf wächst. Die Beratungsangebote boomen.

In meiner Stadtteilzeitung, in der alle möglichen Dienstleistungen und Secondhand-Waren angepriesen werden, bietet sich eine junge Frau als Gesprächspartnerin an mit der Kompetenz: „Ich kann gut zuhören.“

„Coach“ und „Coaching“ gehören zu den Modewörtern des neuen Jahrtausends. Sie klingen verheißungsvoll.

Cicero: Man lernt, was wichtig ist

Dass die Motivation und das Interesse am Thema die Lern- und Gedächtnisleistungen wesentlich beeinflussen, hat bereits Marcus Tullius Cicero (106 – 43 vor Christus) erkannt. In seinem Essay „Cato maior – de senectute“ widerlegt er verbreitete Behauptungen über eine nachlassende Lernfähigkeit im Alter.

Eins der üblichen Vorurteile lautet:

„Aber das Gedächtnis lässt nach. Das dürfte stimmen, wenn man es nicht übt, oder auch, wenn man von Natur aus ein Schwachkopf ist. Themistokles kannte alle seine Mitbürger mit Namen. (...) Auch habe ich noch nie gehört, dass ein alter Mann den Platz vergessen hätte, an dem er einen Schatz vergraben hatte; alte Leute wissen alles, worum sie sich Sorgen machen: Anberaumte Gerichtstermine, ihre Schuldner und ihre Gläubiger. (...) Nur eifriges Interesse braucht weiterzuwirken, dann bleiben die Geisteskräfte im Alter erhalten.“

Wir alle verfügen über Lernstärken und Lernschwächen. Niemand kann alle Schwächen durch Weiterbildung beheben. Es ist zu überlegen, ob sich der zeitliche und psychische Aufwand lohnt, um zum Beispiel die Fähigkeit des mathematischen Denkens nachhaltig zu verbessern. Wie nachteilig wirkt sich dieses Defizit im Alltag aus? Und ist man motiviert, sich intensiv mit einem Gebiet zu beschäftigen, das in der Schulzeit viele Misserfolgserlebnisse verursacht hat? Wenn man es jedoch als persönliche Herausforderung empfindet, diese Qualifikation im höheren Alter zu erwerben, sollte man sich davon nicht abhalten lassen.

In den meisten Fällen aber ist die Empfehlung von Paul Baltes bedenkenswert: Im Erwachsenenalter sollte man die ***eigenen Stärken optimieren*** und die ***Schwächen kompensieren***. (Baltes 1990, S. 9)

Subjektiv empfundene Lernschwierigkeiten sind oft nicht eindeutig und müssen erst interpretativ erschlossen werden. Dies gilt für die häufige Klage, ein Text oder Vortrag sei zu schwierig oder schwer verständlich. Bei Nachfragen wird dann oft auf die vielen Fremdwörter oder die komplizierten Sätze verwiesen. Doch dies sind meist nicht die eigentlichen Ursachen. Fremdwörter lassen sich übersetzen und verschachtelte Sätze „klein arbeiten". Die Verständnisschwierigkeit resultiert oft aus der anderen Denkweise, der ungewöhnlichen Perspektive, der veränderten Architektur des Weltbildes.

In meinen Hochschulseminaren bereitete es vielen Studierenden Schwierigkeiten, Texte von Niklas Luhmann zu verstehen. Auch wenn wir Begriffe geklärt und Sätze „zerlegt" hatten, blieb der Sinn unklar. Nicht die Sprache, sondern die Beobachtungsperspektive Luhmanns ist schwer nachzuvollziehen.

Lernschwierigkeiten Erwachsener ergeben sich daraus, dass im Lauf des Lebens bestimmte Wirklichkeitssichten, Wertsysteme, Problemlösungsstrategien praktiziert worden sind. Zur Strukturdeterminiertheit unseres kognitiven Systems gehört die Auswahl von Leitdifferenzen und binären Codes (zum Beispiel nützlich – schädlich), auf Grund derer wir die Welt beobachten und Unterscheidungen treffen. Jede Beobachtung und jede Unterscheidung ist mit blinden Flecken verbunden, die sich nur auf Kosten neuer blinder Flecke beseitigen lassen. Diese Art der Wirklichkeitskonstruktion hat sich im Lauf des Lebens entwickelt, ist durch Erfahrungen bestätigt worden und gleichsam Bestandteil unserer Identität und unseres Lebensgefühls, auch unserer alltäglichen Lebensroutine. Diese Logik des „gesunden Menschenverstandes" kollidiert häufig mit anderen Rationalitäten, zum Beispiel des politischen Handelns, juristischer Entscheidungen, erziehungswissenschaftlicher Theorie, soziologischer Gesellschaftsdiagnosen.

Die Pluralität der Rationalitäten und die Perspektivität der Wirklichkeitskonstruktionen wahrzunehmen, zu akzeptieren und für ein erweitertes Weltverständnis zu nutzen, ist eine der anspruchsvollsten Lernaufgaben, die sich nicht nur auf wissenschaftliche Weiterbildung, sondern auch auf den Umgang mit anderen Berufsgruppen, der jüngeren Generation, dem „anderen Geschlecht", fremden Kulturen beziehen. Es geht hier nicht nur um eine Haltung der Toleranz, der wechselseitigen Anerkennung und der Aufgeschlossenheit für Fremdes, sondern auch um eine kognitive Kompetenz der „transversalen Vernunft" (Welsch 1996), der Verknüpfung unterschiedlicher Logiken und Rationalitäten.

Diese Lernschwierigkeit ist keineswegs nur bei „lernungewohnten" Gruppen festzustellen, sondern ebenso bei Fachwissenschaftlern, Experten, Lehrkräften etc.

Hier stößt das selbstgesteuerte Lernen an Grenzen. Perspektivenvielfalt und Perspektivenwechsel lassen sich am ehesten in sozialen Kontexten, in der Auseinandersetzung mit Gleichgesinnten ***und*** Andersdenkenden erlernen. Eine „mitlaufende" Lernberatung hat ein solches Lernen durch Differenzerfahrungen und einen Wechsel der Beobachtungsstandpunkte zu unterstützen.

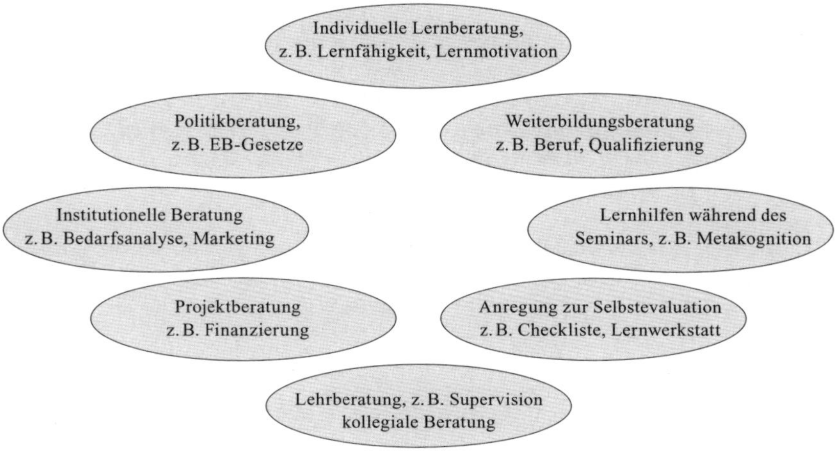

Abb. 9: Formen der Beratung in der Erwachsenenbildung

Lernberatung als Bedrohung?

Wir haben im Jahr 2000 1200 Kursteilnehmer/innen der Erwachsenenbildung – überwiegend Volkshochschulkurse, insbesondere Sprach- und EDV-Kurse – nach ihrem Lernverhalten und ihren Lerninteressen befragt, wobei wir einige Fragen und Items aus unseren Unterrichtsforschungen Anfang der Siebzigerjahre wiederholt haben, um Veränderungen des Lernbewusstseins festzustellen. Dazu gehörte auch die Frage nach einem Interesse an persönlicher Lernberatung durch den Dozenten. Während 1972 sich nur eine Minderheit (38 %) eine solche Beratung wünschte, ist es im Jahr 2000 die Mehrheit, allerdings mit bemerkenswerten Gruppenunterschieden:

„Ich wünsche mir eine persönliche Lernberatung durch den Dozenten."

Zustimmung im Jahr 2000: Insgesamt 57,4 %

Alter:	*unter 25 Jahre:*	*40,0 %*
	25 – 50 Jahre:	*58,7 %*
	51 Jahre und älter:	*61,3 %*
Geschlecht:	*männlich:*	*53,1 %*
	weiblich:	*58,6 %*
Schulabschluss:	*Hauptschulabschluss:*	*51,8 %*
	Mittlere Reife:	*61,6 %*
	Abitur:	*56,5 %*

Auf den ersten Blick ist auffällig, dass mehr Abiturienten als Hauptschulabsolventen für eine Lernberatung plädieren. Offenbar nehmen viele junge Leute und Teilnehmer ohne höhere Schulbildung eine individuelle Lernberatung als eine bedrohliche Situation wahr, in der sie erneut geprüft werden, Fragen beantworten müssen, in der ihre „Schwächen" aufgedeckt werden, die sie an schulische Leistungskontrollen erinnert, in der sie bewertet werden.

Es zeigt sich erneut, dass „gut gemeinte" pädagogische Unterstützungsangebote von Adressat/innen anders wahrgenommen werden und dass ein Interesse an Beratung oft erst geweckt werden muss.

In der Literatur zur Erwachsenenbildung dominiert eine normative Perspektive: Es wird immer wieder die Notwendigkeit und Nützlichkeit der Bildungsberatung begründet. Empirische Daten zur Beratungsmotivation Erwachsener und zur Ablehnung von Beratungsangeboten fehlen weitgehend.
Vereinfacht lassen sich zwei Gruppen „Beratungswilliger" unterscheiden:

1. Die oben erwähnte Gruppe der Ängstlichen, die eine Aufdeckung ihrer Wissenslücken durch die Beratung befürchten.
2. Qualifizierte Erwachsene, die glauben, eine Beratung nicht nötig zu haben, und/oder die besorgt sind, dass eine Beratung ihrem Sozialprestige und ihrem Image schadet. Für diese Personen ist Beratung nicht mit ihrem Selbstwertgefühl zu vereinbaren.

Beratung erfolgt im Medium der **Sprache**. Sprache dient der Verständigung, bewirkt aber nicht selten auch Missverständnisse. Wie oft reden wir „aneinander vorbei". Sprache ist ein selbstreferenzielles Kommunikationssystem: Jede/r hat im Laufe des Lebens eine eigene Sprache entwickelt. So erklärt sich N. Luhmanns These, der Normalfall menschlicher Kommunikation sei das Missverstehen.

Deborah Tannen, eine bekannte amerikanische Expertin für Missverständnisse, schreibt:
„‚Wäre die Welt nicht besser, wenn wir alle genau sagen würden, was wir meinen?' fragt man mich oft. Darauf antworte ich: ‚Tun wir doch!' Wir sagen, was wir meinen. Aber wir sagen es in unseren eigenen Gesprächsstilen. Das klappt wunderbar, wenn wir mit jemandem reden, der einen ähnlichen Stil hat wie wir selbst, aber es stiftet Verwirrung, wenn wir mit anderen Gesprächsstilen konfrontiert werden.

Gesprächsstil ist mein Terminus für die vielen Sprechweisen, die bestimmen, wie wir sagen, was wir meinen: Wie schnell oder wie langsam, wie leise oder wie laut wir sprechen; in welchem Tonfall oder mit welchem Klang; wie relativ direkt oder indirekt wir sind, wenn wir Wünsche äußern, Ratschläge erteilen oder Sorgen ausdrücken; worüber wir Geschichten erzählen oder Witze machen; wie wir auf den Punkt kommen und wie sich unser Faible für oder unsere Scheu vor Konfrontationen, Sarkasmus, Ironie und Unterbrechung gestaltet." (Tannen 2002, S. 338)

Doch nicht nur individuelle Sprachgewohnheiten und Kommunikationsmuster erzeugen soziale Wirklichkeiten, sondern auch die Struktur der Sprache. Helmut Willke schreibt aus systemtheoretischer Sicht: *„Jedes soziale System ist die Konstruktion von Beobachtern. Allerdings definieren nicht nur Menschen relevante Beobachtungsmuster, sondern insbesondere auch die Sprache als grundlegendes symbolisches System. Über Sprache entstehen kommunikative Realitäten, die sich vom einzelnen Menschen lösen und überdauernde Kontexte erzeugen, die als soziale Systeme in ein Spannungsverhältnis zum Menschen treten können."* (Willke 2004, S. 9 f.)

Dies gilt für Wissenschaftssprache, aber auch für therapeutische Sprache oder für Führungskräftesprache.

4.2 Systemisch-konstruktivistische Grundlagen der Lernberatung

Unser Konzept der Lernberatung basiert auf folgenden erkenntnistheoretischen Annahmen:

1. **Unsere Wirklichkeit ist beobachtungsabhängig**
   Die Welt ist uns nur im Rahmen und in den Grenzen unseres Wahrnehmungs- und Erkenntnisvermögens zugänglich. Unser Erkenntnisapparat bildet die Umwelt nicht wahrheitsgemäß ab, sondern er erzeugt lebensdienliche, viable Wirklichkeiten. Das Erkenntnissubjekt und das Erkenntnisobjekt lassen sich nicht trennen, sie bilden eine „Einheit der Differenz". Die Realität ist nicht außer uns vorhanden, nicht vorgegeben, sondern sie wird durch unsere Beobachtung hergestellt (z.B. Freunde, Feinde, Heimat, Fremde, Schönheit, Nation, aber auch Tisch, Himmel, Hölle, Kälte …)
   Auch Lernen und Lernprobleme sind beobachtungsabhängig. LehrerInnen beobachten und beschreiben Lernen anders als SchülerInnen. Lernberatung ist wesentlich (Selbst- und Fremd-)Beobachtung II. Ordnung (= beobachten, wie andere beobachten).

2. **Unser Gehirn ist ein autopoietisches System**
   Autopoiese meint Selbstständigkeit, Selbsterzeugung, Selbsterhaltung. Autopoietische Systeme sind selbstreferenzielle Systeme, die auf der Grundlage früherer Erfahrungen handeln. Das Gehirn ist ein operational geschlossenes und strukturdeterminiertes System, d.h. es kann nur die Informationen verarbeiten, für die kognitive und neuronale Strukturen vorhanden sind. Tautologisch formuliert: Wir hören und sehen nur das, was wir hören und sehen können. Das System entscheidet selber, welche „Inputs" viabel sind. Autopoietische Systeme können von außen nicht determiniert oder gesteuert werden, sondern allenfalls irritiert und perturbiert.
   Beratung ist so gesehen nur indirekt möglich. Der Ratsuchende entscheidet selber, welche Beobachtungen und Unterscheidungen für ihn passend und verträglich sind. Der Ratgeber kann lediglich seine Beobachtungen anbieten.

3. **Ratgeber und Ratsuchende sind strukturell gekoppelt**
   Zwischen zwei autopoietischen Systemen besteht ein Verhältnis wechselseitiger Kontingenz, so dass Missverstehen zum kommunikativen Normalfall wird. Dennoch leben wir in einer Welt, die wir mit anderen teilen, wir leben in Deutungsge-

meinschaften, in denen eine Koordinierung der Beobachtungen und damit auch der Handlungen möglich ist. (Wir gehen von der Erwartung aus, dass wir bei Grün fahren können, weil für die anderen die Ampel auf Rot geschaltet ist und sie stehen bleiben.)
Gemeinsames Handeln erfordert also strukturelle Koppelungen auf Grund einer gemeinsamen Sprache, einem ähnlichen Verständnis von Lernen, ähnlichen Lernzielen und Lerninteressen. Wenn der Berater völlig andere Zielvorstellungen oder Anspruchsniveaus verfolgt als der „Klient", kommt keine produktive Beratungssituation zustande. Ähnliches gilt auch für die Beziehungsebene: Wenn sich beide unsympathisch sind, ist jedes Beratungsgespräch zwecklos.

4. **Die Beobachtungen und Deutungsangebote des Beraters müssen anschlussfähig sein.**
Lernen heißt neuronale Wissensnetze aufbauen und ausbauen. Nachhaltig gelernt wird nur das, was in solche Netze integriert werden kann. Unsere Welt besteht aus solchen Wissensnetzen (Luc Ciompi spricht von Fühl-Denk-Verhaltensprogrammen), die durch neues Wissen gefestigt oder gelockert werden und die ständig neu „verdrahtet" werden.
Nur wenn der Berater anknüpfen kann an den Beobachtungen und Erfahrungen des Ratsuchenden kommt ein konstruktives Gespräch zustande. Der Klient ist der beste Experte seiner selbst. Seine Problemsicht ist wichtiger als die des Ratgebers.
Dieses Beratungskonzept geht davon aus, dass der Klient über Ressourcen verfügt, die er für die Lösung seines Problems benötigt. Auch für eine Organisationsberatung gilt: Veränderungen erfordern eine optimale Nutzung der vorhandenen Potenziale und Erfahrungen.

5. **Handle so, dass neue Möglichkeiten entstehen**
Dieser ethische Imperativ H. v. Foersters gilt auch für Beratungsgespräche. Es geht nicht darum, „falsche" Verhaltensweisen durch „richtige" zu ersetzen. Der binäre Code falsch/richtig ist für Lernberatungsgespräche ungeeignet. Es gibt keinen Königsweg und kein Patentrezept des Lernens. Ziel der Beratungen ist es, das Spektrum der Beobachtungen und der Lernaktivitäten zu erweitern. Der Ratsuchende sollte die Gelegenheit bekommen, neue Wege und neue Techniken „zwanglos" auszuprobieren. An neue Lernstile muss man sich allmählich gewöhnen können; man muss sich – auch emotional – mit einer ungewohnten Lernmethode „anfreunden". Der Vorschlag, liebgewonne Gewohnheiten von heute auf morgen aufzugeben und durch Neues zu ersetzen, ist meist eine Überforderung. Auch neue Lösungen bauen auf vorhandene Erfahrungen auf.

6. **Systemisches Handeln ist kontextabhängig**
   Lernen findet vor allem situiert, d.h. in lebensweltlichen, situativen Kontexten statt. Lernschwächen lassen sich nur in Relation zu konkreten Aufgaben und Verwendungssituationen definieren. Die Schwierigkeit, etwas auswendig zu lernen, ist nicht prinzipiell ein Lerndefizit, sondern nur in bestimmten Situationen, in denen es sinnvoll ist, etwas auswendig zu lernen. Lernstärken, Lernschwächen, Lernstile sind in sozialen Kontexten entstanden: im Elternhaus, in der Schule, am Arbeitsplatz. Viele Lernprobleme können durch einen Kontextwechsel gelöst werden, z.B. einen neuen Freundeskreis, einen neuen Arbeitsplatz.
   Auch der Berater ist Teil des „Systems Beratung". Nicht jeder „Beratungstyp" ist für jeden Klienten und für jedes Problem geeignet.
   Deshalb gehört zur Beratungskompetenz nicht nur die Beobachtung des Ratsuchenden, sondern auch die Selbstbeobachtung. Wenn der Berater den Klienten an einen ungeliebten Lehrer erinnert, ist kaum eine lernförderliche Atmosphäre zu erwarten.

7. **Beratung regt (oft) ein Reframing an**
   Reframing meint Um-Rahmung, Veränderung der Beobachtungsperspektive und des Standpunkts. Lernschwierigkeiten basieren oft auf Unsicherheit, mangelndem Selbstvertrauen, Angst vor Misserfolgen, geringe Selbstwirksamkeitsüberzeugung. In solchen Fällen kann eine veränderte Selbstwahrnehmung hilfreich sein: sich auf seine Stärken besinnen, sich an Lernerfolge erinnern, Selbstbewusstsein fördern, vielleicht auch: ein stressfreies Verständnis von „Lernen" aneignen.

8. **Systemisch-konstruktivistische Beratung ist weniger problem- als vielmehr lösungsorientiert**
   Auch wenn viele Lernschwierigkeiten eine biografische Geschichte haben, geht es nicht um eine psychoanalytische Aufarbeitung von Kindheitserinnerungen. Das systemisch-konstruktivistische Konzept ist pragmatisch. Es werden gemeinsam viable, machbare Lösungen gesucht. Dieser Ansatz ist „ressourcenorientiert": es werden gelungene Problemlösungen in Erinnerung gerufen und aktiviert. *„Von Beratern wird erwartet, dass sie sich achtsam gegenüber Ratsuchenden verhalten, für deren Lösungsideen offen bleiben, persönliche Werturteile sowie Interpretationen unterlassen, eigene Konzepte und Konstruktionen zurückstellen."* (M. Schmidt 2006, S. 18)

9. **Anerkennung und Vertrauen**
   Unsere Befragung von Teilnehmenden der Erwachsenenbildung hat gezeigt, dass nicht alle eine individuelle Lernberatung wünschen und dass für unsichere Erwachsene – insbesondere für Teilnehmende ohne höhere Schulbildung – ein Beratungsgespräch oft angstbesetzt ist und als heimliche Prüfungssituation wahrgenommen wird. Sie befürchten, dass die Beratung Lerndefizite aufdeckt, die sich negativ auf Beurteilungen und Benotungen auswirken.

Der Beratungserfolg ist also wesentlich davon abhängig, wie die Beteiligten die Situation, sich selbst und den Berater „konstruieren". Eine Voraussetzung für eine gelingende Beratung ist Vertrauen. Der Berater muss *Vertrauen* erwecken, er muss überzeugend demonstrieren, dass er Hilfe zur Selbsthilfe leisten will und dass ihm der Ratsuchende sympathisch ist. Vertrauen stärkt ein Gefühl der Sicherheit, das wiederum erforderlich ist, um offen über Lernschwierigkeiten zu sprechen. Vertrauen beinhaltet die Zuversicht, dass das Beratungsgespräch „privat" bleibt und dass nichts „nach außen" dringt. Es sollte atmosphärisch alles vermieden werden, was an eine Prüfungssituation erinnert. Auch ironische Bemerkungen des Beraters können verunsichern.
Vertrauen ist eng verknüpft mit ***Anerkennung***. Vertrauen resultiert aus wechselseitiger Anerkennung. Der Ratsuchende erkennt den Berater als kompetent und authentisch an; der Berater erkennt den Ratsuchenden als lernfähig und lernwillig an. Das Gefühl, anerkannt zu werden, ist die Bedingung, ungewöhnliche Deutungen, neue Unterscheidungen und Leitdifferenzen bearbeiten zu können.

Ohne eine anerkennende Wertschätzung können auch gutgemeinte Beratungen kontraintentional wirken und tragen eher zur Entmündigung als zur Kompetenzerweiterung bei.
Ein Beratungsgespräch sollte eine dialogische Kommunikation, keine pädagogische Einbahnstraße sein. Auch wenn der Beobachter etwas anderes wahrnimmt als der Ratsuchende, so ist dieser doch Experte seiner selbst. Seine Stärken und Schwächen haben oft eine lange Geschichte und sie haben meist Gründe. Lernwiderstände entstehen nicht zufällig, sondern aufgrund von Erfahrungen. Auch wenn der Berater solche Verweigerungen oft anders sehen und bewerten wird, so können gewohnte Perspektiven des Klienten nicht ohne weiteres durch die „richtigen" Sichtweisen des Beraters ersetzt werden.
Zu einem dialogischen Gespräch gehört auch, dass der Berater von dem Ratsuchenden lernt, dass er seine Problemlösungsmuster in Frage stellt, dass er sich von ungewöhnlichen Deutungen „perturbieren" lässt. Ein Beratungsgespräch kann so zu einem wechselseitigen Erfahrungsaustausch werden.
Die Fähigkeit und Bereitschaft zur „Ratsuche" ist keineswegs selbstverständlich. Es ist eine spezifische Selbstlernkompetenz, begründet zu entscheiden, wann man wen in welcher Form um Rat fragt. J. Erpenbeck und V. Heyse haben in ihren Analysen der Kompetenzbiografien festgestellt, dass erfolgreiche Manager in der Lage sind, von anderen – auch von sogenannten „Untergebenen" – zu lernen. Es ist für sie kein Prestigeverlust, andere um Rat zu fragen und sich beraten zu lassen. In unserer Multioptionsgesellschaft ist es fast überlebensnotwendig, sich ein „Netzwerk" vertrauenswürdiger Personen aufzubauen, die man um Rat fragen kann und von denen man Rat annehmen kann.

Der Titel eines neueren Buches der Bestsellerautorin Deborah Tannen lautet *„Ich mein's doch nur gut"*. Dies ist auch die heimliche Botschaft vieler Berater/innen. Oft überschütten sie die Ratsuchenden mit gutgemeinten Tipps und Ratschlägen und merken nicht, wie diese durch die Fülle der Vorschläge immer mehr verunsichert und irritiert werden. In solchen Fällen ist ein Reframing nicht nur der Ratsuchenden, sondern auch der Ratgeber hilfreich. So kann eine Zurückhaltung, ein empathisches Zuhören oft „viabler" sein als zu viele Vorschläge.

„Eine solche Neurahmung kann man zum Beispiel durchführen, indem man eine andere Art des Redens wählt und dadurch die Bedeutung einer ganzen Interaktion verändert: Man kann sich zum Beispiel entscheiden, keine Ratschläge mehr zu geben und stattdessen Verständnis anzubieten." (Tannen 2002, S. 13)

4.3 Ein Stufenmodell der Beratung

Systemisch-konstruktivistische Theorien haben seit den 1980er Jahren die Psychotherapie nachhaltig inspiriert. Vor allem Paul Watzlawick hat auf der Grundlage der konstruktivistischen Erkenntnistheorie in dem „Mental Research Institute“ in Palo Alto (Kalifornien) eine Konzeption der lösungsorientierten *Kurzzeittherapie* entwickelt. Seine Kernthese: Menschen verhalten sich der von ihnen konstruierten Wirklichkeit entsprechend. Wenn Menschen ihr Verhalten ändern und psychische Probleme lösen wollen, müssen sie ihre Wahrnehmung der Wirklichkeit überprüfen. Der Psychotherapeut kann ein solches Reframing (= Umdeutung) durch Fragen und Anregungen unterstützen.

„Die Wirklichkeit, die wir wahrnehmen und auf die wir reagieren, einschließlich der Probleme und der psychischen Störungen, ist das Ergebnis der Wechselwirkung zwischen dem Beobachtungspunkt, den wir einnehmen, den Mitteln, die wir verwenden und der Sprache, die wir benutzen, um diese Wirklichkeit mitzuteilen... Aus dieser Annahme ergibt sich, dass jede gesunde oder geistesgestörte Verfassung, in der wir uns befinden, das Produkt einer aktiven Beziehung zwischen uns und dem, was wir erleben, ist. Mit anderen Worten, jeder konstruiert die Wirklichkeit, die er dann erfährt.“ (Watzlawick 2003, S. 11).

Nun ist Lernberatung keine Psychotherapie. Die Therapie unterstützt die Lösung psychischer Probleme, auch die Veränderung des Verhaltens aufgrund veränderter Wirklichkeitswahrnehmungen. In der Lernberatung geht es nur in Ausnahmefällen um psychische „Störungen“ (z.B. biografisch bedingte Lernwiderstände oder Phobien in Seminaren), sondern vor allem um die Verbesserung der Lernfähigkeit und der Lernmotivation. Dazu können „Umdeutungen“ hilfreich sein – z.B. zur Stärkung des Lernselbstvertrauens und der Selbstwirksamkeit („self efficacy“). Aber wichtiger ist oft der Erwerb neuer Lerntechniken, neuer Lernstrategien und neuer Lernziele. So ist es in der Lernberatung durchaus legitim und erwünscht, Tipps und Empfehlungen zur Aneignung von Lerninhalten anzubieten und auch Lernmethoden einzuüben.

Psychotherapie und Lernberatung sind „Interaktionssysteme“ zwischen Beratern und Ratsuchenden. Deshalb können therapeutische Modelle auf Beratungssituationen in modifizierter Form übertragen werden.

In Anlehnung an Watzlawicks Kurzzeittherapie erscheint folgendes Stufenmodell geeignet (vgl. Kleve 1996, S. 111 ff, Tomaschek 2003, S. 69 ff.):

1. **Definition des Problems aus Sicht des Ratsuchenden**
   Worum geht es? Womit ist der Ratsuchende unzufrieden: mit seinen Noten, mit seinem Lernfortschritt, mit seiner Konzentration/Motivation/Ausdauer, mit seinen Lerntechniken – z.B. Textverständnis, Vokabellernen, Verständnis mathematischer Aufgaben, abstrahierendes theoretisches Denken …
   Es ist zu klären, wie gravierend diese Lernschwäche empfunden wird, in welchen Situationen diese Schwäche als belastend wahrgenommen wird, wann und wen sie „stört".
   Diese Selbstwahrnehmung sollte mit den Beobachtungen von Bezugspersonen verglichen werden: wie werden die Lernstärken und Lernschwächen vom Partner, vom Lehrer, vom Kollegen beurteilt? Dazu eignet sich zirkuläres Fragen.
   Auch der Berater teilt seine Beobachtungen mit. Oft können Übungen und Tests hilfreich sein, um ein Kompetenzprofil zu erstellen. Der Ratsuchende kann gebeten werden bei einer Aufgabe „laut zu denken".
   Wünschenswert ist eine Konkretisierung und Präzisierung des Problems: Werden Konzentrationsschwierigkeiten häufig wahrgenommen oder nur in bestimmten Situationen, zu bestimmten Zeiten, bei bestimmten Themen?
   Wichtig ist eine Klärung der „Gefühlslage": Wird das Problem als rein kognitives Defizit gleichsam affektneutral beschrieben oder ist es emotional aufgeladen, also mit Ärger, Enttäuschung, Selbstzweifel verbunden.
   Lernprobleme existieren nicht „objektiv", sondern sie sind beobachtungsrelativ, sie sind konstruierte Wirklichkeiten.

2. **Analyse des Lernproblems aus Sicht des Ratsuchenden**
   Jedes Lernproblem hat eine Geschichte und einen Kontext. Seit wann wird die Lernschwäche wahrgenommen, wie ist sie entstanden, welche Ursachen und Gründe sind denkbar? Was wurde bisher versucht, um die Lernfähigkeit zu verbessern oder um die Schwäche zu kompensieren? Welche institutionellen Hilfen wurden in Anspruch genommen? Mit welchem Erfolg? Ist der Klient selber an der Erprobung neuer Lösungen interessiert? Wieviel Zeit und Energie will er in die Bearbeitung des Problems investieren? Was passiert, wenn alles beim Alten bleibt und das Problem nicht weiter bearbeitet wird?
   Es ist herauszufinden, welche Maßnahmen sich bewährt haben. Welche Hilfen waren viabel, welche Gewohnheiten können und sollten beibehalten werden? „Kennzeichnend für systemische Vorgangsweise in Beratungsprozessen ist die positive Konnotation von Bestehendem." (Tomaschek 2003, S. 73)
   Systemisch-konstruktivistische Lernberatung ist „ressourcenorientiert", d.h. sie formuliert keine unrealistischen Ziele, sie vermeidet Überforderungen und optimiert die Potenziale der Ratsuchenden. Neue, überraschende Vorschläge müssen anschlussfähig sein, sie müssen sich mit vorhandenen Erfahrungen und Deutungsmustern vereinbaren lassen. Zu fragen ist in dieser Phase auch: Was erwartet der Ratsuchende von dem Berater? Welches Vorgehen kann hilfreich sein?

3. Entwicklung von Lösungsvorschlägen

In dieser Phase sind die Ziele der Beratungsgespräche zu präzisieren: Was ist in der Kürze der Zeit machbar, was nicht? Die Lernstile und die Kompetenzen eines Erwachsenen können und sollten nicht grundlegend verändert werden. Jeder Erwachsene verfügt über eine Lebensgeschichte und eine Persönlichkeitsstruktur, die zu respektieren ist. Lernberatung ist keine Lebensberatung. Erwachsene mit ihren Lernstärken und Lernschwächen sind nicht „lernbehindert".

Gemeinsam werden Ideen und Vorschläge gesammelt, z.B.

- Lerntagebuch führen
- Lernvereinbarungen treffen
- Inhaltsangaben über gelesene Texte erstellen
- Fremdwörterbücher benutzen
- Zeitpläne für Lernprojekte aufstellen
- mit anderen gemeinsam lernen

Auch hier ist zu fragen: was wurde bisher schon versucht, was hat sich bewährt, was nicht? Wie lernen Freunde, Partner, auch: die eigenen Kinder? Kann man von ihnen lernen?

Gelegentlich können paradoxe Fragen anregend sein: Was muss ich tun oder unterlassen, damit sich das Problem verschärft?

In Frage zu stellen sind pauschale, generalisierende Einstellungen: „Das schaffe ich nie", „Das habe ich noch nie gekonnt", „Bei mir geht alles schief". Widerstände werden oft mit „ja, aber..." eingeleitet: „Sie haben ja Recht, aber bei mir geht das nicht." „Ja, aber" Formulierungen enthalten oft eine versteckte Abwehr. Solche Widerstände müssen ernst genommen werden, auch akzeptiert werden.

In der Lernberatung gibt es keine richtigen oder falschen Antworten. Lernberatung ist „Probedenken" und „Probehandeln". Neue Wege werden erprobt, sie müssen sich als viabel erweisen.

Es kann sein, dass sich Lernschwächen nicht oder nur mit großem psychischen Aufwand beseitigen lassen. Die Devise kann dann lauten: die Stärken stärken und die Schwächen kompensieren. Es ist denkbar, dass die Ratsuchenden nicht ihre eigenen Lernstile ändern, sondern solche Aufgaben und Situationen bevorzugen, die ihrem Stil entsprechen. Und umgekehrt: Situationen meiden, in denen man sich überfordert fühlt.

Ein einfaches Beispiel: Wer gerne Briefe schreibt, sollte dies tun. Ein eher kommunikativer und nicht „literaler" Typ sollte vor allem telefonieren.

4. Durchführungs- und Erprobungsphase

Dies ist die Handlungsphase, in der neue Wege und Maßnahmen erprobt werden – z.B. Texte zu strukturieren, Wesentliches von Unwesentlichem zu unterscheiden, Fragen an einen Text zu stellen, einen Sachverhalt kreativ darzustellen, Vokabeln mit Hilfe von Eselsbrücken zu lernen, eine kognitive Landkarte zeichnen, einen

Begriff mit eigenen Worten erklären, zwischen Beschreibung, Begründung und Bewertung zu unterscheiden, logisch zu argumentieren, Komplexität zu reduzieren, zu differenzieren, Substantivierungen zu vermeiden...
In der Erprobungsphase zeigt sich, welche motivationalen und kognitiven Voraussetzungen zur Verbesserung der Lernfähigkeit erforderlich sind, welche Rahmenbedingungen (Zeit, Raum, Lexika) nötig sind, ob die Maßnahme (z.B. kreative Übungen) tatsächlich die Selbstkompetenz stärkt, ob der Zeitaufwand akzeptabel ist und in einem angemessenen Verhältnis zu dem Nutzen steht.
Nachhaltige Lernbeobachtung erfordert – insbesondere vom Ratsuchenden – Zeit und Geduld. Wirksame Verbesserungen der Lernfähigkeiten sind nicht von „Kurzzeitberatungen" zu erwarten. Lernen ist ein Prozess der Emergenz, des Wachsens und Reifens. Mit neuen Lerntechniken und Lernstrategien muss man sich vertraut machen, man kann nicht von heute auf morgen sein Repertoire an Lerngewohnheiten austauschen.
Bei der Auswertung der Erprobungsphase sollte die Reichweite der Lernfortschritte gemeinsam erörtert werden.
Manche Beratungseffekte sind kurzfristig und vergänglich. Man spricht von ***„Badewanneneffekten"***: Der Klient ist von einer neuen Idee zunächst begeistert, er „erwärmt" sich für neue Praktiken. Doch zu Hause kühlt er wieder ab und er kehrt zu seinen alten Gewohnheiten zurück.
Umgekehrt sind auch ***„Sleeper-Effekte"*** zu registrieren: Man kann sich zunächst nicht an eine neue Perspektive gewöhnen. Doch im Lauf der Zeit gewinnt der ungewöhnliche Vorschlag Gestalt und führt allmählich zu einem „Reframing".

5. Langfristige Lernplanung

Die Maßnahmen der vierten Phase beziehen sich vor allem auf kurzfristig wirksame Verbesserungen. Lernberatung kann darüber hinaus eine reflexive Lernhaltung fördern. Dazu gehören Fragen nach dem Sinn und der Relevanz des Lernens. Dass Lernen lebenslang nötig ist, ist inzwischen zur vielzitierten Floskel geworden. Doch entspricht dieser Notwendigkeit auch ein Bedürfnis? Verspüren wir den Wunsch zu lernen? Und: Ist Lernen ein Selbstzweck? Ist es immer gut, umzulernen und sich zu verändern?

Oft kommt die Frage nach dem Wissenswerten und dem Überflüssigen zu kurz. In den 1990er Jahren wurden Arbeitslose in Umschulungsmaßnahmen eingewiesen, ohne dass sich die beruflichen Vermittlungschancen dadurch verbesserten. Mehr noch: Wer von einer Maßnahme in die nächste delegiert wurde, dessen Chancen auf dem Arbeitsmarkt sanken oft rapide. Was hat diese „Qualifizierungsoffensive" zur Persönlichkeitsentwicklung und zur intelligenten Lebensführung beigetragen?

Wir leben in einer „Multioptionsgesellschaft" – auch auf dem Weiterbildungsmarkt. In einer solchen Gesellschaft, in der alle nur denkbaren Themen (vom Flirt-Kurs bis zum Gewürzsträuschenbinden) angeboten werden, muss man wählen können. Das aber will gelernt sein. Welche Themen sind wirklich wichtig? Welche Lernprojekte tragen zu meinem Selbstwertgefühl, auch zu meiner Lebensqualität bei?
Lebenslanges Lernen benötigt Zeit. Zeit ist kostbar. Für welche Themen möchte ich mir gerne mehr Zeit nehmen? Und gemeinsam mit wem möchte ich neue Themen bearbeiten?
Lernberatung hat nicht nur effektives Lernen, sondern auch reflexives Lernen zu unterstützen.

4.4 Kompetenzen und Verhaltensweisen des Beraters

In den meisten Fällen findet Lernberatung im Zusammenhang mit Lehre statt. Gute Lernberatung setzt professionelle Lehrkompetenz voraus. Allerdings sind qualifizierte Lehrkräfte nicht ohne weiteres anregende Berater. Lernberater benötigen außer fachdidaktischen Qualifikationen lernerorientierte, empathische Fähigkeiten.

Lernberater nehmen unterschiedliche Rollen wahr:

1. **Experte**
   Berater sind Experten für den Lerninhalt. Sie können die Sachlogik des Fachs durchschauen, die Schwierigkeiten und das Anspruchsniveau sowie den Zeitaufwand beurteilen. Sie müssen die Lernvoraussetzungen und die kognitiven Anforderungen einschätzen, aber auch die Anwendungsfelder kennen: Für welche Verwendungssituationen wird dieses Wissen benötigt?
   Außerdem sollten Lernberater über grundlegende lernpsychologische Kenntnisse verfügen. Wie funktioniert das Gehirn? Wie lernen Erwachsene? Welche lerntheoretischen Modelle gibt es? Was gehört zur Metakognition?
   Lern- und Motivationstheorien, Kommunikations- und Beratungsmodelle, psychologische und neurobiologische Kenntnisse gehören zum Hintergrundwissen eines Lernberaters. Dieses Wissen schärft seinen Blick für die Lernkompetenzen und die Probleme der Ratsuchenden.

2. **Zuhörer**
   Gute Lernberater reden nicht zuviel selber, sondern sie sind aufmerksame Beobachter und aktive Zuhörer. Sie achten auf die Skripts, die „inneren Bilder“, die heimlichen Botschaften der Ratsuchenden. Wie konstruieren sie sich selbst, wie konstruieren sie ihre Lernthemen, wie konstruieren sie ihrer Umgebung (z.B. Familie, Arbeitsplätze)? Welche Grundüberzeugungen („beliefs“) prägen ihre Wirklichkeitskonstruktion?
   Als Zuhörer registriert der Berater auch die emotionalen Tönungen: Ängste, Unsicherheiten, Kränkungen, aber auch freudige Erlebnisse, Erfolgserlebnisse, Stolz. Welche Hoffnungen und Erwartungen werden an die Beratung und den Berater gerichtet?
   Als Zuhörer achtet der Lernberater auf Formulierungen und Metaphern („immer“, „nie“, „ich fühle mich leer“...). Der Zuhörer signalisiert „anteilnehmendes Interesse“: „Im Beratungsgespräch erleben Ratsuchende es häufig schon als hilfreich, dass da jemand ist, der sich für sie, für das, was sie gemacht und erlebt haben, interessiert.

Wahrhaftiges Interesse des Beraters reicht häufig aus, den Klienten zur Selbstexploration zu stimulieren, ihn in der Ausarbeitung eines Situationsbildes vorankommen und bisher vernachlässigte Anteile aufgreifen lassen." (Mutzek 2002, S. 83)
Zum verständnisvollen Zuhören gehören Zeit und Geduld. Der Ratsuchende muss spüren, dass der Berater sich Zeit für ihn nimmt, ihn ausreden lässt, ihn nicht unter Druck setzt.
Andererseits: „Zeit geben schließt auch ein, ... den Klienten in seinem Gesprächsfluss zu unterbrechen, wenn er ohne Halt von einem Punkt zum nächsten springt." (ebenda, S. 85 f.)
Um einen Zeitrahmen zu vereinbaren, ist eine Verständigung über die konkreten Ziele und Themen des Beratungsgesprächs hilfreich. Was wollen wir heute besprechen? Was stellen wir zurück?

3. **Frager**

Der Lernberater stellt behutsame und produktive Fragen. Behutsam, um nicht durch Wissensfragen Prüfungsängste zu schüren. Produktiv, um zum Nachdenken und Konkretisieren allgemeiner Aussagen und zum Strukturieren des Lernproblems anzuregen.
„Bei den auf Konkretisierung abzielenden Beraterinterventionen geht es also darum, die nicht augenblicklich herrschende Situation aus der Sicht des Ratsuchenden so detailliert und plastisch wie möglich nachzeichnen zu lassen, und zwar in ihren psychischen wie auch verhaltensmäßig beobachtbaren Anteilen." (ebenda. S. 90)
Ein Beispiel: Der Klient erzählt, dass ihm in dem Kurs alles zu schnell ging, dass er nicht genug Zeit hatte, dass er nicht „mitkam". Durch Rückfragen versuchen Berater und Klient zu klären, warum dieser sich überfordert fühlte: wurde zuviel Stoff vermittelt, waren die Begriffe nicht bekannt, wurde nicht anschaulich genug erklärt, war das Thema zu theoretisch, haben sich die Mitlernenden zu schnell zu Wort gemeldet, bestand keine Gelegenheit zu fragen, war der Klient unkonzentriert?
Der Berater sollte sich vergewissern, ob er den Ratsuchenden „richtig" verstanden hat. Er kann dessen Aussage paraphrasieren und zusammenfassen, ohne lediglich zu wiederholen.
Die Fragen sollen nicht verunsichern, sondern klären und weiterführen.
W. Mutzek unterscheidet folgende Interventionstypen: (S. 90 f.)
- Spiegeln (Wiederholung eines Wortes oder Satzteils)
- Paraphrasieren (der Berater gibt mit seinen Worten die Mitteilung wieder)
- Resümieren (er fasst zusammen, spitzt zu)
- Strukturieren (der Sachverhalt wird gegliedert, Wesentliches von Unwesentlichem getrennt)

Zum Strukturieren gehört auch eine Komplexitätsreduktion: Schritt für Schritt vorgehen, nicht alles gleichzeitig ansprechen, nicht unterschiedliche Ebenen vermischen. Empfehlungen dosieren...

Lernberatungsgespräche sollten lösungsorientiert sein. Deshalb ist Vorsicht geboten bei einer „Ursachensuche“. Ob eine Lernschwäche mit lange zurückliegenden Erlebnissen in Schule oder Elternhaus zusammenhängt, ist meist kaum zu rekonstruieren und außerdem für die aktuelle Lernhilfe eher nebensächlich. „Auch bei nur unsicherer Verfügbarkeit dessen, was als ursächlich für etwa jetziges Leistungsversagen oder Fehlverhalten angesehen wird, halten Menschen gern an -eigenen (einmal festgelegten) Kausalzusammenhängen fest. Diese werden auch zur Rechtfertigung eingesetzt: Durch Verweis auf außerhalb meines Einflussbereichs liegende Ursachen enthebe ich mich der Verantwortung für eigenes Tun.“ (ebenda, S. 94)

4. Facilitator

Ein Lernberater ist auch ein Facilitator, ein Ermöglicher. Er sollte sich um eine konzentrierte, aber stressfreie und vertrauensvolle Atmosphäre bemühen. Dazu gehören gemütliche Räume, keine Störungen von außen, eine Verständigung über Befürchtungen des Ratsuchenden, eine Klärung der Beratungsziele.

- „Durch Gestik, Mimik, Körperhaltung und sprachliches Handeln die grundlegenden Sichtweisen des Beraters gegenüber dem Ratsuchenden zum Ausdruck bringen!
- Ratsuchender als reflexives und erkenntnisfähiges Subjekt, welchem mit emotionaler Wärme, Wertschätzung, einfühlendem Verstehen und Echtheit im Handeln sowie Hilfsbereitschaft zu begegnen ist.“ (ebenda. S. 76)

  Eine positive Lernatmosphäre wird auch durch ermutigendes Feedback und durch Hinweise auf Lernfortschritte gefördert. Auch Humor kann zur Auflockerung und Entspannung beitragen.

  W. Mutzek schlägt ferner vor:
- „Vermeiden von verunsichernden Verhaltensweisen wie mangelnder Blickkontakt, häufiges Auf-die-Uhr-Schauen, die Aufmerksamkeit nehmen, indem man z.B. in Akten blättert…, andauernder oder abrupter Themenwechsel…
- Verschlossenheit abbauen durch Einfühlen und vorsichtiges Ansprechen von Gefühlen, Geben von passenden, nicht aufdringlichen eigenen Beispielen von Offenheit…“ (ebenda, S. 78)

  Der Ratsuchende sollte aufgefordert werden, seine Empfindungen zu äußern: Wie fühlt er sich? Welche Empfehlungen waren hilfreich, welche nicht? Hat er verstanden, was der Berater meint? Hat er andere Ratschläge erwartet? Ist er erschöpft?

5. Trainer

Der Lernberater ist auch Trainer. Er sollte Übungen empfehlen und besprechen, z.B.

- Übungen zum Textverstehen
- Gliederung von schriftlichen Arbeiten

- Bibliografien
- Visualisierung von Themen
- Erstellen von Mind maps
- Techniken zur Speicherung von Wissen
- Nutzung des Internet
- Vortrag eines Referats
- Pro- und Kontra-Argumente sammeln
- Metakognitive Übungen
- Rekonstruktion der Lernbiografie
- Anforderungen am Arbeitsplatz beschreiben

Der Lernberater ist immer auch Modell und Vorbild für den Ratsuchenden. Er sollte seine eigenen Lerntechniken und Coping-Strategien darstellen und begründen. Der Lernberater kann dem Ratsuchenden seine Beobachtungen mitteilen und Lösungen vorschlagen, auch neue Techniken mit ihm üben. Er sollte aber folgendes vermeiden:

- Bagatellisieren (‚Das ist nicht so schlimm'….)
- Kategorisieren (‚Das sind Minderwertigkeitskomplexe')
- Belehren (‚Sie sollten sich daran gewöhnen, dass…')
- Bewerten (‚Das hätten Sie lieber nicht tun sollen!')
- Moralisieren (‚Sie sind doch eine erwachsene Frau…') (ebenda, S. 97)

Übergeordnetes Ziel der Lernberatung ist die Stärkung der Selbstlernkompetenz (vgl. Heyse/Erpenbeck 2004). Dazu gehört nicht nur der Abbau von Lernschwächen, sondern auch das Bewusstmachen von Kompetenzen. Viele lebenswichtige Kompetenzen – z.B. organisieren können, Hilfsbereitschaft, mehrere Aufgaben gleichzeitig erledigen, in kritischen Situationen die Ruhe bewahren, sich bei Freunden Rat holen, bei Streitfällen schlichten, Preise vergleichen, auf Qualität beim Einkauf achten, alltagsästhetischer Geschmack – wurden informell erworben und sind Bestandteil des impliziten Wissens. Diese Kompetenzen werden in Bildungseinrichtungen und am Arbeitsplatz oft nicht hinreichend anerkannt, und sie sind vielen gar nicht als Kompetenzen und als Selbstlernpotenziale bewusst. Der Lernberater sollte einen Blick für diese Alltagskompetenzen haben, auf sie aufmerksam machen und sie für Lernprozesse nutzen. Dadurch werden das Selbstwertgefühl und die Selbstsicherheit gestärkt.

6. **Coach**

Der Coach ist vor allem Prozessbegleiter, auch ein „critical friend".

„Systemisches Coaching ist… Beratung ohne Ratschlag – eine Beziehung zwischen Coach und Coachee, in der der Coach die Verantwortung für die Gestaltung des Coachingprozesses und der Coachee die inhaltliche Verantwortung übernimmt." (Radatz 2008, S. 16).

Der Coach ist dem Coachee also nicht unbedingt fachlich überlegen. Coachees sind oft Führungskräfte, die einen Gesprächspartner suchen, mit dem sie über berufliche Konflikte, aber auch über ein „Burn out“ sprechen können. Im Vordergrund steht das Selbstmanagement des Coachees.
Der Coach sollte den Gesprächspartner stabilisieren, aber auch gelegentlich „perturbieren“, die Perspektive wechseln, auf „blinde Flecke“ aufmerksam machen. Thematisiert werden die Leitprinzipien des Handelns, die Überzeugungen („beliefs“) und „inneren Bilder“, die Skripts und Lebenspläne. Erörtert werden auch persönliche Veränderungswünsche, die Zufriedenheit und Unzufriedenheit mit der Berufssituation. Gelegentlich kann der Coachee ermuntert werden, jahrelange Gewohnheiten aufzugeben und Ziele „loszulassen“, andere Prioritäten zu setzen.
Systemische Fragen sind offene Fragen, die häufig mit W-Wörtern beginnen: warum? wer? was? wann? womit? (Radatz 2008, S. 35). Es sind Denkfragen, die zum Nachdenken, zur Reflexion anregen. Im Vordergrund steht aber nicht unbedingt die Analyse der Vergangenheit, sondern eine viable Gestaltung der Zukunft und eine Verhaltensoptimierung.
Coaching-Methoden werden häufig zur Fortbildung von Führungskräften eingesetzt. Anlässe für solche Coaching-Gespräche sind Veränderungen im Unternehmen, Krisen und neue Herausforderungen, zwischenmenschliche Konflikte, wirtschaftliche Misserfolge, Rationalisierungen, Fusionen etc.
Lothar Schäffner weist darauf hin, dass Coaching-Gespräche keineswegs immer konfliktfrei verlaufen: *„Voraussetzung für ein erfolgreiches Coaching ist die Bereitschaft des Coaching-Kunden, sich in einen solchen Prozess zu begeben. Dabei sind meiner Erfahrung nach viele Manager für ein Coaching nicht offen. Ein Coaching-Bedarf wird von ihnen vielfach als Eingeständnis von Schwäche bzw. psychischen Defiziten angesehen.“* (Schäffner 2004, S. 11)

7. **riskante Gespräche**

Nicht alle Beratungsgespräche verlaufen reibungslos und konfliktfrei. Ursula Wolters nennt u.a. folgende Ursachen für Störungen (Wolters 2004, S. 20 ff.):

- starke Gefühlsausbrüche
- Aggressionen gegen den Berater
- übertriebenes Selbstmitleid
- Rechthaberei
- Verlangen nach Rezepten
- nicht zuhören
- fehlende Geduld

Redet der Klient zuviel, kann der Ratgeber z.B. freundlich fragen, ob er das Gesagte zusammenfassen darf. Bei Gefühlsausbrüchen kann es angebracht sein, eine Kaffeepause vorzuschlagen.

Bei Aggressionen gegen den Berater kann eine metakommunikative Phase („Wie wollen wir miteinander umgehen?“) hilfreich sein.
Doch auch der Berater kann Störungen verursachen, z.B.:

- er hat ein anderes Wertesystem als der Klient
- er steht unter Zeitdruck
- er gibt zu schnell Ratschläge
- er bezweifelt die Lernfähigkeit des Klienten
- der Ratsuchende ist ihm unsympathisch
- er überfordert den Ratsuchenden

Es gibt Situationen, in denen sich auch der Berater überfordert sieht oder in denen eine psychotherapeutische Behandlung erforderlich erscheint. In solchen Fällen kann ein Gespräch mit einem Kollegen oder eine Supervision entlastend sein.
U. Wolters schlägt vor: „Lösungsorientierte Kurzberater achten auf ihre Körpersignale, Verspannungen des Körpers und sollten die wesentlichsten Entspannungsmethoden beherrschen.“ (ebenda, S. 23)
Gute Lernberatung ist unaufdringlich. Der Ratsuchende entscheidet selber, welche Empfehlungen er umsetzen kann und will. Nicht alle Vorschläge eignen sich für jeden.
Eine Beratungskompetenz ist deshalb Gelassenheit. Gelassenheit meint nicht Gleichgültigkeit, sondern zulassen können. Lernberater akzeptieren, dass nicht alle Gespräche für beide Seiten befriedigend verlaufen. Wenn keine „Passung“ zustande kommt, kann es vernünftig sein, die Beratung zu beenden.
Kontraproduktiv können Beratungsgespräche durch moralisierende Ratschläge werden. Moralisten eignen sich nicht als Berater/innen. Moralisten sind heimliche Besserwissser, die – oft unbeabsichtigt – die Gesprächspartner entmündigen.

Wissen über

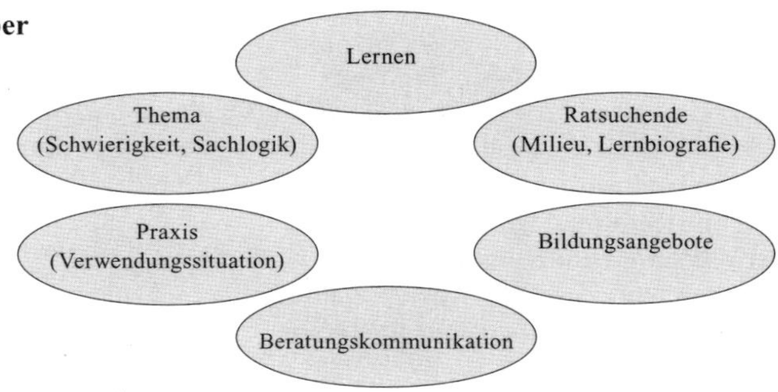

Abb. 10: Profesionelles Beratungswissen

4.5 Lernberatung: die Frage nach Sinn

In der Erwachsenenbildung dient Lernberatung der Verbesserung der Lernfähigkeit, dem Abbau von Lernbarrieren und der Lösung von Lernschwierigkeiten. Noch häufiger ist aber der Wunsch, bei der Suche nach Lernthemen und Bildungsangeboten beraten zu werden. Dies betrifft eine berufliche Karriere- und Qualifizierungsberatung, aber auch eine nicht-berufliche Bildungsplanung. Viele Erwachsene der mittleren Lebensphase empfinden ihre Lebenslage als unbefriedigend, sie suchen neue Themen, neue Interessengebiete, neue geistige Herausforderungen. Bei Befragungen wird oft geäußert: „Ich möchte etwas für mich tun", „ich fühle mich nicht ausgelastet", „ich fühle mich unterfordert", „mein Leben verläuft so eintönig".

Man empfindet einen Mangel, ohne genau zu wissen, was man sucht. Die Lernziele sind diffus. Man schwankt zwischen Philosophie, Spanisch, Literatur, ostasiatischer Meditation, Afrika, psychotherapeutischer Zusatzausbildung, Malerei in der Toskana ... Nicht selten werden mehrere Seminare gleichzeitig besucht – und vorzeitig abgebrochen, weil man „etwas anderes" erwartet hatte. Durch Aktionismus soll das Gefühl der Leere abgebaut werden. Die Desorientierung und die Unsicherheit in der Themenwahl hängen auch mit der medialen Informationsfülle und wachsenden Vielfalt der Themenangebote zusammen. Fast täglich werden neue „wichtige" Themen und Lernherausforderungen präsentiert.

Heiko Ernst spricht von einer „Informationsneurose":

„Gibt es einen Sättigungspunkt für die Psyche? Was bedeutet es, wenn das Ich überflutet und übervölkert wird von realen und fiktiven Personen, von fremden Fantasien und weit entfernten Katastrophen, von Sexualität, Grausamkeit, von den Modellen und Skripten eines ‚besseren Lebens', wie sie Werbung und Konsumwelt vorgaukeln, von irritierenden Widersprüchen in Politik, Kultur und Philosophie?

Die Informationsneurose breitet sich aus. Sie entspringt dem Gefühl, dass die Lücke zwischen dem, was wir verstehen, und dem, was wir glauben verstehen zu müssen, immer größer wird." (Ernst 1998, S. 62)

Das Interesse an Orientierungshilfen wächst. Beratungsgespräche können die Lernmotive und Interessen konkretisieren und präzisieren. Dabei geht es nicht nur um die inhaltlichen Interessen, sondern oft auch um soziale Kontaktmotive, um neue Lebenserfahrungen.

Frage 1: Möchte sich die Person alleine mit einem Thema beschäftigen (z.B. durch Lektüre, mit Hilfe des Internet) oder gemeinsam mit anderen? Wenn ein Kontaktinteresse besteht: Möchte man z.B. in einem VHS-Seminar neue Menschen kennenlernen oder eher informell mit Bekannten ein Thema diskutieren?

Frage 2: Wie hoch ist das Anspruchsniveau? Möchte man ohne Leistungsdruck etwas Neues kennenlernen oder ist man bereit, mehr Zeit zu investieren und einen Kurs mit Prüfung und Zertifikat zu absolvieren? Wie wichtig ist ein solcher Abschluss für das Selbstwertgefühl? Möchte man sich auf wissenschaftlich-universitärem Niveau weiterbilden oder „nur" seine Allgemeinbildung verbessern?

Frage 3: Möchte man früher Gelerntes auffrischen und ergänzen – z.B. Literatur, Geschichte, eine Fremdsprache – oder möchte man etwas völlig Neues kennenlernen – z.B. Naturheilkunde, Archäologie. Was interessiert die Person an dem neuen Thema, wie ist sie darauf aufmerksam geworden, was weiß sie schon über das Thema? Gibt es ein „Traumthema"? Lässt sich das Thema mit der eigenen Biografie und mit Lebenserfahrungen verbinden?

Frage 4: Zu welchem Zweck soll gelernt werden? Zur Persönlichkeitsentwicklung, zur Abwechslung und Freizeitbeschäftigung oder mit beruflichen Verwendungsabsichten? Andere denkbare Verwendungen: z.B. Kindern oder Enkelkindern bei den Hausaufgaben helfen oder sich mit dem Partner intensiver unterhalten können. Erleichtert das Thema eine existenzielle Orientierung?

Frage 5: Kann man den Zeitpunkt und die kognitive Komplexität des Themas abschätzen? Welche Vorkenntnisse und welche Kompetenzen sind wünschenswert? Will man sich nur einen Überblick verschaffen oder sich vertiefend mit dem Thema beschäftigen? Welcher Lernstil ist für dieses Thema geeignet? Wie ehrgeizig ist die Person?

Frage 6: Kann man „zur Probe" ein Buch über das Thema lesen oder ein Einführungsseminar besuchen? Kann man sich von einem Experten beraten lassen? Lässt sich das Thema in Teilthemen unterteilen? Ist das Thema „eine Nummer zu groß" (oder zu klein)?

Frage 7: Welche Alternativen kommen in Frage? Auf welche Aktivitäten muss man verzichten, wenn man das Lernprojekt realisiert? Wie sicher ist die Person, dass sie sich in einem Jahr auch noch für das Thema interessiert? Mit welchen Themen beschäftigen sich Freunde, Partner, Kollegen?

In einem solchen Gespräch vermischen sich Lernberatung und Lebensberatung. Lebenslanges Lernen erfüllt unterschiedliche Funktionen: z.B. Sicherung des Arbeitsplatzes, berufliche Karriere, aber auch alltagspraktische Funktionen z.B. gesunde Ernährung, Funktionen der Geselligkeit und Freizeitgestaltung. Angesichts der Vorherrschaft ökonomischen Denkens kommt eine Funktion des Lernens zu kurz, die man früher als Bildungsfunktion bezeichnet hat. Bildung enthält ein Überschusswissen, ein Wissen, das über pragmatische, instrumentelle Zwecke hinausgeht. Bildung beinhaltet ein Lernen, das eine Horizonterweiterung, ein Selbst- und Weltverständnis fördert. Bildung heißt: seine Selbst- und Weltbilder überprüfen, erweitern. Dieses Lernen ist nicht nur nützlich, sondern auch sinnvoll. Sinn ist der Leim, der die Fülle der Informationen, Erlebnisse und Aktivitäten verbindet, der auf Zusammenhänge verweist. Sinn ist das, was bejahenswert ist, was zukunftsfähig ist. Die Frage nach Sinn ist die Frage nach einer menschlichen Zukunft, nach „Frieden, Gerechtigkeit und Bewahrung der Schöpfung“. Die Suche nach Sinn ist zugleich eine Frage nach der eigenen Identität, nach dem, wofür es sich lohnt, seine Energie einzusetzen. Es ist sinnvoll, sich für Neues zu öffnen.

Niemand kann sich anmaßen, einen Themenkatalog sinnvoller Lernprojekte vor- und festzuschreiben. Und trotzdem ist die Entscheidung für sinnvolle Lernthemen nicht willkürlich, nicht beliebig. Die Wahl sinnvoller Lerninhalte hängt mit dem eigenen Selbstverständnis zusammen. Jeder hat das Recht, sich mit den kuriosesten und ausgefallensten Themen zu beschäftigen (sofern dadurch niemand gefährdet oder geschädigt wird). Sinnvolle Themen erfordern dagegen eine humane Begründung.

Paulo Freire hat von „generativen Themen“ gesprochen. Er koppelt generative Themen an Bildung als „Praxis der Freiheit“. Bildung ist die Beschäftigung mit Themen, die etwas „generieren“, erzeugen, die menschliche Grenzen überschreiten. Bildung fördert Freiheit, indem der Blick sich weitet und neue Möglichkeiten erweitert werden. Konstruktivistisch gesprochen: die Beschäftigung mit generativen Themen ermöglicht es, die Wirklichkeit neu und anders zu betrachten. „Man sieht die Welt mit anderen Augen.“ Das kann durch die Beschäftigung mit Musik, Malerei, Literatur, Geschichte geschehen, aber auch durch politisches, ökologisches und karitatives Engagement oder auch durch Hausaufgabenhilfe für Kinder mit „Migrationshintergrund“.

Paulo Freire schreibt: „Tatsächlich existieren Themen im Menschen, in seinen Beziehungen mit der Welt, im Hinblick auf konkretet Tatsachen… Wir müssen uns vor Augen halten, dass die Hoffnungen, Motive und Ziele, die eine sinnvolle Thematik impliziert, menschliche Hoffnungen, Motive und Ziele sind.“ (Freire 1973, S. 89)

In der Erwachsenenbildung wird zwischen Identitätslernen und Qualifikationslernen unterschieden (wobei auch Qualifikationen Bestandteil der Identität sind). „Identitätslernen“ heißt: Wir identifizieren uns mit sinnvollen Themen. Diese Themen gehören zu unserer Lebensgeschichte. Sie sind uns nicht gleichgültig, nicht äußerlich. Diese Themen sind affektiv „besetzt“, wir freuen uns auf die Beschäftigung mit diesen Themen. Es entsteht ein „Flow-Gefühl“, wir sind ganz „bei der Sache“. Sinnvolle Themen steigern unsere Lebensqualität.

Der Philosoph Wilhelm Schmid hat ein Buch geschrieben mit dem Titel „Mit sich selbst befreundet sein“. Zu einem pfleglichen Umgang mit sich selbst gehört es, dass wir uns Zeit nehmen für Themen, die uns wichtig sind. Früher hat man eine solche Sorge für sich selbst als Muße bezeichnet. Muße meint nicht Müßiggang, der angeblich aller Laster Anfang ist. Muße heißt Besinnung auf sich, Konzentration auf wesentliche Themen. Muße erfordert Entschleunigung, Ruhe. Muße heißt nicht Weltflucht, sondern umgekehrt Wiedergewinnung von Wirklichkeiten.

Zur Suche nach sinnvollen Themen gehört Aufmerksamkeit: in sich hinein horchen. Was empfinde ich, wenn ich ein Buch lese oder ein Bild male?

Zur Aufmerksamkeit gehört Zuwendung, Aufgeschlossenheit, Offenheit für andere und für die Welt. Bildung ist nicht nur eine kontemplative Tätigkeit, sondern auch eine aktive, engagierte Haltung zur Welt.

Wilhelm Schmid schreibt: „Macht der Aufmerksamkeit: Die durch sie vermittelten Energien sind von solcher Intensität, dass ein Mensch darin aufzuleben und aufzublühen vermag, bei ihrem Ausbleiben jedoch in sich zusammensinkt und verkümmert. Sie zu entbehren, kann kränken und krank machen; sie zu erfahren, versöhnen und heilen. In der Ressource, die sie darstellt, ist daher eine Quelle des Lebens ohnegleichen zu sehen." (Schmid 2004, S. 75)

Aufmerksamkeit – auf sich, auf andere, auf die Welt ist mehr als Lernmotivation. Sie ist eine Haltung, eine „Schlüsselkompetenz", die sinnvolles Lernen ermöglicht.

Wir Erwachsenen sind verpflichtet, unsere Erfahrungen – z.B. mit totalitären Systemen, mit Ungerechtigkeit, mit Umweltzerstörung – einzubringen in das öffentliche Gespräch. Aber wir Erwachsenen können auch von der jungen Generation lernen.

Bildungsinteresse heißt auch: Anteil nehmen, dazu gehören, aus Differenzerfahrungen lernen.

Narrative Rekonstruktion der Lernbiografie

Sinnvolle Themen werden nicht einfach „erfunden" oder aus einem Volkshochschulprogramm ausgewählt. Existenzielle, persönlich bedeutsame Themen sind meist biografisch verankert. So kann es hilfreich sein, sich die eigene Lerngeschichte in Erinnerung zu rufen und sich die vergessenen oder verheimlichten Themen bewusst zu machen.

Welches waren die vorrangigen Themen, Lernaufgaben und Herausforderungen im Lauf des Lebens? Was wurde gelernt, was waren lästige Pflichtthemen? Wann und durch wen sind in Kindheit, Jugend und im frühen Erwachsenenalter Lerninteressen geweckt worden? Stand genügend Zeit zur Verfügung, um diese Interessen zu befriedigen? Gab es äußere Barrieren und Hemmnisse, die eine intensive Beschäftigung verhindert haben? Gibt es Interessen, die sich wie ein roter Faden durch das Leben ziehen? Welche Schriftsteller, Lehrer, Idole wurden bewundert? Warum? Mit wem möchte man etwas gemeinsam lernen?

Heiko Ernst schreibt:
„Durch selektives und akzentuierendes Nacherzählen der Lebensgeschichte und durch Aufspüren von ‚vergessenen', unterdrückten oder unterschätzten positiven Momenten wird versucht, die narrative Tonalität zu verändern und eine neue Bewertung der eigenen Erfahrungen zu ermöglichen." (Ernst 1998, S. 204)

Biografische „Erinnerungsarbeit" kann verschüttete Energien freisetzen, sie kann auf ungelebtes Leben aufmerksam machen und neue Zukunftsperspektiven eröffnen.

4.6 Lernberatung durch Metakognition

These: Die Qualität des selbstgesteuerten Lernens wird durch Metakognition verbessert.

Metakognition ist „Denken über Denken“, ein „bewusst steuernder und kontrollierender Zugriff im Blick auf laufende Denk- und Arbeitsprozesse.“ (Kaiser/Kaiser 1999, S. 13)

Die bekannteste metakognitive Äußerung wird Sokrates zugeschrieben: „Ich weiß, dass ich nichts weiß.“

Platon zitiert Sokrates in der *„Apologie des Sokrates“ nach einem Gespräch mit einem überheblichen Zeitgenossen: „Beim Weggehen nun dachte ich bei mir selbst: du bist weiser als dieser Mensch. Denn es hat das Ansehen, dass keiner von uns beiden weiß, weder was schön noch was gut ist; dieser aber meint etwas zu wissen, da er doch nichts weiß; ich aber, so wie ich nicht weiß, so meine ich auch nicht. Ich scheine also in einer Kleinigkeit weiser zu sein; darin nämlich, dass ich das, was ich nicht weiß, auch nicht zu wissen glaube.“*

Diese selbstkritische Feststellung verweist nicht nur auf eine intellektuelle Bescheidenheit oder darauf, dass man immer noch Neues lernen sollte, sondern auch auf die prinzipiellen Grenzen menschlichen Wissens. Uns ist nur die Welt der Erscheinungen zugänglich, nicht aber die der zu Grunde liegenden Ideen. Plato beschreibt in dem Höhlengleichnis, dass alles, was wir wahrnehmen, nur Schatten einer metaphysischen Idee ist. Sich dieser Grenzen menschlichen Erkennens bewusst zu werden, ist Grundlage der Selbsterkenntnis. Metakognition leistet einen Beitrag zur Selbsterkenntnis, Selbsterkenntnis aber ermöglicht eine Einschätzung der eigenen Möglichkeiten und Grenzen. Wer erkennt, warum ihm bestimmte Aufgaben häufig gelingen und andere misslingen, kann seine Handlungspläne entsprechend korrigieren. Er kann versuchen, seine Stärken zu „optimieren“ und seine Schwächen zu „kompensieren“. Insofern trifft die Volksweisheit zu, dass Selbsterkenntnis der beste Weg zur Besserung sei.

In der kognitionspsychologischen Literatur werden folgende Dimensionen unterschieden: *„Metakognitives Wissen und metakognitive Kontrolle. Man bezeichnet ersteres auch als deklarativen, letzteres als exekutiven Aspekt an Metakognition. Metakognitives Wissen beinhaltet (...) Wissen um Personvariablen, Aufgabenvariablen, Strategievariablen. Zum intrapersonalen Wissen zählt das, was man über sein eigenes Denken und Gedächtnis weiß, etwa das Wissen darüber, dass man selbst*

Geschriebenes oder in ein Strukturbild Übertragenes besser behält, schnell aufgibt, wenn sich eine Aufgabe nicht auf Anhieb lösen lässt, mit ruhiger Hintergrundmusik gut lernen kann." (Kaiser/Kaiser 1999, S. 25 f.)

Zur ***personalen Metakognition*** gehört eine metaemotionale Reflexion. **Emotionen** können Lernprozesse fördern, aber auch blockieren. Wer mit Freude bei der Sache ist, lernt besser, als wer sich widerwillig an den Schreibtisch setzt. Auch Lerninhalte sind emotional unterfüttert: Manche Themen, ja sogar Begriffe und Formulierungen machen Spaß, tragen zur Entspannung und Erheiterung bei. Andere Inhalte machen Angst, sind ärgerlich und rufen Vermeidungsreaktionen hervor. Solche Lernemotionen sollen durch Metakognition nicht ausgeschaltet werden – das wäre auch gar nicht möglich. Aber die Produktivität der Emotionalität kann gesteigert werden. So können die Ursachen für lernhemmende Emotionen – zum Beispiel Ärger über einen Text – aufgeklärt werden, und es können Konsequenzen überlegt werden. Die Freude am Lernen kann dadurch gesteigert werden, dass eine Aufgabe gemeinsam mit Freunden bearbeitet wird.

Es geht hier nicht nur um die Lernmotivation – die selbstverständlich ebenfalls emotional geprägt ist, sondern auch um die emotionalen Potenziale der Lerninhalte selber. Luc Ciompi hat darauf hingewiesen, dass viele von uns ein emotionales Bedürfnis nach Übersichtlichkeit, Ordnung, Schemata haben und dass uns unübersichtliche Darstellungen ungeduldig und ärgerlich machen. (Vgl. Ciompi 1997.)

Zur ***aufgabenbezogenen Metakognition*** gehört die Fähigkeit, die Schwierigkeit, die Problemtiefe, auch die thematische Breite und interdisziplinäre Verflechtungen beurteilen zu können. Auf Grund einer solchen thematischen Analyse kann man abschätzen, ob man für dieses Thema oder Fach „geeignet" ist, wie groß der zeitliche und psychische Aufwand sein wird. Viele vorzeitige „Drop-outs" in Fremdsprachenkursen sind auf eine Fehleinschätzung der erforderlichen Lernanstrengung, Lernausdauer, Lerngeduld zurückzuführen. Zu klären ist auch, ob man sich lediglich einen Überblick über einen Themenbereich verschaffen will, ob man für einen bestimmten Zweck nur an einem Teilgebiet interessiert ist oder ob man längerfristig eine Expertenschaft anstrebt.

Hilfreich kann hierbei der Begriff des ***Interimswissens*** sein. Dieser Begriff beinhaltet zwei Bedeutungsdimensionen:

a) Wissen ist prinzipiell vorläufig, Wissen veraltet, Wissen muss immer wieder revidiert werden, Wissen ist beobachtungs-, zeit- und kontextabhängig. (Vgl. Müller 1996, S. 48.)
b) In der individuellen Lernbiografie gibt es unterschiedliche Stufen der Expertenschaft. Im Berufsleben, aber auch in der außerberuflichen Lebenswelt ist immer wieder das Anspruchsniveau zu klären. Niemand ist Experte auf mehreren Gebieten. Ein Halbwissen ist häufig erforderlich, aber auch – für bestimmte Verwendungssituationen – ausreichend. Wichtig ist jedoch, dass man sich der Begrenztheit dieses Interimswissens bewusst ist, dass man sich noch kein Urteil über das gesamte Gebiet anmaßt.

Eine metakognitive, aufgabenbezogene Fähigkeit von wachsender Bedeutung ist die Beurteilung der Relevanz und Wichtigkeit eines Themas. Angesichts der Überfülle des zugänglichen Wissens, angesichts der gesellschaftlichen Dringlichkeit so vieler „Sorgethemen“ ist es fast eine psychohygienische Notwendigkeit, Wichtiges von weniger Wichtigem, Interessantes von weniger Interessantem, Aktuelles von Überdauerndem unterscheiden zu können. Metakognition erleichtert es, die eigenen generativen, nachhaltigen Themen zu finden und mit Geduld zu verfolgen.

Metakognitives Strategiewissen bezieht sich auf die Wege des Lernens. Dazu gehören Kenntnisse über die Informationsbeschaffung und Informationsverarbeitung, über audiovisuelle Medien und Bildungsangebote. Zur Strategie gehört auch die biografische Lern- und Lebensplanung, der Entwurf einer eigenen Lernkultur: Was will ich mit welchem Aufwand in welcher institutionellen Form und mit welchen „Lernpartnern“ lernen? Welcher Lernverbund – Kurse, CD-Rom, Studienreise, Buchlektüre, informelle Gruppen – passt zu mir und ist der Thematik angemessen? Eine solche Metakognition bezieht sich also auf die berufliche und außerberufliche „Bildungsplanung“.

Metakognitives Kontrollwissen vergewissert sich der Lernergebnisse und Lernfortschritte. Eine solche Selbstevaluation ist die Grundlage für weitere Lernschritte. Dabei ist es meist relativ einfach, den eigenen Wissenszuwachs festzustellen. Schwieriger ist es dagegen, den Erwerb und die Vertiefung kognitiver Fähigkeiten (zum Beispiel Abstraktion, zirkuläres Denken) zu beurteilen. Eine weitere Schwierigkeit liegt in der Latenz vieler Lerneffekte: Neue Deutungen und Kompetenzen bleiben zunächst latent, verborgen und äußern sich erst später in neuen Verwendungssituationen. In der lernpsychologischen Literatur wird von einem „Sleeper-Effekt“ gesprochen. Zur Selbstevaluation gehört eine differenzierte Kausalattribuierung. Eine Fremdattribuierung schreibt die Ursachen für Lernerfolge/Misserfolge äußeren Faktoren zu, eine Selbstattribuierung definiert Erfolge und Defizite als eigene Leistung beziehungsweise als Versagen. Die Konsequenz solcher metakognitiven Kontrollen kann sein, das Anspruchsniveau und den Schwierigkeitsgrad der Aufgaben zu korrigieren, die Lernschritte und das Lerntempo den eigenen Fähigkeiten anzupassen, die Arbeitsform zu wechseln (zum Beispiel mehr in Gruppen zu lernen), sich gezielt Lern- und Studientechniken anzueignen etc.

Allerdings lassen sich solche formalen Fähigkeiten nicht losgelöst von konkreten Inhalten erlernen. So ist auch in der Debatte über Schlüsselqualifikationen eine Ernüchterung erkennbar. *„Versteht man unter ‚Lernen lernen‘ den systematischen Erwerb eines Systems allgemeiner Lern- und Denkstrategien, so ist dies zwar möglich, doch ist der praktische Nutzen (...) geringer als oft erwartet. (...) Je allgemeiner eine Regel, eine Strategie oder eine Heuristik ist, (...) desto geringer ist ihr Beitrag zur Lösung anspruchsvoller inhaltlicher Lern- und Denkaufgaben.“ (Weinert/Schrader 1997, S. 299f.) Denn: „Lernen und Denken sind inhaltsspezifischer als in der formalen Bildungsdoktrin behauptet wird.“ (ebenda S. 303) So ist es wenig ergiebig, un-*

abhängig vom Thema metakognitive Übungen durchzuführen. Sinnvoller erscheint es, bei der inhaltlichen Lernarbeit metakognitive Reflexionen und Rückkoppelungen „mitlaufen" zu lassen. Zu beachten ist ferner, dass „die Fähigkeit zur Introspektion als Quelle metakognitiver Erfahrungen (...) durch Belehrung und Training zwar ergänzt, aber nicht ersetzt werden kann." (ebenda, S. 312)

Die Aufgabe von Kurs-/Seminarleitern besteht darin, als Experten für Metakognition reflexive Lernprozesse zu beobachten, bewusst zu machen, zu optimieren.

Wie bereits erwähnt, kann Erkennen als Beobachten auf Grund von Unterscheidungen definiert werden. Eine professionelle pädagogische Kompetenz ist die – ***„Beobachtung zweiter Ordnung"***: Der Pädagoge beobachtet nicht was, sondern wie die Teilnehmer beobachten. In der amerikanischen Literatur wird diese Kompetenz als ***„reading"*** bezeichnet. Der Coach „liest" anhand verbaler und nonverbaler Äußerungen, wie die Teilnehmer ihr Thema suchen und finden, welche Unterscheidungen sie vornehmen, welche „blinden Flecke" sie haben.

Der Seminarleiter beobachtet zum Beispiel
- ob dualisierend argumentiert wird (entweder – oder),
- ob positivistisch gedacht wird (richtig oder falsch),
- ob konkretistisch gedacht wird (Einzelfälle ohne Verallgemeinerung),
- ob ein Transfer schwer fällt (Anwendung von Regeln auf Praxis),
- ob mechanistisch gedacht wird (lineare Ursache-Wirkung-Ketten),
- ob generalisiert wird (Pauschalurteile),
- ob ein Perspektivenwechsel stattfindet (keine einseitige Positionsbehauptung),
- ob zwischen Meinungen und empirischen Fakten unterschieden wird,
- ob aufmerksam/wohlwollend zugehört wird,
- ob Gegenargumente berücksichtigt werden,
- ob komplexe Theorien zu sehr trivialisiert werden,
- ob Teilnehmer vom Thema abweichen,
- ob Lernwiderstände und Lernverweigerungen vorliegen,
- ob theoretische Begriffe umgangssprachlich verwendet werden,
- ob emotional gewertet wird,
- ob über Nebensächlichkeiten gestritten wird,
- ob man (unter Umständen zu sehr) an Details interessiert ist,
- ob Verschiedenes vermischt wird,
- ob der „rote Faden" verloren geht.

Selbstverständlich sind auch die Beobachtungen der Seminarleiter „Ansichtssache", allerdings kann diese Beobachtungskompetenz trainiert werden. Beobachtungen, die für den Seminarverlauf relevant und für die Lernkompetenz anregend sind, sollten thematisiert werden. Das gilt selbstverständlich auch für Beobachtungen der Teilnehmer, die den Seminarleiter betreffen. Solche Rückmeldungen sind Deutungsangebote. Ob und wie sie wahrgenommen und verarbeitet werden, bleibt in der Verantwortung des Einzelnen. Metakognitive Beobachtungen sollten nicht als Kritik mitgeteilt werden, sondern als Anregungen zur Selbstreflexion und zur „Erweiterung der Möglichkeiten".

Metakognition verbessert nicht nur die Effektivität des Lernens, sondern auch die Flexibilität des Denkens und der Problemlösungen. Dietrich Dörner bezeichnet diese mentale Flexibilität als ***„operative Intelligenz"***. *„Operative Intelligenz nennen wir all das, was jemand mitbringt an Wissen über den Einsatz seiner intellektuellen Fähigkeiten und Fertigkeiten. (...) Manchmal ist es notwendig, genau zu analysieren, manchmal sollte man nur grob hingucken. Manchmal sollte man sich also ein umfassendes, aber nur ‚holzschnittartiges' Bild von der jeweiligen Situation machen, manchmal hingegen sollte man den Details viel Aufmerksamkeit widmen. Manchmal sollte man viel Zeit und Energie in die Planung stecken, manchmal sollte man genau dies bleiben lassen. (...) Manchmal sollte man mehr ‚ganzheitlich', mehr in Bildern denken, manchmal mehr ‚analytisch'. Manchmal sollte man abwarten und beobachten, was sich so tut; manchmal ist es vernünftig, sehr schnell etwas zu tun."* (Dörner 1993, S. 298)

Potenzialbeurteilung – ein neuer Trendbegriff?

In der Literatur zum beruflichen Bildungsmanagement scheint ein neuer Begriff Karriere zu machen: der der Potenzialbeurteilung.

„Das Potenzial ist die Gesamtheit der für das gesamte Leistungsvermögen eines Unternehmens zur Verfügung stehenden Kenntnisse, Begabungen und Fähigkeiten der Mitarbeiter. Die Beurteilung des Potenzials unterscheidet sich von der traditionellen Leistungsbeurteilung in erster Linie durch eine stärkere Zukunftsorientierung." (Jung 2000, S. 198)

Potenzialbeurteilung ist in der Schnittmenge von Organisationsentwicklung, Personalentwicklung und Lernberatung zu verorten. Sie knüpft an Konzepte der Kompetenzentwicklung, des Coaching, des Assessment Center und Ähnliches an, betont aber stärker die individuellen Entwicklungsmöglichkeiten und verbindet eine biografische Bilanzierung mit einer Zukunftsplanung.

Neben den bekannten psychologischen Testverfahren – Fähigkeitstest, Lernstiltest, Persönlichkeitstest – kommt biografischen Interviews eine beson-

dere Bedeutung zu. Dabei sind auch frühere außerberufliche Aktivitäten von Interesse, zum Beispiel politisches Engagement in Gewerkschaften, Leitungstätigkeit in Sportvereinen, nebenamtliche Lehrtätigkeiten, Betreuung von Jugendgruppen.

Ermittelt werden kognitive und sozialemotionale Potenziale, aber auch Interessenschwerpunkte, Einstellungen, Leistungsmotivationen etc.

Der betriebliche Nutzen solcher Diagnosen besteht unter anderem darin:

- *„Die Personalentwicklung erhält wichtige Informationen über den aktuellen und zukünftigen Bildungsbedarf.*
- *Individuelle ‚Entwicklungspfade' für die Mitarbeiter können geplant werden, die ihren unterschiedlichen Motiv- beziehungsweise Bedürfnisstrukturen entsprechen." (Jung 2000, S. 200)*

Auch bei Studienberatungen können solche Potenzialanalysen hilfreich sein.

4.7 Moderation als Lernhilfe

Durch Moderation sollen die Lern- und Problemlösungspotenziale einer Gruppe optimal genutzt werden. Moderation ist im Normalfall keine Methode der Wissensvermittlung, sondern eine themen- und aufgabenbezogene Leitung. Moderiert werden

a) ***Lerngruppen*** (zum Beispiel Frauengesprächskreise, Zukunftswerkstätten, Pro- und Contra-Diskussionen).
b) ***Arbeitsgruppen*** (zum Beispiel Dienstbesprechungen, Qualitätszirkel, Bürgerinitiativen, Parteigremien)
c) ***Expertengruppen*** (zum Beispiel Podiumsdiskussionen, Anhörungen).

Die Moderation soll die Selbstverantwortung der Gruppen nicht einschränken, auch nicht durch Lösungsvorschläge von außen, sie soll die Selbstlernprozesse durch Strukturierungen, Visualisierungen und Rückmeldungen unterstützen. Wesentliche Prinzipien sind

- Offenheit für Ideen der Gruppe
- Wechselseitige Anerkennung
- Transparenz (Warum wird Metaplan verwendet?)
- Visualisierung der Aufgaben
- Strukturierung der Lern- und Handlungsschritte
- Gemeinsame Entscheidungen (zum Beispiel über Prioritäten)
- Ziel- und Aufgabenorientierung
- Selbstverantwortung der Gruppe.

Ein Ziel der Moderation ist kommunikative Kompetenz. Martina und Johannes Hartkemeyer haben ein Lernprogramm zur Dialogfähigkeit erprobt: *„Die dialogischen Kernfähigkeiten zu üben (...), kann uns großen Gewinn fürs tägliche Leben bringen. Zahlreiche Teilnehmer aus unseren Dialogseminaren berichten vom positiven Einfluss ihrer Dialogerfahrung auf Beziehungen verschiedenster Art. Eltern erleben Durchbrüche in der Kommunikation mit ihren Kindern, Ehepartner finden einen neuen, intensiven Zugang zueinander; Lehrerinnen begegnen ihren Schülern intensiver; Mitarbeiter können offener aufeinander zugehen; Manager kommunizieren auf eine menschlichere Weise.“* (Hartkemeyer/Dhority 1998, S. 44)

Moderation ist weniger geeignet für ein Training von Skills oder eine systematische Wissensvermittlung, obwohl gelegentlich zusätzliches Wissen angeeignet werden muss – zum Beispiel durch Textlektüre, mit Hilfe externer Experten, in Ausnahmefällen auch durch einen „Input" des Moderators.

Das Konzept der Moderation entspricht dem kognitionspsychologischen Modell der ***situierten Kognition***. Kognitionen sind umso nachhaltiger, je mehr sie an konkrete Verwendungssituationen angekoppelt sind. Die Aufgaben und Projekte sollten exemplarisch sein, einen Transfer ermöglichen und subjektiv relevant und authentisch sein. Moderationen sollten die Handlungsziele nicht aus den Augen verlieren und ergebnisorientiert sein.

Moderation als Lernhilfe fördert strukturierendes, systematisches Denken. Manche Gruppen sind kreativ und ideenreich, aber es fehlt ein ordnendes Denken, das bündelt, was zusammen passt, und unterscheidet, was getrennt werden sollte, das Begriffe und Vorschläge klassifiziert und in eine logische oder zeitliche Reihenfolge bringt.

Eine solche strukturierende Moderationsmethode ist das Clustern. Stichworte, Ideen und Vorschläge, die auf Kosten oder per Zuruf gesammelt wurden, werden zu Sinneinheiten zusammengefasst. Es werden Oberbegriffe gesucht, und es wird überprüft, welche Begriffe vergleichbar sind und auf einer Ebene zu verorten sind. An dieser Aufgabe des ***Clusterns*** sollte die gesamte Gruppe beteiligt werden. Ein solches ordnendes Denken erleichtert es, die Wirklichkeitskonstruktionen zu klären, zu präzisieren und in Handlungspläne zu übersetzen. In diesem Sinn hat der Schweizer Psychologe Hans Aebli Denken als ein „Ordnen des Tuns" bezeichnet.

Der ***Moderator*** sollte ein aufmerksamer Lernbeobachter sein. Er hat darauf zu achten, ob die Gruppenmitglieder von ähnlichen Annahmen und Voraussetzungen ausgehen, ähnlich motiviert sind, über kompatible Handlungsziele und Interessen verfügen. Er muss den Kenntnisstand und das kognitive Niveau in der Gruppe abschätzen, um realisierbare Ziele vereinbaren zu können. Er muss Stärken und Schwächen erkennen, um die vorhandenen „Ressourcen" optimal zu nutzen. Er muss die Zurückhaltenden ermuntern und die Wortführer bremsen. Wichtig ist die ständige Vergewisserung, ob alle Beteiligten noch „bei der Sache" sind und sich mit der Aufgabenstellung identifizieren.

Der Moderator sollte geduldig und aufmerksam sein, er sollte der Versuchung widerstehen, seine Lösungen vorzuschlagen, er sollte animieren und strukturieren können. In Phasen, in denen die Gruppe abschweift, zerstritten ist oder unkonzentriert wirkt, muss der Moderator einen neuen „Lernkontext" anbieten. (unter Umständen auch einen Spaziergang, eine Kaffeepause, ein Blitzlicht etc.).

Der Moderator sollte die Gruppe durch positive Rückmeldungen motivieren, aber auch auf „blinde Flecke" aufmerksam machen. Gelegentlich kann es hilfreich sein, zu perturbieren und zu irritieren, unerwartete Fragen zu stellen und zum Querdenken zu ermuntern. Wenn Gruppen dazu neigen, nach dem Prinzip des „mehr desselben" an bewährten Problemlösungsmustern festzuhalten, kann eine verfremdende Beobachterperspektive anregend sein.

Dass das Festhalten an scheinbar bewährten Lösungen oft selber Teil des Problems ist, hat Paul Watzlawick demonstriert. Bekannt ist seine Anekdote:
„Unter einer Straßenlaterne steht ein Betrunkener und sucht und sucht. Ein Polizist kommt daher, fragt ihn, was er verloren habe, und der Mann antwortet: ‚Meinen Schlüssel.“ Nun suchen beide. Schließlich will der Polizist wissen, ob der Mann sicher ist, den Schlüssel gerade hier verloren zu haben, und jener antwortet: ‚Nein, nicht hier, sondern dort hinten – aber dort ist es viel zu finster.‘“ (Watzlawick 2000, S. 27)

Im Unterschied zur ***Mediation*** geht es bei der Moderation nicht primär um eine Konfliktlösung streitender Parteien. Meinungsunterschiede sind für den Moderator oft willkommener Anlass für reflexive Lernprozesse. Zu viel Übereinstimmung ist oft unerwünscht, so dass der Moderator gelegentlich vernachlässigte Perspektiven zur Sprache bringen muss. Nicht die reibungslose Verständigung ist lerntheoretisch erstrebenswert, sondern die Auseinandersetzung mit abweichenden Positionen, die Konfrontation der eigenen Wirklichkeitskonstruktion mit konkurrierenden Sichtweisen.

Das Repertoire an Moderationstechniken ist vielfältig:

- ***Brainstorming:*** Möglichst viele Ideen, Assoziationen, Vorschläge zum Thema sammeln.
- ***Kartenabfrage:*** Alle Beteiligten schreiben ihre Fragestellung, Zielsetzung, Motivation auf eine Karte, die an eine Pinwand geheftet wird.
- ***Punktwertung:*** Bei unterschiedlichen Vorschlägen und Zielen vergeben die Beteiligten Punkte, um Wichtigkeit und Prioritäten zu ermitteln.
- ***Mind map:*** Die Beteiligten erstellen „kognitive Landkarten“ mit ihren Ideen und Verknüpfungen.
- ***Blitzlicht:*** Alle Beteiligten teilen in einem Satz ihre Meinung zu dem Problem oder auch ihre momentane Befindlichkeit mit (zum Beispiel in kritischen Phasen der Gruppenarbeit).
- ***Anonyme Befragung:*** Die Gruppenmitglieder äußern sich schriftlich zum bisherigen Verlauf der Gruppenarbeit (zum Beispiel als Satzergänzung: „Mir hat bisher gefallen ...“/„Mir hat bisher nicht gefallen ...“).

Lernberatung in Seminaren ist eher Beratung „en passant“, „mitlaufende“ Beratung. „Gute“ Lehrkräfte beherrschen nicht nur ihr Fach und ihre Fachdidaktik, sie können auch einen Perspektivenwechsel vornehmen und sich in die Situation der Teilnehmer versetzen. Sie haben ein Gespür für das, was dieser Gruppe schwer fällt und ihr Spaß macht. Erfahrene Lehrende können sich einen Eindruck von den Lernvoraussetzungen, den Vorkenntnissen, den Verwendungssituationen, den Denkstilen, den Lernschwierigkeiten verschaffen. Zur professionellen Lehrkompetenz gehört die Fähigkeit des „reading and flexing“, d.h. die Lerngruppe „lesen“ können und teilnehmerorientiert und situationsangemessen reagieren. Zur Lerndiagnose gehört eine „Beobachtung II. Ordnung“, d.h. die Beobachtung, wie die Teilnehmer ihre Wirklichkeit und ihren Lerngegenstand beobachten. Der Kursleiter sollte ein Gespür für die möglichen Lernbarrieren und Fehlerquellen haben. Lernförderlich ist eine „dosierte Diskrepanz“, d.h. eine leichte Spannung zwischen dem Ist-Zustand der Lernenden und dem Soll-Zustand.

Auch in der Erwachsenenbildung sind Lehrende für viele Teilnehmer ein „Modell“, ein Vorbild, das sie imitieren. Wichtig ist es deshalb, dass die Lehrenden nicht nur Wissen vermitteln, sondern miterleben lassen, wie dieses Wissen zustande gekommen ist. Fachliches Wissen muss wieder „verflüssigt“ werden, es sollten die Prozesse der Wissensproduktion nachvollziehbar gemacht werden. Es ist nicht leicht, als Lehrender die Rolle eines Lernenden einzunehmen.

Lehrende als Lernberater sollten die Ressourcen der Seminargruppe nutzen. Die TeilnehmerInnen können angeregt werden, miteinander und voneinander zu lernen. Lernen ist zum großen Teil Differenzerfahrung, d.h. die Erkenntnis, dass auch andere Wirklichkeitsbeobachtungen und Lösungen denkbar sind.

So können Lerntandems gebildet werden, die gemeinsam einen Text lesen, die vergleichen, was sie unterstrichen haben, die ihre Notizen und ihre Lerntagebücher austauschen, die gemeinsam kognitive Landkarten anfertigen, die Pro- und Contra-Argumente sammeln.

Das Lernen Erwachsener ist ein konstruktiver, aktiver, situativer, sozialer Prozess. Selbstorganisation kann gefördert werden durch Lernarrangements, bei denen der Lehrende als Wissensvermittler sich soweit wie möglich zurück zieht. Die Lehrenden stehen als Lernhelfer zur Verfügung, aber auch als „critical friends“, die die Lernfortschritte und Lernergebnisse freundlich-kritisch kommentieren.

4.8 Lernarrangements

These: Lernfähigkeit lässt sich nicht lehren. Aber gelernt wird in Kontexten, die sich didaktisch gestalten lassen.

Die curriculumtheoretische Didaktik basiert auf der Überzeugung, Lernprozesse Erwachsener zielgerichtet planen und steuern zu können. Voraussetzung dafür ist ein technologisches, behavioristisch inspiriertes Design: Operationalisierung der Lernziele, Programmierung der Lernschritte, Kontrolle der Lernfortschritte durch standardisierte Lerntests etc. Inzwischen hat sich gezeigt, dass eine solche Programmierung des Lernens nur beim Training von Skills und bei einer reinen Wissensvermittlung sinnvoll ist. Bei komplexen Aufgaben ist eine rigide Fremdsteuerung des Lernens weder möglich noch wünschenswert.

Inzwischen ist eine Wende der didaktischen Wahrnehmung erkennbar: Das lineare Planungs- und Steuerungsmodell wird abgelöst durch die Gestaltung von Lernumgebungen. (Vgl. Kösel 1993; Friedrich/Mandl 1997, S. 258; Weinert/Schrader 1997, S. 324; Reinmann-Rothmeier/Mandl 1997, S. 379; Müller 1996, S. 71; Arnold/Müller 1999.) Lernumgebungen – gelegentlich auch als Lernarrangement, Lernsetting, Lerndesign bezeichnet – sollen selbstgesteuerte, kreative Lernprozesse anregen. Eine solche offene Struktur trägt der Individualität der Lernprojekte und Lernwege Erwachsener Rechnung. Während das linear-curriculare Denken mechanistisch ist, kann dieses Konzept als systemisch bezeichnet werden. Ein Seminar mit Lernräumen, Lernzeiten, audiovisuellen Medien, Wandzeitungen, Büchern, Lerngegenständen, Teilnehmer/innen, Seminarleiter/innen, Lehrplänen und Ähnlichem ist ein komplexes, dynamisches, auch chaotisches System. Dieses System verfügt über Ressourcen für Lernprozesse. Nicht nur das Expertenwissen eines Referenten ist eine solche Ressource, sondern auch das Vorwissen, die Erfahrungen, die Fragestellungen aller Beteiligten. Häufig profitieren Lernende mehr von den Diskussionsbeiträgen und Erfahrungsberichten anderer Teilnehmer als von einem Fachreferat. Auch die Seminargruppe selber ist eine didaktische Ressource: Probleme der Kommunikation, Verständigung und Kooperation kann die Gruppe selbstreflexiv an sich beobachten. Die Gruppe verfügt über ein Potenzial an Problemen, Fragen, Aufgaben. So ist die Vereinbarung gemeinsamer Lernziele und Fragestellungen bereits eine konstruktive Leistung.

Zum systemgerechten Verhalten gehört die Mitverantwortung aller Beteiligten für den Seminarverlauf. Auch hilfreiche Kritik ist eine Systemressource. Die Aufgabe der Seminarleitung kann eine „Perturbation", eine anregende Irritation, zum Beispiel eine provokative Zwischenfrage sein. „Dieser Begrifflichkeit liegt die Einsicht zu Grunde, dass man in komplexe Systemzusammenhänge nicht wie ein Feldmarschall intervenieren kann, man kann sie nur stören beziehungsweise anregen. Und die zentrale Frage für Führungskräfte lautet in der Tat, wie man systemgemäß stört, das heißt, wie man durch sein Verhalten die Systemkräfte so in Bewegung versetzt, dass sie sich neu (...) einpendeln können." (Arnold 2000, S. 36)

Auch Seminare können als Systeme betrachtet werden. Systeme aber sind störanfällig. Eine unüberlegte Bemerkung, durch die sich Teilnehmerinnen gekränkt fühlen, ein ironischer Kommentar, dessen Ironie nicht erkannt wird, können – als Schmetterlingseffekt – den weiteren Verlauf eines Seminars nachhaltig beeinflussen. Ähnliches gilt für nonverbale Signale wie demonstratives Kopfschütteln. Interventionen sollten behutsam und reversibel, das heißt korrigierbar sein. Die Seminarleitung muss Kontingenzen und Mehrdeutigkeiten, Missverständnisse einkalkulieren. Es müssen wechselseitige Erwartungserwartungen geklärt werden. In Seminaren muss ständig neu ein Fließgleichgewicht hergestellt werden zwischen Inhalts- und Beziehungsebenen, kognitiven und emotionalen Anteilen, anstrengenden und entspannenden Phasen. Seminarleiter müssen akzeptieren, dass manche Lernprozesse ohne ihre Anwesenheit produktiver verlaufen.

Systemisch-konstruktivistisch betrachtet ist der Zusammenhang zwischen Lehren und Lernen lockerer als es die Pädagogik (meist) unterstellt.

„Unter einer konstruktivistischen Beobachtungsperspektive braucht es nicht mehr zu überraschen, dass die Teilnehmer vielfach nicht das lernen, was gelehrt wurde, dass sie etwas anderes lernen, was gar nicht gelehrt wurde oder dass auch sehr erfolgreich gelernt wird, obwohl gar nicht gelehrt wurde." (Schäffter 1998, S. 135)

Nicht selten haben Teilnehmer das Gefühl, in dem Seminar zwar nicht viel gelernt zu haben, aber sie wurden angeregt, in anderer Form – zum Beispiel selbstgesteuert – das Thema weiter zu verfolgen. Auch ein vorzeitiger Kursabbruch muss nicht die Beendigung des Lernprojekts bedeuten.

Die Wirklichkeiten eines Seminars sind vielschichtig. So skizziert Ortfried Schäffter ein Eisberg-Modell der organisierten Erwachsenenbildung, bei dem das intendierte Lernen und das offizielle Curriculum lediglich die Spitze bilden, während latente und basale Lernprozesse der Seminarleitung meist verborgen bleiben. (Schäffter 1998, S. 139)

Charakteristisch für systemisch-konstruktivistische Lernarrangements ist nicht die Vermittlung gesicherten Wissens, sondern eine Reflexion und Erweiterung von Wirklichkeitskonstruktionen. Dazu gehören vier didaktische Verfahren:

- ***Perspektivenwechsel:*** Ein Lernthema aus unterschiedlichen Perspektiven und Interessenstandpunkten betrachten, unterschiedliche Perspektiven „verschränken“.
- ***Differenzerfahrungen:*** Unterschiedliche Beobachtungen und Deutungen in einer Gruppe als Denkanstoß und „Erweiterung von Möglichkeiten“ nutzen, auf Positionsbehauptungen verzichten.
- ***Perturbationen:*** Scheinbar selbstverständliche Wahrheiten durch Irritationen, durch Provokationen, Querdenken, Übertreibung „erschüttern“; verdeutlichen, dass alles auch ganz anders gesehen werden kann.
- ***Reframing:*** Ein Thema umdeuten, in einem veränderten Kontext neu beleuchten und bewerten.

Zu einem Seminar als Lernsystem gehört eine spezifische Lernkultur. Lernkultur beinhaltet hier die Ästhetik eines Seminars – zum Beispiel die Bilder, die Kleidung, die Umgangsformen. Wie lernen, reden, arbeiten die Beteiligten miteinander? Wie ist das Verhältnis von Nähe und Distanz, von Kooperation und Rivalität, von Unterstützung und Besserwisserei? Die Lernkultur wird geprägt durch die Atmosphäre und durch den Stil, auch durch Takt und wechselseitige Anerkennung.

So können gemeinsam Vereinbarungen getroffen werden, wie sie zum Beispiel für sokratische Gespräche gelten: Fragen, wenn man etwas nicht verstanden hat, um Klärung eines neuen Begriffs bitten, nach Beispielen für abstrakte Thesen suchen, andere Teilnehmer bei der Suche nach Argumenten unterstützen, keine rhetorischen Fragen oder „Fangfragen“ stellen, den „roten Faden“ der Diskussion beachten, an vorausgegangene Beiträge anknüpfen etc. Die Erarbeitung solcher Vereinbarungen kann in manchen Seminaren bereits ein wichtiges Lernziel sein. Zur Lernkultur kann auch gehören, die Konstruktivität der Wirklichkeiten und die Beobachtungsabhängigkeit von Wahrheiten ernst zu nehmen. Daraus resultiert der Verzicht auf Belehrungen sowie das Interesse an den Erfahrungen und Deutungen anderer.

Konstruktivistische Seminarkulturen

Konstruktivistisch inspirierte Seminarkulturen

- *bestehen aus Kommunikation; Kommunikation aber setzt Anschlussfähigkeit voraus*
- *ermöglichen individuell unterschiedliche Zugänge zum Thema (zum Beispiel systematisch, schematisch, exemplarisch, erfahrungsorientiert)*
- *lassen die Konstruktivität und Beobachtungsabhängigkeit von Wirklichkeit erkennen*
- *fördern einen Perspektivenwechsel und Perspektivverschränkungen in der Gruppe*
- *verändern die Kontexte der Lerninhalte (Transfer)*

- *regen ein Lernen durch Differenzerfahrungen und Perturbation an*
- *prüfen die psycho-hygienische Zumutbarkeit von Themen und Methoden*
- *unterstützen eine kognitive Emergenz, das heißt Eigendynamik der Lerninhalte (Lerninhalte sind nicht „vorhanden")*
- *berücksichtigen die biografischen Ankerplätze für neues Wissen*
- *reflektieren die subjektive Relevanz und Viabilität, das heißt Brauchbarkeit des Gelernten*
- *fördern und evaluieren den Aufbau von Wissensnetzen (Mind Map) und kognitiven Strukturen, das heißt die Architektur des Wissens (anstatt Vermittlung von Stoff)*
- *enthalten lernanregende Umgebungen (Bücher, Bilder, Lerngegenstände, Wandzeitungen etc.)*
- *werden nicht durch eine Seminarleitung „gesteuert", aber der Seminarleiter ist Teil des Systems*
- *verzichten auf eine normative Postulatpädagogik.*

Die Vielfalt der „neuen" Lerngelegenheiten lässt sich wie folgt typologisieren:

- ***Typ I: autodidaktisches Lernen***
  (selbstorganisiertes und selbstbestimmtes Lernen)
- ***Typ II:partnerschaftliche Lernsettings***
  (z.B. Alt und Jung, fremdsprachliche Tandems, bikulturelles Lernen, Wissensbörsen)
- ***Typ III: Lernberatung***
  (Mentoring, Coaching, Supervision, „Senioren beraten junge Existenzgründer")
- ***Typ IV: informelle Lernsettings***
  (z.B. Museen, Selbstlernzentren, literarische Gesprächskreise, Bildungsreisen)
- ***Typ V: biografisches Lernen***
  (z.B. Erzählcafé, Geschichtswerkstatt, Zeitzeugenbefragung, Schreibwerkstatt)
- ***Typ VI: mobile Lernorte***
  (z.B. Informationsbusse gegen Rassismus, zur Berufsberatung von Frauen, EDV-Busse für SeniorInnen)
- ***Typ VII: bürgerschaftliches Engagement***
  (z.B. Lernen in Bürgerinitiativen, Qualifizierung für ehrenamtliche Tätigkeit, Kampagnen gegen Gewalt)
- ***Typ VIII: erlebnisintensives Lernen***
  (z.B. Outdoor-Seminare, Lernfeste, alternative Stadtrundfahrten, Theaterpädagogik, Zirkuspädagogik)
- ***Typ IX: arbeitsintegriertes Lernen***
  (z.B. Qualitätszirkel, Unterweisung am Arbeitsplatz, Lernen durch Organisationsentwicklung, Wissensmanagement)

- ***Typ X: multimediales Lernen***
(z.B. E-learning, Verbund Fernstudium mit Direktphasen und Tutoring, Chatgroups)
- ***Typ XI: lernende Regionen***
(z.B. lokale und regionale Netzwerke, Verbund Betriebe, Schulen, Erwachsenenbildung)

4.9 Lerndiagnosen

Lerntagebücher

Ritualisierte Lerngewohnheiten fördern die Lernfähigkeit. Dazu können regelmäßige Tagesrückblicke gehören, d.h. Besinnungen auf die Lernsituationen des Tages: Was habe ich erlebt, was habe ich gelesen, was habe ich mit wem besprochen? Wie habe ich mich in bestimmten Situationen verhalten? Wie habe ich mich gefühlt?

Eine Form der Selbstevaluation ist ein Lerntagebuch: Was habe ich Neues erfahren und gelernt? Was möchte ich in Erinnerung behalten? Habe ich Lernanregungen erhalten?

Das Lerntagebuch kann sich auf die Lektüre eines Buches, auf ein Gespräch mit Freunden, auf eine Fernsehsendung, aber auch auf eine Seminarteilnahme beziehen.

Ein Lerntagebuch ist ein Seminarprotokoll: Was war neu, was war interessant, womit war ich einverstanden, womit nicht? Was ist mir noch unklar, was möchte ich noch klären?

Ein solches Lerntagebuch kann systematisiert werden:

a) Lernthemen, Inhalte
b) Lernerlebnisse, Einsichten, Ideen
c) Offene Frage, unklare Begriffe

In einem Seminar können die Lerntagebücher ausgetauscht und verglichen werden oder sie können in der Gruppe vorgelesen werden. Gelegentlich können sie auch den DozentInnen als Feedback zur Kenntnis gegeben werden. Lerntagebücher tragen dazu bei, Seminare intensiver und bewusster zu erleben und nachhaltiger zu lernen. Diese Tagebücher schärfen die Aufmerksamkeit – sich selbst, der Umwelt und den Mitmenschen gegenüber. Die Maxime der Lerntagebücher lautet: ***„Reflect back und look ahead“***. Auch Lehrenden ist zu empfehlen, ein solches Lehr-Lerntagebuch zu führen.

Lerndiagnostik gehört zum professionellen Know-how eines Pädagogen. Zur Lerndiagnose gehört der Blick für die Stärken, Schwächen und Routinen der Lernenden. Aber auch Leistungskontrollen, Tests, Metakommunikation, Lerntagebücher erleichtern eine Lerndiagnose.

Lernfähigkeiten sind bereichsspezifisch („Domänen") differenziert. Die Lernpsychologie hat sich mehr und mehr von der Annahme einer fachübergreifenden, formalen Lernkompetenz oder Intelligenz verabschiedet. Fremdsprachenerwerb, mathematisches Denken, organisatorische Kreativität, kommunikative Kompetenz – dies sind verschiedene Bereiche, die sich im Verlauf der Lerngeschichte unterschiedlich entwickelt haben. Deshalb sollte eine Lernberatung nicht inhaltsneutral erfolgen.

Außerdem lassen sich Lernfähigkeiten nach ihrer Tiefenstruktur, d.h. nach ihrer Verankerung in der Persönlichkeitsstruktur unterscheiden:

Abb. 11: Ebenen der Lernberatung

Mit zunehmendem Alter (wobei nicht primär das biologische Alter gemeint ist) fällt es schwerer, die „tieferen" Schichten nachhaltig zu verändern. Da diese Schichten unser Selbst ausmachen und das Ergebnis von Lebenserfahrungen und Lebensverhältnissen sind, sollten Modifikationen behutsam und nur auf Wunsch des Ratsuchenden angeregt werden. Es geht nicht um eine normative Beratung („du sollst das ändern"), sondern um eine optionale Perspektive („du kannst das ändern, wenn du willst"). Die Spitze der Lernfähigkeitspyramide bildet deklaratives Wissen über Lernangebote, Rahmenbedingungen, Informationsbeschaffung, Bibliografien, neue Medien, Kosten, Zeitaufwand, Prüfungsanforderungen, beruflicher Nutzen u.ä.

Diese Ebene der Beratung ist relativ unproblematisch, sollte aber in der Weiterbildung nicht unterschätzt werden.

Mit Übungen verbunden ist der Erwerb von Techniken des Lernens. Dazu gehört die Analyse von Aufgaben und Texten. Zur Textproduktion gehören Fragestellungen, Gliederungen, Darstellungen, Begründungen, Schlussfolgerungen, Techniken der Visualisierung und Präsentation. Auch die Nutzung des Internet, der Lexika und Wörterbücher, eine Orientierung mit Hilfe des Inhaltsverzeichnisses und Klappentextes können gelernt werden.

Strategien sind mittelfristige Konzepte der Kompetenzentwicklung und der Karriereplanung. Zur Strategie gehören Lernwege, Lernpläne und Lernprioritäten für die nächste Lebensphase, Kosten-Nutzen-Erwägungen, die Erstellung eines Lernprogramms mit Seminaren, Auslandsaufenthalten, Selbststudienmaterialen, die Nutzung informeller Lerngelegenheiten. Strategisches Denken erfordert eine Reflexion der Lernziele, eine intelligente Auswahl aus der Fülle der Möglichkeiten und auch eine kluge Selbstbeschränkung. Strategisches Denken ist Zeitmanagement, Planung der Lernschritte.

Eine weitere diagnostische Ebene betrifft die Vergewisserung und Optimierung der eigenen Lernstile. Bin ich eher ein kommunikativer, ein theoretischer oder ein praktischer, eher ein experimenteller oder eher ein rezeptiver Typ? Was fällt mir leicht, was fällt mir schwer? Kann ich und/oder soll ich meine Lernstile ändern oder erweitern? Wie groß wäre der Aufwand, welche Vorteile und welche Nachteile wären damit verbunden?

Zur Klärung der Lernmotivation gehört die Frage nach Interessen, Bedürfnissen, Hobbys. Was motiviert mich zu lernen? Sind Motivationskonflikte – z.B. sich beruflich zu qualifizieren oder sich mehr Zeit für die Familie zu nehmen – zu befürchten? Ist die intrinsische Motivation, das Interesse an der Sache stark genug, um das Lernprojekt erfolgreich abzuschließen?

Auf welchen Grundüberzeugungen („beliefs") basieren die Lernaktivitäten? Ist Lernen eine lästige Notwendigkeit oder eine befriedigende Aktivität zur Horizonterweiterung? Ist „Bildung" etwas – individuell und gesellschaftlich – Erstrebenswertes? Welche Werte – Wohlstand, berufliche Karriere, soziale Anerkennung, Weltverständnis – sind wichtig und welche Lernprojekte entsprechen diesen Werten?

Identität ist die Konstruktion des Ich. Welche Lebensaufgabe stelle ich mir – welchen Herausforderungen stelle ich micht? Was traue ich mir zu, wie ausgeprägt ist die Selbstwirksamkeitsüberzeugung („self-efficacy"), der Zukunftsoptimismus, das Selbstwertgefühl? Gehört lebenslanges Lernen zu meinem Selbstbild, zur Gestaltung der nächsten Lebensphase?

Umfangreiche Lernprojekte – zum Beispiel eine berufliche Qualifizierung oder Umschulung, eine Fremdsprache, ein Seniorenstudium – erfordern eine Klärung der Lernvoraussetzungen und Rahmenbedingungen. „Lernen" findet in einem Spannungsverhältnis von Lust und Frust, von Wollen und Sollen, von Interessen und Anforderungen, von Freiwilligkeit und Notwendigkeit statt. Eine Lernkompetenz setzt deshalb ein Relationsbewusstsein (Hans Tietgens) voraus, insbesondere einen Vergleich zwischen den „Ressourcen" und den Erfordernissen. Die vielfältigen Komponenten eines Lernprojekts lassen sich zu vier Syndromen bündeln:

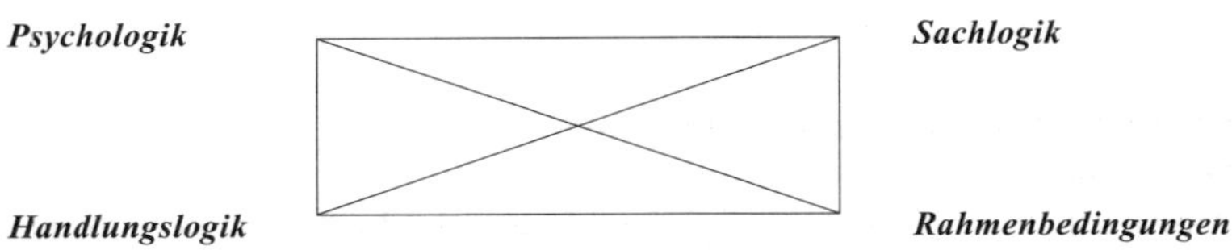

Abb. 12: Dimensionen des Lernens

Zur ***Psychologik*** gehören die individuellen psychophysischen, lern- und motivationspsychologischen Ressourcen, also Lernerfahrungen, Lernstile, Vorkenntnisse, Deutungsmuster, Selbstkonzept, Lebenspläne, aber auch Intuition, implizites Wissen etc.

Zur ***Sachlogik*** gehören die Strukturen des Faches, die wissenschaftlichen Erkenntnisse, die Komplexität und Schwierigkeit, die fachspezifischen Anforderungen (zum Beispiel mathematisches Denken), auch die sachlogische Stufung, zum Beispiel vom Einfachen zum Schwierigen, vom Allgemeinen zum Besonderen, vom Konkreten zum Abstrakten. Es geht darum, die „Grammatik" einer Disziplin zu erlernen.

Zur ***Handlungslogik*** gehören die Erfordernisse der – beruflichen und außerberuflichen – Verwendungssituationen.

Der Psychologik, Sachlogik und der Handlungslogik liegen unterschiedliche Rationalitäten zu Grunde: Leitdifferenzen der Psychologik sind viabel/nicht viabel und – bezogen auf neues Wissen: anschlussfähig/nicht anschlussfähig. Die Leitdifferenz der Sachlogik lautet richtig/falsch, auch: empirisch bewiesen/unbewiesen. Der Code der Handlungslogik ist dagegen erfolgreich/erfolglos. So kann jemand ein guter Autofahrer sein, ohne die Funktionsweise des Motors zu kennen. Sachwissen lässt sich nicht nahtlos in Handlungskompetenz transformieren. Nicht selten beeinträchtigt theoretisches Wissen sogar die pragmatische Handlungsfähigkeit.

„Die berufliche Verwendbarkeit und die apparative Anwendung des zu Lernenden zwingen zu einer Reduktion, die ihre Kriterien nicht aus der Stoffsystematik allein, sondern ebenso aus der Verwendung des zu Lernenden in alltags- und berufspraktischen Handlungszusammenhängen bezieht. (...) Die Stofflogik und die Verwendungslogik können aber unterschiedlichen Regeln folgen," (Mader 1997, S. 63) wie auch die *„Struktur des psychischen Prozesses im Lernenden"* einer eigenen Gesetzmäßigkeit unterliegt.

Zu den ***Rahmenbedingungen*** gehören die verfügbaren Bildungsangebote, die Medien, aber auch der Zeitaufwand, finanzielle Kosten, Unterstützung durch Bezugspersonen und Ratgeber.

Marita Kemper und Rosemarie Klein legen in ihrem Lernberatungskonzept besonderen Wert auf die Analyse der subjektiven Lernvoraussetzungen. „Es geht darum, die Balance zwischen berufsfachlichen und persönlichen Lernzielen auf der Basis einer strukturierten subjektiven Interessenanalyse zu finden und damit eine wesentliche Voraussetzung für eine selbstgesteuerte Gestaltung von Lernwelt herzustellen." (Kemper/Klein 1998, S. 40)

Sie betonen ***fünf Prinzipien der Lernberatung***:

- ***Biografiebezug***
  „Ausgangspunkt (...) ist die Selbsteinschätzung der Lernenden bezüglich ihrer biografisch begründeten Lernvoraussetzungen, den im Verlauf ihres Lebens erworbenen Qualifikationen, Kompetenzen, Fähigkeiten und Eigenschaften."

- ***Kompetenzorientierung***
  „Aus der Lernpsychologie ist bekannt, dass sich Motivation und Lernerfolg eher einstellen, wenn von Stärken und Kompetenzen ausgegangen wird. Kompetenzorientierung ist gerade bei solchen Zielgruppen wichtig, deren Selbstvertrauen in die eigene Lernleistungsfähigkeit gebrochen ist."
- ***Sicherung von lern- und lebensbiografischer Kontinuität***
  „Lernen in der Kontinuität bisheriger Lebens- und Berufserfahrungen zu betrachten, ist eine Voraussetzung für das Lernen von Neuem."
- ***Reflexionsorientierung***
  „Reflexionsorientierung basiert darauf, dass das frühzeitige und bewusste Erkennen von fachlichen Lernentwicklungen, von Veränderungen im Denken, in Haltungen und Normen etc. für das Lernen bedeutsam ist und ihnen deshalb durch denkendes Innehalten Rechnung getragen werden muss."
- ***Lerninteressenorientierung***
  „Orientierung an den Lerninteressen geht (...) über die berufsfachlich ausgerichteten Lerninteressen hinaus. (...) Die Praxis zeigt, dass es weniger darum geht, weitergehende Lerninteressen hervorzulocken, sondern mehr darum, sie zuzulassen." (Kemper/Klein 1998, S. 41 ff.)

Beratende Aufgaben sind zunehmend Bestandteile von Lehrtätigkeiten. Demgegenüber wird Lehre als Wissensvermittlung – unter anderem durch die multimedialen Angebote – relativ an Bedeutung verlieren. Wir plädieren hier nicht für eine Professionalisierung der Lernberatung als eigenständiges Berufsbild, wohl aber für eine Kompetenzerweiterung pädagogischer Berufe.
Nach Ulrich Beck, A. Giddens et al. leben wir in einer Epoche reflexiver Modernisierung. Die Moderne wird sich selber zum Problem, sie ist zunehmend mit dem „Coping" der von ihr selber erzeugten Risiken und Nebenwirkungen beschäftigt. Eine reflexive Moderne benötigt auch eine reflexive Pädagogik, das heißt eine Pädagogik, die sich ihrer Grenzen und ihrer kontraintentionalen Effekte bewusst ist, die also eine „Pädagogikfolgenabschätzung" zu ihrer Aufgabe macht. Dazu gehört in der Erwachsenenbildung eine „Professionalisierung unter Maßgabe reflexiver Selbstbegrenzung". (Kade et al. 1999, S. 151)

Die Erwachsenenbildner müssen immer wieder neu definieren, wofür sie qualifiziert und legitimiert sind, wofür sie ein „Mandat" und eine „Lizenz" haben. (ebenda S. 153) Diese Selbstreflexion ist vor allem bei beratenden Tätigkeiten erforderlich. Kursleiter sind oft als Gesprächspartner gefragt, auch bei Problemen, die nicht unbedingt zum Kursthema gehören. Sie können und sollten sich dieser Erwartung nicht entziehen, sie sollten aber der Versuchung widerstehen, die Rolle eines „Lebenshelfers" und Therapeuten zu übernehmen. Lernhilfe gehört zum professionellen Auftrag eines Erwachsenenbildners, Lebensberatung jedoch nicht.

4.10 Kollegiale Beratung in Lerngruppen

Bisher sind wir von der Rollenverteilung Ratgeber/Ratsuchender ausgegangen. Doch es gibt auch andere, kooperative Beratungssettings. Monika Schmidt plädiert dafür, die Möglichkeiten der kollegialen Lernberatung in Seminaren stärker zu nutzen. Eine solche ressourcenorientierte wechselseitige Beratung im Team hat mehrere Vorteile:

„Zu Lernanliegen von Teilnehmenden haben Beteiligte bzw. Mitbetroffene überraschende, vielfältige und ungewöhnliche Fragen, Sichtweisen sowie Lösungsideen, die den professionellen Blick der Leitung erweitern. Die Vielfalt von Lernstilen, -typen, thematischen und methodologischen Zugangsweisen einschließlich alltagstauglicher Tipps repräsentiert niemand so gut wie unterschiedliche Gruppenmitglieder." (M. Schmidt 2006, S. 15)

In der Lerngruppe entstehen Synergieeffekte: vielfältige Erfahrungen und Lösungsversuche ergänzen sich. Der Maxime von H. v. Foerster entsprechend wird das Repertoire an Möglichkeiten erweitert. Beratungsthemen sind z.B.:

- Prüfungsvorbereitungen und Prüfungsängste
- das Verstehen wissenschaftlicher Texte und statistischer Grafiken
- Gestaltung und Präsentation von Referaten
- Überforderung und Unterforderung
- Beteiligung an Diskussionen
- Umgang mit dominanten Teilnehmern
- Unzufriedenheit mit dem Unterrichtsstil der Lehrkräfte

Gerade dieser letzte Punkt wird in der Gruppe meist offenener angesprochen als in einem Beratungsgespräch mit Pädagogen.

Eine kollegiale Beratung ist umso erfolgreicher, je gemeinsamer die Interessenlage in der Gruppe ist. Gemeinsame Fragestellung und Vielfalt der Erfahrungen und Lösungsvorschläge – dies dürfte eine Erfolgsformel für kollektive Selbstberatungen sein.

Die Teilnehmer/innen sind Expert/innen ihrer Lerninteressen und Lernprobleme: *„Grundlegend ist die Annahme, dass Betroffene selbst am besten entscheiden können, was zu ihnen passt, momentan realistisch ist und ermöglicht, von außen gesetzten Arbeitsanforderungen zu genügen oder selbst gesetzten Zielen näher zu kommen."* (ebenda, S. 15)

Selbstverständlich können solche Beratungen von den Lehrenden unterstützt werden, z.B. durch passende Rahmenbedingungen, Metaplan-Materialien, Anregungen zur Präsentation der Ergebnisse. Für die Lehrenden ist eine solche Gruppenarbeit oft eine wichtige Rückmeldung. So können gemeinsame Konsequenzen und lernförderliche Maßnahmen überlegt werden. Lehrende sollten sich auch auf solche Vorschläge einlassen, die ihnen zunächst wenig geeignet erscheinen. Auch Lehrende sollten für Überraschungen aufgeschlossen sein.

„Das Lernen in der Gruppe wird aufgewertet, gewinnt eine spürbar eigene Qualität und geht über die Summierung von Einzelinteressen und verbesserter individueller Selbstlernkompetenz hinaus.“ (ebda. S. 16)

Die Gruppe lernt gleichsam „laufen“ und steuert allmählich selber.

Olaf-Axel Burow und Heinz Hinz bezeichnen eine solche Lerngruppe als **„kreatives Feld“**: *„Ein kreatives Feld wäre demnach eine in sozialer und materieller Hinsicht spezifisch konstruierte Umgebung, die einen besonderen Aufforderungscharakter für die synergetische Entfaltung des kreativen Potenzials der zueinander in Beziehung stehenden Personen ausübt.“*

Bedingungen für eine produktive Gruppenarbeit sind – neben dem gemeinsamen Interesse und einer Vielfalt an Erfahrungen – wechselseitige Anerkennung, Solidarität und Vertrauen.

Eine Variante kollegialer Beratung ist das **Reflecting Team**. Ursprünglich in der Familientherapie entwickelt lässt sich dieses Modell auch in Seminaren verwenden. In Hochschulseminaren habe ich folgendes Verfahren erprobt: Zwei Teilnehmende werden gebeten, den Seminarlauf gezielt zu beobachten, z.B.:

- Verteilung der Diskussionsbeiträge: Kommen alle zu Wort? Beziehen sich die Beiträge aufeinander?
- Lehrverhalten: Welche Rolle nimmt die Lehrkraft ein? Wie werden die Beiträge der Gruppe kommentiert?
- Lernziele: Welche Lernziele werden erreicht? Ist ein „roter Faden“ erkennbar?
- Gruppenatmosphäre: Sind alle am Thema interessiert? Ist der Umgang miteinander freundlich und solidarisch?

Am Ende der Sizung stellt das Reflecting Team seine Beobachtungen zur Diskussion. In „kritischen Phasen“ („critical incidents“) kann das Team aber auch zwischendurch gebeten werden, seine Eindrücke mitzuteilen.

5. Lernkulturen

5.1 Lernkulturen als Wissenssysteme

Lernkulturen verändern sich in sozioökonomischen und soziokulturellen Kontexten, vor dem Hintergrund des verfügbaren Wissens und der informationstechnischen Medien, in Abhängigkeit von Urbanisierung, Mobilität, Säkularisierung und gesellschaftlichem Wertewandel. Lernkulturen lassen sich nicht trennen von den „epochalen Schlüsselproblemen" (Wolfgang Klafki). Lernkulturen verweisen auf den Stand gesellschaftlicher Entwicklung und Problemlösungskapazitäten, auf das Lernklima einer Gesellschaft. So lassen sich kulturelle „Muster" des Lernens seit Beginn des 19. Jahrhunderts unterscheiden:

1. narrative, orale (mündliche) Kulturen

In oralen Kulturen wird kollektives Lebenswissen mündlich tradiert, das heißt in Form von Erzählungen der älteren Generation. Dieses historische Erfahrungswissen über Fragen der „klugen Lebensführung" war erprobt in lebensweltlichen Kontexten, es war in Geschichten und Ereignisse eingebettet. Die Erzählenden – oft Großmütter – verfügten über eine fraglose Autorität, sie „verkörperten" und lebten ihr Wissen. Sie waren Ratgeber in kritischen Lebenssituationen. „Lehre" erfolgte unaufdringlich und „en passant" (J. Reischmann), gelernt wurde im Lebensvollzug.

„Handeln, Denken und Reden sind in oralen Kulturen von der Nähe zu täglichen Erfahrungen und Problemen geprägt, ohne über analytische Kategorien zur Strukturierung von Wissen aus der Differenz zur Erfahrung zu verfügen. Es besteht kein Interesse an der Anhäufung von Wissen in selbstgenügsamen Corpora. Orale Kulturen organisieren Wissen nur um Menschen beziehungsweise um anthropomorphisierte Lebewesen herum. Der Kosmos wird gesehen als ein fortlaufendes Ereignis mit dem Menschen im Mittelpunkt. Orales Gedächtnis besitzt eine bedeutsame somatische Komponente, das heißt, Erinnern wird unterstützt durch Körperbewegungen. (...) Orale Kulturen operieren homöostatisch, nicht dogmatisch." (Schmidt 1998, S. 94 f.)

Erzählt werden nicht nur praktische und moralische Alltagsgeschichten, sondern auch Märchen. „Ohne Erzählung hat das Leben keine Bedeutung. Ohne Bedeutung hat das Lernen kein Ziel. Ohne Sinn sind Schulen Häuser der Leere, nicht der Lehre." (Postman 1997, S. 20)

Narratives Lehren und Lernen sind typisch für die Anfänge der Erwachsenenbildung, zum Beispiel die Arbeiterbildungsvereine in der ersten Hälfte des 19. Jahrhunderts. (Vgl. Hof 1995.) Diese Vereine waren Zentren geselliger Kommunikation für wandernde Handwerksgesellen, die ihre Erfahrungen und Erlebnisse aus allen Regionen Mitteleuropas austauschten. In diesen Bildungsvereinen ließ sich Lehren und Lernen kaum trennen: Alle lernten erzählend miteinander und voneinander.

Narratives Lernen ist in besonderem Maße selbstgesteuertes Lernen. Erzählen ist vergangenheitsorientiert und biografiebezogen. Narrativ wird Vergangenheit nicht „abgebildet", sondern Vergangenes wird vom Standpunkt der Gegenwart aus rekonstruiert. Erinnerungen sind emotional gefärbt und können nur bedingt anderen mitgeteilt werden. Erinnerungen sind gelebte Erfahrungen und deshalb individuell und einmalig. Dennoch ist erzählte Geschichte (oral history) lernintensiv, Erzählungen regen zum Nachdenken, zum Vergleich, zur Neubewertung an. Erzählungen vermitteln zwischen Vergangenheit, Gegenwart und Zukunft.

Märchen, Geschichten, Reiseerzählungen waren lange Zeit der Normaltyp alltäglichen Lehrens und Lernens. Mit der Verbreitung der Schriftkultur und der Institutionalisierung des Bildungswesens verlor die narrative Lernkultur an Bedeutung. In wissenschaftsbasierten Curricula hatte das subjektive Erzählen keinen Platz. Doch seit einigen Jahren ist eine Renaissance der narrativen Pädagogik zu beobachten – man denke an die vielen Erzählcafés, Zeitzeugenbefragungen, Geschichts- und Schreibwerkstätten, an die veröffentlichten Biografien und Memoiren.

Die Erwachsenenbildung – auch die berufliche Weiterbildung – hat das „Lernen aus Geschichten" wiederentdeckt – als Ergänzung zu der wissenschaftlichen Wissensvermittlung. In vielen Themenbereichen – Ökologie, Ernährung, Gesundheit, Lebensführung, Politik – kann durch Erzählungen implizites Erfahrungswissen aufgedeckt werden, können kollektive Erfahrungen vor dem Vergessen bewahrt werden. Erzählungen werden lernrelevant durch Differenzerfahrungen zwischen Alt und Jung, Männern und Frauen, zwischen Milieus und Kulturen.

Die Wiederentdeckung der narrativen Pädagogik gehört also zum ***Wandel der Lernkulturen***.

2. *literale, wissenschaftliche Lernkulturen*

Wissenschaftlichen Texten liegt eine andere Logik, eine andere kognitive Architektur zu Grunde als einer mündlichen Erzählung. Ein schriftlicher Text erfordert ein lineares, logisches, begriffliches Denken. Die wissenschaftliche Forschung und der Buchdruck verändern die Zugänge zur Welt: Was über die Welt mit wissenschaftlichem Anspruch geschrieben wird, suggeriert einen anderen Wahrheitsanspruch als die subjektive Erzählung. (Vgl. Drerup/Keiner 1999.) Das gedruckte Wort erscheint verlässlicher als das gesprochene Wort.

„Erst die in der Schrift räumlich gewordene Sprache erlaubte die Entwicklung von analytischem Denken. Schreiben zwingt das Denken zu extremer Verlangsamung, wodurch völlig neuartige Verstehens- und Widerspruchsmöglichkeiten und

damit – wie Niklas Luhmann betont – ganz neue Semantiken und Wahrheitsansprüche entstehen. Schrift erlaubt die Erzeugung einer Linie von Denk-Kontinuität, die unabhängig vom Bewusstsein (...) in Texten existiert, auf die jederzeit zurückgegriffen werden kann. Wissen wird außerhalb des Bewusstseins speicherbar, abrufbar, nachschlagbar. (...) Schreiben (ist) kein bloßes Anhängsel des Sprechens, sondern eine vollkommen künstliche Technologie, die das menschliche Bewusstsein radikal verändert hat. Zwar steigert Schrift die Bewusstseinsentwicklung, Abstraktion, das Denken in Kausalketten und Relationen etc.; aber sie entfernt die Menschen auch von ihren sozialen Milieus (von der ‚lebendigen Welt') und der lebensweltlichen Organisation des Wissens. (...) Die Textmaterialität wirkt zugleich auch widerspenstig und autoritär: Was geschrieben steht, das beansprucht auch, wahr zu sein. (...) Orthodoxie und Dogmatismus sind Kinder der Literalität." (Schmidt 1998, S. 95 ff.)

Schriftliche Texte – Lehrbücher, Enzyklopädien, Zeitschriften – enthalten das Wissen, das in den modernen Bildungssystemen vermittelt wird. Auch in der Erwachsenenbildung löst die Schriftkultur allmählich die Erzählkultur ab. Die Vortragsgesellschaften seit Ende des 19. Jahrhunderts popularisieren wissenschaftliches Wissen, sie übersetzen die wissenschaftliche Sprache in die Vorstellungswelt der Laien. Wissenschaftsverbreitung ist ein Bestandteil von Modernisierungs- und Demokratisierungsprozessen. Soziale Chancengleichheit setzt Alphabetisierung und damit Partizipation aller an der Schriftkultur voraus.

„Die durch Schriftlichkeit beförderte Entsubjektivierung des Wissens bindet die Verbindlichkeit des Wissens in der Wissenschaft an eine (als subjektfrei gedachte) Objektivität und Wahrheit, die von der Kommunikation und lebensweltlichen Erfahrung mit Problemlösungen abgekoppelt und ins Sein selbst verlegt werden." (Schmidt 1998, S. 100) Mit dem Objektivitätsanspruch wissenschaftlicher Texte geht das Bewusstsein der Beobachtungsabhängigkeit und Konstruktivität der Welt verloren – ein solches Relativitätsbewusstsein war in der narrativen Lernkultur noch vorhanden. „Dieses (verschriftlichte) Wissen erhob Anspruch auf Wahrheit, situationsunabhängige Geltung, Objektivität, intersubjektive Überprüfbarkeit, Widerspruchsfreiheit der Aussagen und Autonomie des sprachlichen Textes – in Summe die Wissenschaftskriterien, die bis heute in den gängigen Wissenschaftstheorien postuliert werden." (ebenda S. 104)

In den neuen Lernkulturen verliert wissenschaftliches Wissen nicht an Bedeutung, aber seine Vorrangstellung wird in Frage gestellt. Wissenschaftliches Wissen wird in Beziehung gesetzt zu dem Erfahrungswissen und auch zu einer spirituellen und ästhetischen Weltdeutung. In diesem Sinn spricht Wolfgang Welsch, ein Philosoph der Postmoderne, von einer Pluralisierung der Rationalitäten und einer „transversalen Vernunft", das heißt einer vielfältigen Vernunft der Übergänge. (Welsch 1996, S. 541 ff.) Wissenschaft wird relativiert und relationiert.

„Die Fähigkeit, die Gültigkeit und Nützlichkeit zweier gegensätzlicher Wahrheiten gelassen auszuhalten, ist die Quelle von Toleranz, Offenheit und vor allem Humor, dem größten Feind des Fanatismus." (Postman 1997, S. 25)

3. die visuelle, ästhetische Lernkultur

Der amerikanische Kommunikationswissenschaftler Neil Postman stellt fest, dass die Schriftkultur von einer Bildkultur abgelöst wird. Es ist unstrittig, dass unser Alltag mehr und mehr von Bilderwelten geprägt wird. Die Zeit, die mit Fernsehen, Videos, Computerspielen verbracht wird, wächst kontinuierlich. „Zwischen drei und achtzehn Jahren sieht das durchschnittliche amerikanische Kind etwa 500 000 Werbespots, was bedeutet, dass die Fernsehwerbung die quantitativ bei weitem bedeutendste Quelle von Werten ist, aus der die Kinder und Jugendlichen schöpfen." (Postman 1997, S. 51)

Nun ist die Befürchtung, wir alle seien passive Rezipienten dieser Medien, nur bedingt begründet. Fernsehbilder werden nicht lediglich konsumiert, sondern je nach Stimmung, Lebenswelt, kognitivem Niveau gedeutet und „rekonstruiert". Dennoch: Die Bilderwelten verändern unser Weltbild, unseren Horizont, unseren „Modus" des In-der-Welt-Seins. Vereinfacht gesagt: Wer liest, lebt in anderen Welten, als wer fernsieht. Nicht nur das ***Was*** der Weltsicht, sondern vor allem das ***Wie*** ändert sich.

Charakteristisch für diese ästhetische Lernkultur ist die realistische Illusion der medialen Bilderwelten. Die großen Maler beabsichtigten nicht, die Welt naturalistisch abzubilden, „wie sie wirklich ist". Die Impressionisten malten ihre Impressionen, ihre Eindrücke. Die Expressionisten drückten ihre Stimmungen, ihre Befindlichkeit aus. Erst die Fotografie erweckte den Eindruck, die Welt wahrheitsgemäß und naturgetreu zu reproduzieren. Das fotografierte Bild suggeriert einen allgemein gültigeren Wahrheitsanspruch als die Schrift.

In der Pädagogik und in der Erwachsenenbildung ist Visualisierung unverzichtbar. Die Ästhetisierung der Bildungsarbeit eröffnet neue Lernchancen.

Ein Beispiel: Das wirkungsvollste Ereignis der politischen Bildung Ende der Neunzigerjahre war (vermutlich) die ***Wehrmachtsausstellung***. Hunderttausende haben diese Fotos aus dem Zweiten Weltkrieg gesehen, waren empört, entrüstet, traurig, zweifelnd, schuldbewusst, sie haben geweint, diskutiert, protestiert.

Die ökologische Gefährdung unseres Planeten, der Nord-Süd-Konflikt, Rechtsradikalismus, Globalisierung – all diese abstrakten Themen lassen sich ohne Ästhetisierung kaum didaktisieren. Und zugleich ist jedes Bild eine optische Täuschung, eine Beobachtungsperspektive, eine Wirklichkeitskonstruktion, die im Lernprozess de- und rekonstruiert werden muss. Der naive Glaube an die Wahrheit der fotografierten Welt ist uns ebenso abhanden gekommen wie das fraglose Vertrauen auf das gedruckte Wort.

„Medienkompetenz" bedeutet: Weltbilder, Menschenbilder, Selbstbilder interpretieren, sich der fließenden Übergänge zwischen Realität und Virtualität bewusst sein, Ästhetisierungen – zum Beispiel auch der Politik – durchschauen. Die Faszination des schönen Scheins ist fragwürdig. Die Schatten aus Platons Höhlengleichnis sind bunter geworden – aber es sind weiterhin Schatten. Fragen nach Sinn, ungerechten Strukturen, Macht sind eher farblos und entziehen sich den Fotokameras. Medienkompetenz heißt: Sich neue audiovisuelle Zugänge zur Wirklichkeit erschließen, aber sich auch der Schattenseiten der Bilder bewusst zu sein. Jedes Bild ist eine Interpretation, jedes Bild enthüllt und verheimlicht. Fernsehnachrichten über eine politische Demonstration zeigen die Demonstrierenden, nicht aber die Nicht-Demonstrierenden. Medienkompetenz heißt also auch: Einübung in Perspektivenvielfalt und Perspektivenwechsel.

Ein anderer Aspekt ästhetischer Lebenswelten ist die ***Metaphorik***. Metaphern sind ***Sprachbilder***. Auch Sprache ist eine kulturelle Konstruktion, die auf Welt ***verweist***, sie aber nicht widerspiegelt. Sprache – auch naturwissenschaftliche Sprache – ist vieldeutig und kontingent, ist eine Annäherung an Wirklichkeiten. Insofern ist Sprache grundsätzlich metaphorisch, andeutend. (Bereits die letzten Wörter sind Beispiele für diese Metaphorik: „andeutend" = mit dem Finger auf etwas deuten, „grundsätzlich" = Sätze, die auf dem Grund liegen, „Wirklichkeit" = etwas, was wirkt, „Annäherung" = Nähe suchend, etc. Unsere Umgangssprache ist bildhaft und anschaulich, auch körperlich, zum Beispiel „begreifen", „erfassen", einen „Standpunkt" haben). Sich dieser Metaphorik bewusst sein und eine bildhafte metaphorische Sprache kreativ, gelegentlich auch „ironisch" zu verwenden, ist Bestandteil einer ästhetischen Lernkultur in einer Mediengesellschaft.

4. hedonistische Lern- und Erlebniskulturen

Lebensstilforschungen weisen darauf hin, dass hedonistische Bedürfnisse zunehmen. Neben der „Risikogesellschaft (Ulrich Beck) ist die ***„Erlebnisgesellschaft"*** (G. Schulze), ergänzt durch die ***„Multioptionsgesellschaft"*** (P. Groß) die meistzitierte Gesellschaftsdiagnose. Unverzüglich hat sich auch eine Erlebnispädagogik etabliert. Zum Repertoire der ***Erlebnispädagogik*** gehören Abenteuerurlaub, Extremsportarten, Survival-Training für Manager, Motivationstraining und Ähnliches.

„Das drastische Anwachsen von Wahlmöglichkeiten, die Expansion von Erlebnismärkten, der Wegfall von Zugangsbarrieren zu Gütern des Genusses und Konsums machen das ‚schöne' Leben für immer größere Teile der Gesellschaft nicht nur selbstverständlich, sondern in gewisser Weise sogar zur Norm. (...) Diese ‚psychophysische Semantik', die die ‚ökonomische Semantik' sozialer Ungleichheit abgelöst zu haben scheint, konzentriert ihren Wirkungsbereich nicht auf die ‚objektive' Realität, also auf die Außendimensionen sozialen Handelns, sondern auf das innere Erleben der Wirklichkeit." (Alheit 1994, S. 137)

Auch Seminare der Erwachsenenbildung werden nicht mehr „nur" als Bildungsveranstaltungen nachgefragt, sondern als ganzheitliche Erlebnisgelegenheiten, wozu das Ambiente, der Unterhaltungswert, die Geselligkeit, die Selbstinszenierung gehören.

Das SINUS-Institut, das die bekannteste Milieutypologie in Deutschland ermittelt hat, stellt eine hedonistische Orientierung auch bei den Teilnehmer/innen an den Seminaren der Friedrich-Ebert-Stiftung zur politischen Bildung fest. ***„Bildungsveranstaltungen werden – den Gewöhnungen der Konsumgesellschaft folgend – gleichsam als ‚Gesamterlebnis' wahrgenommen und beurteilt. Bedürfnisse nach persönlicher Kommunikation und Unterhaltung wie auch ästhetisch-stilistische Ansprüche an das Interieur spielen dabei offensichtlich keine geringere Rolle als rein lernzielorientierte Erwartungen."*** (Ueltzhöffer/Kandel 1993, S. 84)

Unter Erlebnisorienierung kann Unterschiedliches verstanden werden:

a) die gewachsenen Ansprüche an Unterkunft, Verpflegung, Komfort, Medienausstattung, Ambiente. Inwieweit diesen Erwartungen entsprochen werden kann, ist vor allem eine finanzielle Frage.
b) das Bedürfnis nach „fun and action" und „edutainment". Diesem Trend kann sich die Erwachsenenbildung nicht völlig entziehen, aber auch nicht uneingeschränkt nachgeben, wenn sie ihre Identität als Bildungseinrichtung nicht gefährden will.
c) Bedürfnisse nach ganzheitlichen ***Bildungserlebnissen*** und ***Aha-Erlebnissen***. Damit sind neue, überraschende Zugänge zur Welt gemeint, die verborgene Dimensionen der Wirklichkeit „erschließen". Anlässe für solche Bildungserlebnisse sind vielfältig: ein Rilke-Gedicht, die Interpretation eines Bildes von Picasso, eine literarische Erkundung der eigenen Heimat, eine ökologische Fahrradtour, der Kontakt mit Fremdem, Fotos über die „Erregungen" unserer neuronalen Netzwerke, „Entschleunigungen" durch Bildmeditationen, ein sokratisches Gespräch, eine Zukunftswerkstatt etc.

Erleben ist ein subjektiver Begriff. Erlebnisintensität wird von jedem individuell definiert und empfunden. Bildungserlebnisse können nur bedingt geplant werden. Im Sinne der „Ermöglichungsdidaktik" (Rolf Arnold) geht es auch hier um anregende Rahmenbedingungen und Lernumgebungen.

In der Erlebnisorientierung zeigt sich der Wandel der Lernkulturen am deutlichsten. Zu Recht wird von einer „Entgrenzung" der Bildungsarbeit gesprochen. Die Grenzen zwischen ***Lernen und Arbeiten, Lernen und Unterhaltung, Lernen und Bürgerengagement, Lernen und Gesundheit, Lernen und Naturschutz*** werden fließend. In all diesen Bereichen nehmen Selbsttätigkeit und Eigeninitiative zu. Bildungsorganisation besteht primär in der Gestaltung von lernanregenden Rahmenbedingungen.

5. arbeitsintegrierte Lernkulturen

Lernen im Prozess der Arbeit, „learning by doing“ ist der pädagogische Normalfall. Das vorindustrielle Meister-Lehrling-Verhältnis war immer auch eine pädagogische Beziehung. Der Lehrling lernte im Handlungsvollzug – durch Imitation, durch „Lernen am Modell“, durch „Versuch und Irrtum“, auch durch Reiz-Reakions- und Verstärkungslernen. Im Verlauf der Industrialisierung verlor dieses praxisintegrierte Lernen an Bedeutung. Die Verwissenschaftlichung der Arbeitswelt erforderte ein situationsunabhängiges theoretisches Wissen – über Chemie, Physik, Biologie. Berufliche Lernprozesse wurden aus dem beruflichen Alltag ausgelagert und in Bildungseinrichtungen institutionalisiert. Die dualen berufsbildenden Systeme stellten dann eine Balance zwischen schulisch-theoretischem Lernen und praxisbezogenem Lernen her.

In den letzten Jahren ist eine Rückverlagerung von Lernprozessen an den Arbeitsplatz zu beobachten. *„Das Lernen im Prozess der Arbeit (...) erlebt seit einigen Jahren zusammen mit der Organisationsentwicklung eine deutliche Aufwertung. Verantwortlich hierfür ist nicht zuletzt die Erfahrung der Betriebe, dass die berufliche Handlungsfähigkeit in den für Lernzwecke geschaffenen künstlichen Lernsituationen des Seminarraums nicht ausreichend gewährleistet ist. Darüber hinaus hat sich gezeigt, dass eine Veränderung von Einstellungen und Verhaltensmustern in der Arbeitsgruppe oftmals viel effizienter ist als ein isoliertes Verhaltenstraining einzelner Mitarbeiter. Schließlich erfolgt die Aufwertung des Arbeitsplatzes als Lernort nicht zuletzt aus Kostengründen.“* (Weiß 1994, S. 46)

In betrieblichen Lernkulturen ist die individuelle Weiterbildung Teil eines umfassenden ***Wissensmanagements***. Entscheidend ist, dass funktionales Wissen zum richtigen Zeitpunkt an der richtigen Stelle verfügbar ist. Träger dieses Wissens sind vor allem die Beschäftigten, aber in zunehmendem Maße auch Datenbanken. So gehören Dequalifizierungsprozesse zu diesen Lernkulturen ebenso wie Qualifizierungsprozesse.

Projekt „Know-how-Verlust“

Als das Volkswagen-Werk in Hannover eine neue Vorruhestandsregelung einführte, wurde deutlich, dass das umfangreiche Erfahrungswissen der ausscheidenden Beschäftigten verloren geht und dass dieser Know-how-Verlust durch das wissenschaftliche Wissen der Nachwuchskräfte nicht hinreichend kompensiert wurde. Erika Sündermann untersuchte in ihrer Diplomarbeit dieses Problem durch Interviews mit den beteiligten Gruppen, und sie wurde nach ihrer Diplomprüfung als Projektmitarbeiterin von der VW-Coaching-Gesellschaft eingestellt, um Methoden und Maßnahmen zum Transfer des impliziten Wissens älterer Mitarbeiter zu entwickeln und zu erproben.

Ein Beispiel für diese Formen arbeitsintegrierten Lernens: In der Gießerei wird eine Arbeitsgruppe aus sechs älteren Führungskräften und fünfzehn jüngeren Mitarbeitern gebildet. Es entsteht ein „Senior-Paten-System". Durch Interviews werden aktuelle betriebliche Probleme ermittelt, zum Beispiel technische und organisatorische Probleme in der Gießerei. Es werden „critical incidents" festgestellt, und die „Senioren" berichten, welche Erfahrungen sie bisher mit solchen Situationen gemacht haben. Die Gespräche werden moderiert, visualisiert, protokolliert, die Ergebnisse werden dokumentiert und zum Teil in Datenbanken gespeichert. Dieser Erfahrungsaustausch wird ergänzt durch „Reflexionsmeetings", zum Teil mit Expertenvorträgen, auch durch gemeinsame Betriebsbesichtigungen vor Ort.

In Seminaren wird vor allem ***explizites Wissen*** angeeignet, das heißt ein deklaratives Wissen über wissenschaftliche Ergebnisse, Begriffe, Prinzipien. ***Implizites Wissen*** wird eher im Prozess der Arbeit erworben: „Während sich explizites Wissen leicht vermitteln und nutzbar machen lässt, ist implizites Wissen personengebunden, schwierig zu formulieren und damit schwer zugänglich. Implizites Wissen umfasst das aktionsgebundene und auf Erfahrung basierende Wissen." (Staudt/Kriegesmann 2000, S. 175) Handlungskompetenzen basieren nicht nur auf explizitem Wissen, sondern vor allem auf solchen individuellen Erfahrungen. Zur Kompetenz gehört ein intuitives Gespür, ein „Fingerspitzengefühl", eine erfahrungsgesättigte Beurteilung der Kontexte und Folgen. „Eine auf explizite Wissensvermittlung ausgerichtete Weiterbildung ist zur reinen Reproduktion geeignet, kann aber nur mit erheblichen Streuverlusten partiell zur Kompetenzentwicklung beitragen." (ebenda, S. 176)

6. ökologische Lernkulturen

Die Natur ist nicht nur ein möglicher Lernort, die Natur ist auch eine Sozialisationsinstanz. Die Verbindung von sinnlichen Wahrnehmungen, körperlichen Erfahrungen, Reflexionen und eingreifenden Aktionen kann nachhaltige Bildungserlebnisse auslösen. Das bewusste Erleben eines Sonnenuntergangs, eines Gewitters, der Weite einer Tiefebene, des „gestirnten Himmels über uns" beeinflusst das Lebensgefühl, das Weltbild, die Lebensplanung. Sich selber als Teil der Natur zu erleben, ist eine Kompetenz, die in jeder Altersphase neu erworben werden muss. Dazu gehören Fähigkeiten, die natürliche Umwelt zu sehen, zu hören, zu riechen, zu schmecken. Auch das Genießen von Natur will erlernt sein.

Ökologische Lernkulturen beinhalten nicht nur Naturerlebnisse und Naturkunde. Zur Ökologie gehört der Zusammenhang von Mensch – Natur – Technik. Auf diese Vernetzung verweist der Begriff ***Landschaft***. Landschaften sind keine

„unberührte Natur", sondern kultivierte, von Menschen gestaltete, durch Technik und Chemie gezähmte Natur. Landschaften sind das Ergebnis menschlicher Naturbeherrschung und Naturgestaltung, auch der Vernutzung von Natur.

Die Wechselwirkungen von Mensch – Natur – Technik (übrigens das Motto der EXPO 2000 in Hannover) erlernen heißt: Sich der Möglichkeiten und Grenzen, der Chancen und Gefahren menschlichen Tuns und Unterlassens bewusst werden. (Vgl. Michelsen/Siebert 1985; Siebert 1990.) Die Satellitenbilder unseres „blauen Planeten" lassen erahnen, wie verletzlich dieser Planet ist. Wenn wir zur Rushhour mit dem Pkw durch eine Großstadt fahren, kann man sich vorstellen, welche Verletzungen wir diesem Planeten zufügen.

Ökologisches Lernen ist existenzielles Lernen, „Überlebenstraining", Verantwortungslernen. Ökologisches Lernen führt zu der Einsicht, dass Naturzerstörung letztlich Selbstzerstörung ist, dass die wissenschaftlich-technologische Macher-Mentalität kontraproduktiv geworden ist und nicht mehr zukunftsfähig ist. (Übrigens sind die größten „Umweltsünder" nicht „die anderen", die ökologisch Unwissenden und Unaufgeklärten, sondern wir, die Angehörigen einer intellektuellen oberen Mittelschicht, die „grün" denkt und in der Karibik Urlaub macht.)

In den „neuen sozialen Bewegungen" der Achtzigerjahre wurde die Kurzformel ÖKOPAX geprägt. Dieses Kürzel deutet den Zusammenhang von ökologischem Lernen und Friedenserziehung an. Ökologisches Lernen ist das Lernen eines friedlichen, pfleglichen Umgangs mit der inneren und der äußeren Ökologie. In den Neunzigerjahren ist Nachhaltigkeit zum Schlüsselbegriff für eine zukunftsfähige Entwicklung geworden.

Zur ***Nachhaltigkeit*** gehört eine vernünftige, sparsame Ressourcennutzung:

- „Von einer erneuerbaren Ressource darf nicht mehr genutzt werden, als sich in der gleichen Zeit regeneriert.
- Es dürfen nur so viele Stoffe in die Umwelt entlassen werden, wie dort aufgenommen werden können.
- Die Umsätze von Energie und Stoffen müssen auf ein risikoarmes Niveau abgesenkt werden." (BUND/Misereor 1996, S. 31)

Zur Nachhaltigkeit gehört aber auch soziale und internationale Gerechtigkeit. Wenn jeder Mensch ein Recht auf eine zukunftsfähige Umwelt hat, muss die globale Ungleichheit im Ressourcenverbrauch und in den Schadstoffemissionen abgebaut werden. Ein US-Amerikaner verbraucht 80-mal so viel Energie wie ein Einwohner Bangladeshs. Auch die Verantwortung für künftige Generationen erfordert einen schonenden Umgang mit der Natur. Und zur Nachhaltigkeit gehört eine kulturelle Dimension. Sind die Werte, Lebensstile, Konsumgewohnheiten moderner Industriegesellschaften human-, sozial- und umweltverträglich? Können und sollten wir von außereuropäischen Kulturen lernen?

Dimensionen von Nachhaltigkeit/Sustainable Development

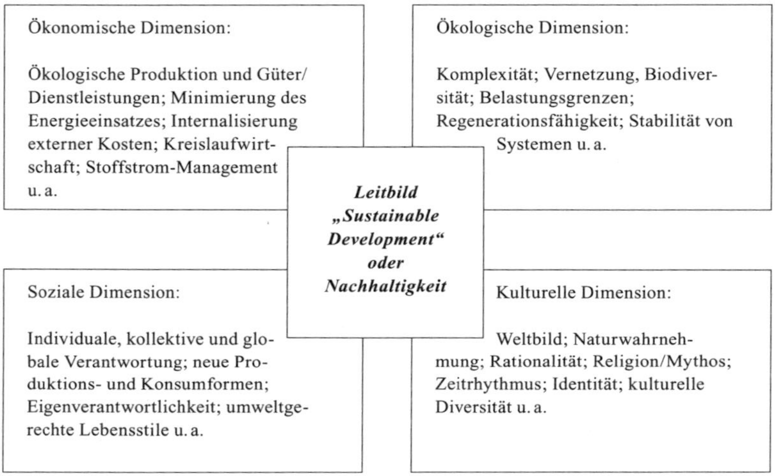

Abb. 13: Dimensionen von Nachhaltigkeit (Michelsen 2000, S. 19)

Ökologische Lernkulturen sind Lernfelder und Lernsituationen, aber auch ein Lernprogramm. Ökologisches Lernen beinhaltet Wahrnehmungssensibilität, rationale Vernunft, ästhetische Kompetenz, Genussfähigkeit sowie eine spezifische Haltung und Beobachtungsperspektive. Auch Natur ist ein Konstrukt, und es ist entscheidend, auf Grund welcher Codes wir unsere natürliche Umwelt beobachten. Insofern ist die ökologische Lernkultur eine Herausforderung für das Bildungssystem.

Auch wenn man den ***Paradigma-Begriff*** vorsichtig verwenden sollte, erscheint es gerechtfertigt, von einem ökologischen Paradigma, das heißt, einer ökologischen Wahrnehmung und „Weltanschauung“ zu sprechen. Fritjof Capra spricht von einem ***„tiefenökologischen“*** Verständnis des Lebens und einer systemischen Betrachtung (die nur zum Teil mit Niklas Luhmanns Systemtheorie identisch ist). Capra relativiert das mechanistische, reduktionistische, lineare Denken. Lebende natürliche Systeme sind Ganzheiten, die aus Wechselwirkungen und Rückkoppelungen bestehen. Aus diesen wechselseitigen Beziehungen entsteht eine Dynamik, die den Erhalt dieser Systeme ermöglicht. Systemisches Denken erfordert also ein Denken in Prozessen. Charakteristisch für diese Organisationsmuster des Lebendigen ist das Prinzip der ***Selbstorganisation***. Lebende Systeme werden nicht von außen determiniert, sondern organisieren sich selbst. Sie sind gegenüber der Umwelt relativ autonom, aber nicht isoliert. Sie stehen mit der Umwelt in Wechselwirkung, erneuern und entwickeln sich aber autopoietisch. Das System existiert durch ein flexibles, dynamisches Fließgleichgewicht, das heißt durch Homöostase. (Capra 2000, S. 196 ff.)

Das Lernprogramm lautet: „Ökologisches Bewusstsein in diesem tiefen Sinn erkennt die grundlegende Verknüpfung und wechselseitige Abhängigkeit aller Phänomene und die Einbettung des Einzelnen wie der Gesellschaft in die zyklischen Prozesse der Natur." (ebenda, S. 193)

„Ökologische Lernkultur" meint mehr als Naturkunde, Biologieunterricht und Umwelterziehung, nämlich die Ergänzung des kausalanalytischen, mechanistischen Denkens und Lernens durch ein systemisches, zirkuläres, holistisches Denken. Das rationale wissenschaftliche Denken wird nicht entwertet, aber es wird relativiert und ergänzt durch ein intuitives Wissen, durch spirituelle Erfahrungen und „körperliches" Wissen.

Dieses systemische ökologische Bewusstsein kann nur bedingt in seminaristischer Form gelehrt werden. Es ist aber ebenso evident, dass ein solches Bewusstsein nicht ohne wissenschaftliches Wissen, Rationalität und Reflexion entsteht. „Naturverbundenheit" alleine schafft noch kein ökologisches Weltbild.

Auch Bildungsveranstaltungen haben eine eigene ***Ökologie****. Dazu gehören*
- *Heizung, Lüftung, Beleuchtung der Räume*
- *das Mobiliar, die apparative Ausstattung*
- *die Ästhetik: Bilder, Blumen, der Blick aus dem Fenster*
- *Teilnehmerstruktur, das „Outfit"*
- *die pfleglichen, verständigungsorientierten Umgangsformen*
- *Rituale der Begrüßung, Manöverkritik, Pausen*
- *unterstützendes Lehrverhalten*
- *Zeit, „Muße", „Entschleunigung"*
- *der Verbrauch von Papier, Kopien, Filzstiften etc.*
- *die An- und Abfahrten (alle mit eigenem Pkw?).*

7. multikulturelle Lernkulturen

Globalisierung ist nicht nur politisches und ökonomisches Programm, Globalisierung ist Realität in unseren Alltagswelten. Essgewohnheiten, Lebensmittel, Naturheilkunde, Meditationsformen, Sportarten, elektrische Geräte, Urlaubsreisen, Filme, Fernsehnachrichten, Schulklassen, Arbeitsplätze, Religion, Freundschaften, Familienbeziehungen – unser beruflicher und privater Alltag ist international und multikulturell geworden. Nationale und monokulturelle Deutungsmuster werden anachronistisch. Ein eindeutiger Mentalitätswandel hin zu einer multikulturellen Zivilgesellschaft ist jedoch nicht erkennbar. Globalität der ökonomischen Strukturen scheint eine Provinzialität des Alltagsbewusstseins nicht auszuschließen. Auch Fremdenfeindlichkeit ist Teil des „Problemfeldes Globalisierung".

Zweifellos sind unsere Lebenswelten multikultureller geworden, aber werden diese neuen Umwelten auch als Lernchancen genutzt? Fördert die Zunahme an interkulturellen Sozialkontakten die Toleranz und die Verständigungsbereitschaft? Wird die Bekanntschaft mit fremden Kulturen und Lebensgewohnheiten als Bereicherung oder als Bedrohung wahrgenommen? Nimmt die „wechselseitige Anerkennung" zu, oder wachsen die Bemühungen um Abgrenzung und Ausgrenzung? Verabschieden wir uns tatsächlich von alteuropäischen kulturellen „Höherwertigkeitsvorstellungen" (R. Nestvogel)? Was lernen die „Ausländer/innen" von den Deutschen? Wie sehen multikulturelle Identitäten konkret aus? Die entsprechenden Forschungsergebnisse sind nicht eindeutig. Jedenfalls erscheinen Differenzierungen – nach Milieu, Schulbildung, Sozialstatus, Alter etc. – erforderlich. Neuere empirische Daten sind der Shell-Jugendstudie 2000 zu entnehmen. Hier ein paar Ergebnisse:

Das pädagogische Programm kann nicht lediglich lauten: Toleranz und Völkerverständigung. Vielmehr geht es um eine neue Qualität des Interesses am Fremden, um neue Identitätsprofile, um die Wahrnehmung und Akzeptanz von kulturellen „Differenzen", um einen Verzicht auf universalistische „Einheitsvorstellungen" zu Gunsten einer Anerkennung von Vielfalt.

Eine postmoderne multikulturelle Gesellschaft ist keine konfliktfreie Gesellschaft. Harmonistische Deutungsmuster sind nicht tragfähig. Vielmehr gilt es, in „Übergängen" zu denken und zu leben, neue Lebensstile und Orientierungen auszuprobieren, sich „auf Probe" und „bis auf Weiteres" auf neue kulturelle Deutungen einzulassen.

Interkulturelle Kompetenz ist ein pädagogisches Projekt, an dem alle Schulen und außerschulischen Bildungseinrichtungen beteiligt sind. Allerdings sollten die Möglichkeiten einer intentionalen interkulturellen Pädagogik nicht überschätzt werden. Ein interkulturelles Lebensgefühl entsteht vor allem im „Alltag", das heißt im Supermarkt, durch Massenmedien, am Arbeitsplatz, im Urlaub, im Sportverein etc. Selbstgesteuertes interkulturelles Lernen „en passant" sollte jedoch ergänzt werden durch reflexives Lernen, und das heißt auch: durch organisierte, institutionalisierte Bildungsangebote.

Die interkulturelle Gesellschaft benötigt aber nicht nur reflexives Lernen, sondern auch multikulturelles ***Wissen***. Viele interkulturelle Konflikte und Missverständnisse, viele Ängste und Aggressionen sind ***auch*** auf Wissensdefizite zurückzuführen. Man denke an die Vorurteile über den Islam, über die Ursachen von Arbeitslosigkeit etc. Die Neigung, strukturierte Wissensvermittlung zu vernachlässigen, kann fatale Folgen haben. Auch wenn interkulturelles Bewusstsein vor allem selbstgesteuert und informell entsteht, benötigen alle Bildungseinrichtungen neue Curricula einer ***interkulturellen Allgemeinbildung***.

Neuerdings scheint sich der Begriff „transkulturell" durchzusetzen. So lassen sich drei Stufen gesellschaftlicher Entwicklung unterscheiden:

- Multikulturell meint die Anerkennung der Vielfalt von Kulturen.
- Interkulturell meint das gegenseitige Miteinander- und Voneinanderlernen.
- Transkulturell meint eine neue globale Qualität jenseits nationalkultureller Differenzen.

Lernkultur	**Merkmale**	**Lernaktivität**	**Bildungsarbeit**
narrativ, oral (Erzählkultur)	kommunikativ, anschaulich, normativ, biografisch, Erinnerung, Tradition, Erfahrung, Märchen	erzählen und zuhören	Oral history, Zeitzeugen, guided biography, Erzählcafé
literal, wissenschaftlich (Schriftkultur)	Texte, Begriffe, Beweise, lineares, analytisches, abstraktes Denken, intersubjektiv	lesen und schreiben	funktionale Alphabetisierung, erlaborierte Sprache, Textverstehen, scientific literacy
ästhetisch (Bildkultur)	anschaulich, authentisch, perspektivisch, virtuell, optische Täuschung, Design	Bilder deuten, malen	Visualisierung, Medienkompetenz, Metaphern, Collagen, Perspektivenwechsel
hedonistisch (Erlebniskultur)	„fun and action", Event, Genuss, ganzheitlich, aktiv, Steigerungsspirale	genießen und sich erproben	handlungs-/projektorieniert, „Kopf, Herz, Hand", Bildungserlebnisse, Outdoor-Seminare
multikulturell (Globalisierung)	Fremdheit, Vielfalt, Grenzüberschreitung, Postmoderne, wechselseitige Anerkennung	voneinander lernen	Fremdsprachen, interkulturelles Management, Antirassismus, globales Lernen
ökologisch (Natur und Kultur)	Selbstorganisation, Vernetzung, Nachhaltigkeit, Fließgleichgewicht	Natur erleben und schonen	zirkuläres, systemisches, holistisches Denken, Projekte, Umweltberatung
arbeitsintegriert (Unternehmenkultur)	wissensbasierte Produkte, Computerisierung, implizites Wissen	learning by doing	Qualitätszirkel, Coaching, Prozessbegleitung

Abb. 14: Lernkulturen im Wandel

5.2 Milieuspezifische Lernkulturen

„Pluralisierung der Lebensstile“ ist eine vielzitierte Zeitdiagnose. Die sozialwissenschaftliche Milieuforschung, die die traditionelle Erforschung sozialer Schichten abgelöst hat, macht auf Veränderungen und Differenzierungen der Wertvorstellungen und Lebensstile aufmerksam. Diese Milieuforschung berücksichtigt nicht nur die Statusmerkmale Schulbildung, Beruf, Einkommen, sondern auch die Alltagsästhetik, die Freizeitinteressen, die Wertvorstellungen und die Lernaktivitäten. Heiner Barz und Rudolf Tippelt haben in mehreren Studien – auf der Grundlage der Typologien des SINUS-Instituts – Zusammenhänge zwischen Bildungseinstellungen, Weiterbildungsbeteiligung und Milieuzugehörigkeit untersucht. In ihrer jüngsten Untersuchung haben sie Bildungsbarrieren, Lernmotive und thematische Interessen der 18- bis 75-jährigen deutschsprachigen Bevölkerung erfragt. H. Barz und R. Tippelt unterscheiden folgende 10 Milieus:

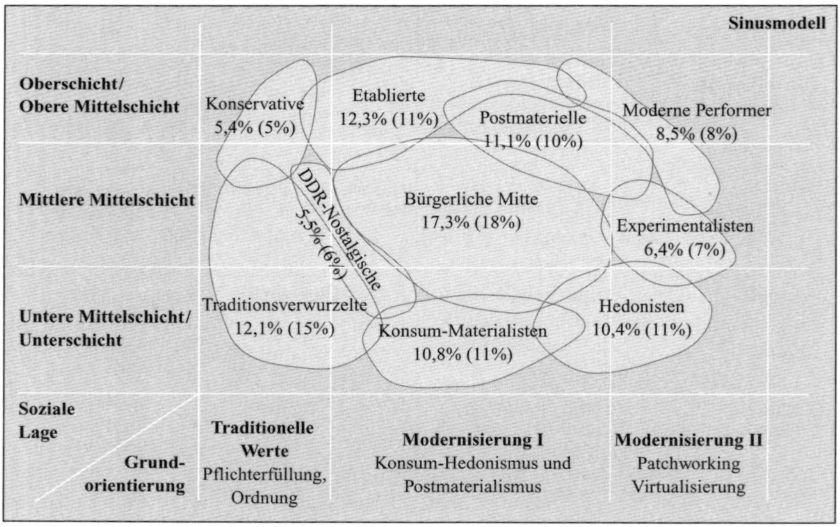

Abb. 15: Überblick über die quantitative Verteilung der sozialen Milieus in Deutschland 2002/03 Barz/Tippelt S. 13 (2004 Bd. 1) (in Klammern Prozentwerte der Bevölkerung 2001)

Im Folgenden seien diese Milieus mit Blick auf selbstgesteuertes Lernen und Bildungsberatung in Stichworten vorgestellt.

1. **Etablierte**
   „Das selbstbewusste Establishment: Erfolgsethik, Machbarkeitsdenken und ausgeprägte Exklusivitätsansprüche" (S. 29). 12 % der Befragten, mittlere und ältere Altersgruppen, hohes Einkommen, viele Selbstständige. Selbstbewusste Elite, der Selbstverwirklichung im Beruf wichtig ist. Überdurchschnittliche Weiterbildungsbeteiligung mit hohen Exklusivitätserwartungen. Ausgeprägte selbstgesteuerte und informelle Lernaktivitäten. In der Erwachsenenbildung wird eher Unterforderung befürchtet. Kein Interesse an Weiterbildungsberatung.
2. **Postmaterielle**
   „Das aufgeklärte Nach-68er-Milieu: Liberale Grundhaltung, postmaterielle Werte und intellektuelle Interessen" (S. 43), 11 % der Befragten. Es überwiegen die 35-bis 60-Jährigen; hohe Bildungsabschlüsse, hohes Einkommen, soziales und ökologisches Engagement, Wertschätzung von Selbstbestimmung und alternativen Lebensformen, regelmäßige Nutzung des Internet. Dieses Milieu ist musisch-kulturell interessiert und weiterbildungsaktiv. Selbstgesteuertes Lernen wird bevorzugt. Großes Interesse an Persönlichkeitsentwicklung. Selbstkritische Einschätzung der eigenen Kompetenzen.
   Weiterbildungsberatung wird befürwortet; man selber glaubt hinreichend informiert zu sein.
   Diese Gruppe kann als Trendsettermilieu eines reflexiven selbstgesteuerten Lernens betrachtet werden.
3. **Moderne Performer**
   „Die junge, unkonventionelle Leistungselite: Intensives Leben – beruflich und privat, Multi-Optionalität, Flexibilität und Multimedia-Begeisterung" (S. 57), 9 % der Befragten. Alter 19 bis 34 Jahre, hohes Bildungsniveau, hohes Einkommen, kreative, selbstständige Lebensführung, fachliches Selbstbewusstsein, intensive Mediennutzung, Ich-Zentrierung, Kritik an der Schule, aber weiterbildungsmotiviert; Bevorzugung informeller Lernformen und Workshops, Abgrenzung und Exklusivität. Weiterbildungsberatung überflüssig.
4. **Konservative**
   „Das alte deutsche Bildungsbürgertum; Konservative Kulturkritik, humanistisch geprägte Pflichtauffassung und gepflegte Umgangsformen" (S. 71), 5 % der Befragten. Alter 50 bis 75 Jahre, hohe Bildungsabschlüsse, viele RentnerInnen, hohes Einkommen.

Wertschätzung des Familienlebens, Pflichtbewusstsein, Verantwortung, Bescheidenheit, Zufriedenheit, Freizeitverhalten vom humanistischen Bildungsideal geprägt. Kulturpessimismus, Idealisierung der eigenen Schulzeit. Interesse an kulturellen, philosophischen, gesundheitlichen Themen. Hohe Qualitätsansprüche. Ablehnung von Selbstthematisierungen in Kursen, Bevorzugung informellen Lernens (vor allem Lesen). Bildungsberatung nicht erwünscht.

5. **Traditionsverwurzelte**
„Die Sicherheit und Ordnung liebende Kriegsgeneration: Verwurzelt in der kleinbürgerlichen Welt bzw. in der traditionellen Arbeiterkultur" (S. 85), 12 % der Befragten. Ältere (über 65 Jahre), viele Frauen, meist Volks- und Hauptschulabschluss, niedriges oder mittleres Einkommen.
Konservative Grundhaltung, nüchtern-pragmatisch, familienorientiert, aktiv in Vereinen, positive Schulerinnerungen, geringes Leseinteresse. Distanz zur „Welt der Gebildeten". Frauen am ehesten an alltagspraktischen Kursen interessiert. Schwellenängste vor Weiterbildung, Lernen erscheint als (zu) anstrengend. Kein Weiterbildungsbedarf.
6. **DDR-Nostalgische**
„Die resignierten Wende-Verlierer: Festhalten an preußischen Tugenden und altsozialistischen Vorstellungen von Gerechtigkeit und Solidarität" (S. 99), 6 % der Befragten. Alter über 50 Jahre, meist mittlere Schulbildung, häufig Führungskader in Partei und Wirtschaft, viele Rentner. Neigung zur Verklärung der DDR und Verbitterung gegenüber der Vereinigung, alte Gewohnheiten werden beibehalten. Familienorientierung, Kultur- und Medienkritik. Akzeptanz von Tugenden wie Ordnung, Disziplin, Hilfsbereitschaft, berufliches Pflichtbewusstsein. Umschulungsmaßnahmen nach der Wende negativ erlebt, nur geringes Interesse an Weiterbildung. Resignation, Skepsis gegenüber neuen Bildungsangeboten. Kein Interesse an Bildungsberatung.
7. **Bürgerliche Mitte**
„Der statusorientierte moderne Mainstream: Streben nach beruflicher und sozialer Etablierung, nach gesicherten und harmonischen Verhältnissen" (S. 113), 17 % der Befragten. Mittlere Schulabschlüsse und Einkommen. Wunsch nach gesicherten, harmonischen Verhältnissen; Statussicherung und Pflichterfüllung. Orientierung am Mainstream, häufige TV-Nutzung, geringes Leseinteresse. Lernen ist Anstrengung, wichtig sind Zertifikate, instrumenteller Bildungsbedarf, positive Beurteilung der Schule. Interesse allenfalls an beruflicher Weiterbildung, kaum an Allgemeinbildung. Distanz zu neuen Lernmethoden. Weiterbildungsberatung gilt als überflüssig, Information durch Freunde und Vorgesetzte. Preis-Leistungs-Bewusstsein auch in der Weiterbildung. Wertschätzung des VHS-Angebots.

8. **Konsum-Materialisten**
„Die stark materialistisch geprägte Unterschicht: Anschluss halten an die Konsumstandards der breiten Mitte als Kompensationsversuch sozialer Benachteiligung“ (S. 127), Anteil der Befragten 11 %. Jüngeres Milieu, Hauptschulabschluss, untere Einkommensklassen, viele Arbeitslose. Starker Gegenwartsbezug, traditionelle Werte, erlebnis- und medienorientierte Freizeit. Distanz zu Schule, Lesen, Lernen, Weiterbildung. Viele Ausbildungsabbrecher. Bildung als die „Welt der anderen“. Praktisches Verwertungsinteresse. Schwellenängste, Prüfungsangst. Weiterbildungsangebot wenig bekannt und schwer verständlich. Bildungsberatung wird negativ mit Arbeitsamt assoziiert.
9. **Experimentalisten**
„Die individuelle neue Bohème: Ungehinderte Spontaneität, Leben in Widersprüchen, Selbstverständnis als Lifestyle-Avantgarde“ (S. 141), 6 % der Befragten. Junges Milieu (unter 34 Jahre), viele Singles, höhere Bildungsabschlüsse, mittlere Einkommen. Patchworkbiografien, gebrochene Karrieren, negative Schulerinnerungen. Bevorzugung informeller Lernprozesse, gesellschaftlich engagiert. Kein Interesse an klassischen Bildungsgütern, dennoch kulturell vielseitig interessiert. Karriere nebensächlich. Wertschätzung von „soft skills“ und Persönlichkeitsentwicklung. Informelles, selbstgesteuertes Lernen dominiert, Lernen in Gruppen und E-learning, Bildungsberatung überflüssig. VHS-Besuch selten.
10. **Hedonisten**
„Die spaßorientierte moderne Unterschicht/untere Mittelschicht; Verweigerung von Konventionen und Verhaltenserwartungen der Leistungsgesellschaft“ (S. 155), 10 % der Befragten. Jüngere Altersgruppen, mittlere und höhere Schulbildung, mittleres Einkommen. Wunsch nach Freiheit, Spontaneität, Individualität, Freizeit als Lebensmittelpunkt, geringe Leistungsmotivation, Schule war Nebensache. Viele Abbrecher, geringes Leseinteresse, Ablehnung von „Bildung“. Lebensfreude als Bildungsziel. Hobbys wichtiger als berufliche Qualifizierung. Geringe Kenntnisse des Weiterbildungsmarktes, kritische Beurteilung von Seminaren. Wertschätzung informellen Lernens, Ablehnung organisierten Lernens. Institutionelle Beratung wird als Fremdbestimmung interpretiert. Tendenz zur Selbstüberschätzung.

Fazit:

Ein ausdrücklicher (Weiter-)Bildungsberatungsbedarf wird in keinem Milieu geäußert. In den bildungsaktiven Milieus wird eine solche Beratung oft begrüßt, allerdings nur für die anderen, die „es nötig haben“. Andererseits wird häufig eine Intransparenz und Unübersichtlichkeit des Weiterbildungsmarktes beklagt. Lernbarrieren und Lernschwierigkeiten, z.B. fehlende Lerntechniken, werden nicht angesprochen – allerdings wurde danach auch nicht gezielt gefragt.

H. Barz und R. Tippelt schreiben: „Durch die Interviewerin über die Existenz von Weiterbildungsberatungsstellen informiert, wurden häufig … Assoziationen mit dem Arbeitsamt geweckt." (S. 170) „Enttäuschung, Resignation und Wut zeigen sich bei den ‚Beratungserfahrenen' in den Unterschichtmilieus … Beratungsmöglichkeiten wird kaum Bedeutung für die persönliche Lebenswelt zugemessen." (S. 171)

Die weiterbildungsaktiven Milieus nutzen sowohl überdurchschnittlich die institutionalisierten Angebote als auch informelle, selbstorganisierte Lerngelegenheiten. Lediglich die Experimentalisten und die Hedonisten scheinen informelles Lernen zu bevorzugen und seminaristische Weiterbildung eher abzulehnen.

Eine der meistgenannten Teilnahmebarrieren ist „fehlende Nutzenerwartung". Häufig genannt wird von den Nicht-TeilnehmerInnen, dass Weiterbildung zu sehr an Schule erinnert. Eine Minderheit äußert die Befürchtung, dem Lerntempo und dem Anspruchsniveau der Kurse nicht gewachsen zu sein. Immerhin 27 % der Nicht-Teilnehmenden sind überzeugt: „Lernen im Kurs liegt mir nicht. Ich lerne besser auf anderen Wegen". (Bd 2, S. 39).

Bei diesen statistischen Resultaten muss bedacht werden, dass viele Befragte nicht ohne weiteres zugeben, dass sie Lernhilfen benötigen. Vielleicht lassen auch Status und Selbstbild das Eingeständnis von Lernschwächen nicht zu.

Eine weitere Untersuchung zum Verhältnis von Milieuzugehörigkeit und Lernmotivation hat die Hannoveraner ***„Arbeitsgruppe interdisziplinäre Sozialstrukturforschung"*** unter Leitung von Michael Vester durchgeführt (Bremer 1999). Befragt wurden Bildungsurlaubsteilnehmer/innen von „Arbeit und Leben Niedersachsen" nach ihren Teilnahmemotiven, Lerninteressen und Bildungseinstellungen. Innerhalb dieses Arbeitnehmermilieus lassen sich vier Zielgruppen im Blick auf ihre „kulturelle Orientierung" unterscheiden, nämlich

- Selbstbestimmte
- leistungsorientierte Pragmatiker
- Traditionelle
- Bildungsferne.

Die „Selbstbestimmten" verfügen über selbstgesteuerte Lernstile und intrinsische Lerneinstellungen.

„Die ‚individualisierte' Gruppe der ‚Selbstbestimmten' betrachtet Bildungsurlaub als Teil einer modernen Lebensweise mit vielfältigen Möglichkeiten der Teilhabe. (…) Sie sind aufgeschlossen für neue und oft undogmatische Methoden der Gestaltung und entsprechende Themen, teilweise interessiert an ‚ganzheitlichen' Bildungserfahrungen, die Bildung zum Erlebnis werden lassen. Es besteht der Wunsch, ideelle und praktische Anteile von Bildung miteinander zu verbinden. Gegen rein kognitive Zugänge besteht deswegen Distanz. (…) Ihre Selbstsicherheit und das Autonomiestreben stützt sich dabei auf das Bewusstsein, zu den auch (ökonomisch) relativ gesicherten Gruppen des sozialen Raumes zu gehören. (…) Die hohen Ansprüche dieser Gruppe an Inhalte, didaktische Methoden und einen partnerschaftlichen Stil sind mit

den weniger ambitionierten Erwartungen der Stammklientelgruppen häufig nicht unter einen Hut zu bringen." (Bremer 1999, S. 20 f.)

Erkennbar ist eine Abwehrhaltung gegenüber – gut gemeinten gewerkschaftlichen – „Bevormundungen" sowie eine „Gleichzeitigkeit von Über- und Unterforderungen". In politischen, ökonomischen, ökologischen Fragen sind die meisten Teilnehmer gut informiert, so dass sie sich durch „Laberthemen" und endlose Diskussionen eher gelangweilt fühlen. Es wird kritisiert, dass „zu wenig neue und ‚interessante' Themen" angeboten werden. Generell ist das Anspruchsniveau in der politischen Bildung gewachsen. Konzepte, die den Teilnehmern sagen wollen, wo es politisch „lang geht", werden nicht mehr akzeptiert.

„Diese Konzepte sind nicht zuletzt deshalb überwiegend in eine Krise geraten, weil sie allzuoft die Teilnehmer durch ‚Akademisierungen' überfordert haben und sich auf ein autoritäres ‚Lehrer-Schüler'-Gefälle zwischen ‚Bildnern' und ‚Adressaten' stützten. (...) Der Bedarf an Orientierungswissen scheint heute keineswegs geringer zu sein als in früheren Zeiten, allerdings wollen die Teilnehmer dieses Wissen nicht in Form von fertigen Rezepten, sondern sie fordern in starkem Maße Möglichkeiten der Mitgestaltung und einen Umgang auf Augenhöhe ein. (...) Die Leute sind häufig weiter, als die ‚Elite' denkt. (...) Es geht dabei nicht darum, das ‚Alte' in ein ‚neues Gewand' zu kleiden, sondern eher um einen neuen Aufbruch." (Vester in Bremer 1999, S. 7 f.)

Die Autoren kommen zu dem Ergebnis: *„Auf institutioneller Ebene hat die gewerkschaftliche Bildung die von ihr mit initiierte Modernisierung noch nicht nachvollzogen. Die alten Strukturen können die neuen Mentalitäten gewissermaßen nicht ‚fassen'."* (Bremer 1999, S. 23)

Es lohnt sich, diese „harte" These auf Erwachsenenbildung insgesamt zu beziehen und als Herausforderung ernst zu nehmen. Trotz vieler Gegenbeispiele und trotz großer Zielgruppenunterschiede erscheint die Kritik einer Unterforderung von Teilnehmer/innen und einer unerwünschten pädagogischen Fürsorglichkeit begründet. Teilnehmer/innen sind selbstbewusster geworden, sie melden sich auch ungefragt zu Wort, sie lassen sich von Autoritäten nicht einschüchtern, sie gehen mit wissenschaftlichen „Wahrheiten" kritisch und ironisch um, sie bringen „ihre" Themen zur Sprache – nicht selten hinter dem Rücken der Seminarleitung. (Vgl. Arnold et al. 1998)

Beschreibt man „Lernkulturen" aus der Motivations- und Mentalitätsperspektive der Zielgruppen, so dürfen zwei Trends nicht übersehen werden, nämlich eine ***„Feminisierung"*** und eine ***„Überalterung"*** der allgemeinen Erwachsenenbildung. Die klassisch gewordene Frage von Hans Tietgens „Warum kommen wenig Industriearbeiter in die Volkshochschule?" (1964) ist zu ergänzen durch die Frage ***„Warum kommen wenig Männer und junge Erwachsene in Volkshochschulen und ähnliche – zum Beispiel kirchliche – Einrichtungen?"***

In Themenbereichen wie Erziehung, Psychologie, Gesundheit, Ökologie, musisch-kulturelle Bildung, Gymnastik, Yoga sind Männer zum Teil erheblich unterrepräsentiert. Dabei sind verstärkende Rückkoppelungseffekte zu beobachten: Da die Akzeptanz dieser Themen bei Frauen größer ist, sind viele dieser Seminare – zum Teil unbeabsichtigt – an Frauen adressiert. Auch das vorherrschende Verständnis von Teilnehmerorientierung scheint eher weiblich geprägt zu sein. Biografieorientierung, Ganzheitlichkeit, Emotionalität, Authentizität, spielerische Methoden rufen bei vielen Männern Vermeidungsreaktionen hervor.

Bedenklich ist auch eine wachsende mentale Kluft zwischen den Generationen. In vielen Bildungseinrichtungen ist das pädagogische Personal überaltert. Viele Themen, Methoden und Lernarrangements sind für die junge Generation offenbar wenig attraktiv. Die in den vergangenen Jahrzehnten erheblich verlängerte Verweildauer im öffentlichen Schul- und Hochschulsystem hat zu einer Beschulungsmüdigkeit beigetragen, die sich negativ auf die Weiterbildungsbeteiligung auswirkt. Die frohe Botschaft des „lebenslangen Lernens" klingt ihnen eher bedrohlich. Viele Jugendliche lernen außerhalb der etablierten Bildungseinrichtungen. Auch spezielle Programme einer „Volkshochschule für junge Erwachsene" waren nur teilweise erfolgreich.

Unterschiedliche Milieus bevorzugen verschiedene Lernkulturen. Dementsprechend findet nicht nur eine Pluralisierung der Lebensstile, sondern auch der Lernkulturen statt.

These: Lernberatungsbedarf besteht am ehesten in der formalen, prüfungsorientierten Weiterbildung, kaum aber in non-formalen Bildungsangeboten und beim informellen Lernen.

Dass selbstgesteuertes und informelles Lernen einer Lernberatung bedarf, lässt sich zwar pädagogisch begründen. Ein manifestes Beratungsbedürfnis ist allerdings nur bei wenigen selbstgesteurten Lernern erkennbar.

5.3 Lernende Organisationen

Nicht nur Personen sind lernfähig, sondern auch Organisationen, Regionen, Gesellschaften. Zwar ist die Lernfähigkeit einer Organisation wesentlich von den Kompetenzen und Lernmotiven der Mitarbeiter/innen abhängig, aber organisationales Lernen ist mehr als personales Lernen. Organisationales Lernen setzt lernförderliche, innovative Strukturen und Prozesse voraus. Diese Lernkapazität manifestiert sich u.a. in Satzungen, flachen Hierarchien, Kommunikations- und Kooperationsformen, Gremien, Umgang mit Beschwerden und Verbesserungsvorschlägen, Qualitätssicherung usw.

Dieter Gnahs hat einen Katalog an Merkmalen einer lernenden Erwachsenenbildungseinrichtung zusammengestellt:

- „Lernende Organisationen haben ein unverwechselbares Profil, eine Identität, ein Leitbild. Sie verfügen über eine „Unternehmenskultur".
- Sie sind offen für externen Rat.
- Sie orientieren sich an den Besten ihrer Branche (Benchmarking) und streben an, ebenfalls Bestleistungen zu erreichen.
- Sie suchen Herausforderungen auf dem Markt bzw. in ihrem Aufgabenbereich.
- Sie setzen sich Ziele und wollen sich weiterentwickeln.
- Sie stellen sich frühzeitig auf Veränderungen ein.
- Sie betreiben Organisations- und Personalentwicklung und orientieren sich am Total-Quality-Management.
- Sie richten Arbeitsplätze möglichst so ein, dass sie wechselnde Anforderungen beinhalten und somit lernfördernd sind.
- Sie sind dezentral organisiert und verlagern einen großen Teil der Verantwortung auf die einzelnen Mitarbeiter und Mitarbeiterinnen.
- Sie belohnen Initiative, Kreativität und Entwicklung.
- Aspekte der Selbstorganisation und der Selbstregulierung spielen bei ihnen eine herausragende Rolle.
- Sie eröffnen den Mitarbeiterinnen und Mitarbeitern Partizipationschancen.
- Sie sind experimentierfreudig und risikobereit.
- Die eingeleiteten und angestoßenen Entwicklungen werden mit Gelassenheit und Reflexivität begleitet. Hektik und Aktionismus sind verpönt."

(Gnahs 2006, S. 62 f.)

Die organisationale Lernfähigkeit ist reduziert, wenn

- nur auf aktuelle Probleme reagiert wird,
- nur auf Misserfolge reagiert wird,
- nur nach dem Prinzip von Versuch und Irrtum gehandelt wird,
- Abteilungen nicht kooperieren
- die Verantwortung der Mitarbeiter/innen eingeschränkt ist,
- die Beteiligten unzureichend informiert werden

(ebenda S. 63)

These: **Erfolgreiche Systeme sind lernfähige Systeme**

Solche Systeme können nicht behavioristisch und sozialtechnologisch gesteuert werden. Lernende Systeme sind selbstreferenzielle, weitgehend autopoietische und eigendynamische Systeme. Die Ressourcen dieser Systeme bestehen aus den Kompetenzen und Motivationen der Mitarbeiter/innen, aber auch aus „geronnenen" historischen Erfahrungen, die sich in Strukturen, Ritualen, Leitbildern, Abläufen niederschlagen.

Organisationsberatung hat die Wirklichkeitskonstruktionen und das implizite Erfahrungswissen aller Beteiligten sichtbar zu machen und die vorhandenen Potenziale zu nutzen. Die Lernfähigkeit einer Organisation ist umso größer, je mehr Mitarbeiter/innen aktiv beteiligt sind, zur Mitarbeit motiviert sind und von Veränderungen profitieren. Neben finanziellen Anreizen können eine Verbesserung der Arbeitsbedingungen und neue Aufgaben das Lerninteresse der Beteiligten fördern. Auch hier gilt: das Lernen einer Organisation kann kaum „von oben" verordnet werden.

Der systemisch-konstruktivistische Berater ist Beobachter, auch ein Beobachter II. Ordnung, der beobachtet, wie die Organisationsmitglieder ihre Welt beobachten, wie sie sich selbst in ihrer Organisation positionieren, welche Problemsichten dominieren, wie groß die Lernbereitschaft ist. In einem zweiten Schritt kann der Berater perturbieren. Perspektiven wechseln, ein Reframing anregen. In einem dritten Schritt sammelt er die Lösungsvorschläge der Beteiligten. Er kann Prioritäten ermitteln, Realisierungsmöglichkeiten erörtern, weitere Maßnahmen und Veränderungen diskutieren.

Allerdings lässt sich der Lernprozess von Organisationen nur bedingt „managen". Auch Organisationen sind emergente Systeme. **Emergenz** hängt eng mit Eigendynamik zusammen. Komplexe Systeme sind „selbstreproduktive Systeme", die sich durch neue emergente Eigenschaften qualitativ verändern. Ordnung entsteht durch Emergenz. *„Der Kern des Systemischen ist Emergenz."* (Willke 2004, S. 12)

Emergenz ist ein Schlüsselbegriff der systemisch-konstruktivistischen Lerntheorie. Das gilt für Individuen ebenso wie für soziale Systeme. Die soziologische Systemtheorie betont, *„dass soziale Systeme als kommunikative Kontexte einer Logik der Differenz folgen,... die als Bedingung der Möglichkeit von Emergenz zu verstehen ist. Emergenz entsteht aus dem selbstreferenziellen Prozessieren von Differenzen."* (ebenda, S. 15)

Gerade der systemtheoretische Emergenzbegriff verweist auf die Grenzen technologischer, mechanistischer Beratungskonzepte. Die Lernprozesse komplexer Organisationen sind nicht „organisierbar"; allerdings lassen sich lernfreundliche Kontexte organisieren. Kontextsteuerung – so Willke – ist „Anregung zur Selbststeuerung" (ebenda, S. 25)

Rolf Arnold zieht daraus die Konsequenz: Auch *„Führungskräfte müssen Abschied nehmen von der Illusion der Machbarkeit und Allzuständigkeit."* (Arnold 2000, S. 21)

5.4 Erwachsenenbildung in Zeiten der Postmoderne

Viele der angedeuteten Veränderungen lassen sich als postmodern bezeichnen. Die Postmoderne wird dabei nicht als Gegensatz zur oder Abkehr von der Moderne verstanden, sondern als eine neue Phase der Entwicklung, in denen einige Prinzipien der Moderne kritisch bilanziert werden. So erweist sich der mit dem Konzept der Moderne verknüpfte technische Fortschritt ebenso wie das scheinbar grenzenlose ökonomische Wachstum durchaus als ambivalent, gelegentlich auch als kontraproduktiv, wenn man an die ökologischen Kosten des Fortschritts denkt. Die Epoche der Moderne ist eng mit der Philosophie der Aufklärung, der wissenschaftlich-technischen Entwicklung, der Rationalisierung aller Lebensbereiche verbunden. Diese Errungenschaften sollen auch nicht in Frage gestellt werden, wohl aber einseitige und dogmatische Übertreibungen, zum Beispiel der Objektivitätsanspruch der Wissenschaft, der Wahrheitsanspruch rationaler Vernunft, die Abwertung ästhetischer, emotionaler, spiritueller Zugänge zur Welt, der technologische Machbarkeitswahn, normative Erziehungsansprüche, europäische Höherwertigkeitsvorstellungen, lineare Ursache-Wirkung-Ketten, bürokratische Überregulierungen etc.

Die Philosophie der Postmoderne kritisiert absolute Wahrheitsansprüche und ein universalistisches Denken, sie plädiert für Pluralität, Vielfalt, Anerkennung von Fremdheit und Minderheiten, für Selbstorganisation und ein Denken in Vernetzungen, für eine transversale Vernunft der Übergänge,für die Unverfügbarkeit der Welt etc.

Postmoderne Tendenzen des Bildungswesens sind:

- statt „Versäulung“ der Bildungssektoren vielfältige Vernetzungen
- keine Monopolstellung einer Einrichtung, sondern Vielfalt und Pluralismus
- Abbau normativer Erziehungsziele
- Abschied von einem Bildungs- und Kulturkanon
- Anerkennung vielfältiger Bildungswege und Bildungsprofile
- Gleichwertigkeit von wissenschaftlichem Wissen und Erfahrungswissen, von -Kognition und Emotion
- wechselseitige Ergänzung von rationalen, ästhetischen, religiösen und anderen Weltanschauungen
- Anerkennung einer multikulturellen Perspektivenvielfalt
- prinzipielle Konstruktivität unserer Wirklichkeiten
- Erweiterung des Lernbegriffs
- Vermischungen von Bildungsarbeit, Geselligkeit, Unterhaltung

- Entdeckung „ungewöhnlicher“ Lernorte und Lernumgebungen
- „Bastelbiografien“ und „Patchworkidentitäten“ anstatt einer „stets mit sich identischen Persönlichkeit“
- Flexibilisierung beruflicher Professionalität
- lernende, anpassungsfähige Organisationen
- Rollentausch von Lehrenden und Lernenden.

Die Lernkulturen der Postmoderne sind nicht gradlinig, berechenbar, planbar. Eigensinn und Eigenwilligkeit der Beteiligten sind keine Störfaktoren, sondern das Salz in der pädagogischen Suppe. Lehren und Lernen vermischen sich. Lernergebnisse, die am Ende einer „Maßnahme“ noch messbar waren, verblassen; andere zunächst latente Einsichten reifen erst nach Wochen. Lehr-Lernsituationen sind nicht eindeutig, sondern eher „schmuddelig“ (Hartmut von Hentig). Gut gemeinte Lehrabsichten bewirken das Gegenteil; übersichtliche Folien stiften gerade wegen ihrer Komplexitätsreduktion eher Verwirrung. Schweigen ist oft lernintensiver als Reden. Ein Kursleiter, der den Raum verlässt, setzt durch seine Abwesenheit Lernenergien in der Gruppe frei: Didaktisch-methodische Übersteuerung ist häufig kontraproduktiv. Es kann sinnvoll sein, Lernziele exakt zu definieren, es kann aber auch angemessen sein, die Ziele nicht festzulegen und sich auf den Weg zu machen.

Das Paradigma normativer, belehrender Pädagogik verblasst. Pädagog/innen wirken weniger durch Appelle als durch die Art und Weise, wie sie Inhalte „verkörpern“, wie sie sich für ein Thema engagieren und begeisterungsfähig sind. Postmoderne Pädagogik betont die lernanregende Gestaltung von Situationen und Umgebungen. Das zeitlich begrenzte Seminar wird nicht überflüssig, aber es ist eingebettet in sozialökologische Lernwelten des Alltags und des Berufs.

So findet zugleich eine Begrenzung und Ausweitung des Pädagogischen statt. In einer Wissensgesellschaft sickern Lerninhalte in alle Lebenswelten und Alltagspraktiken ein. Immer mehr Arbeitsplätze entwickeln sich zu Lernräumen. Verbraucherberatung wird mehr und mehr zum Bestandteil des alltäglichen Konsums und der Ernährung. Arztbesuche und das Verständnis pharmazeutischer Gebrauchsanweisungen sind anspruchsvolle Lernaufgaben. Politische Wahlkämpfe, die zum Showgeschäft geworden sind, können öffentliche Lernanlässe sein. Auch wenn die Institutionalisierung der Bildungsarbeit an Grenzen stößt, so scheint der gesellschaftliche Bedarf an pädagogischer Professionalität keineswegs gedeckt zu sein. Die Lernkulturen der Postmoderne erfordern mehr und mehr ***reflexive Kompetenzen***. Dazu gehört die Fähigkeit, mit der Informationsflut und dem wachsenden Nichtwissen kompetent umzugehen, zu entscheiden, was man getrost vergessen kann, sich seiner generativen Themen zu vergewissern, die eigenen Lerngewohnheiten zu optimieren, Lernen nicht (nur) als Stress, sondern (auch) als Bereicherung zu erfahren.

Erwachsenenbildung in Zeiten der Postmoderne ist reflexive Erwachsenenbildung. Das heißt, die Verantwortlichen dieses Bildungsektors vergewissern sich der – oft unbeabsichtigten – Folgen und Nebenwirkungen. Die Teilnahme an Veranstaltungen ist nicht immer eine Bereicherung und ein Erfolgserlebnis. Die Zahl der Kursabbrecher/innen ist in vielen Seminaren beträchtlich. Nach nutzlosen und didaktisch-methodisch unbefriedigenden Kursen – z.B. zur Umschulung – verlieren viele Erwachsene das Interesse am Lernen. Viele Bildungsveranstaltungen verursachen mehr Frust als Lust. Nicht selten verbringen Erwachsene viel kostbare Lebenszeit in Seminarräumen, ohne wirklich Sinnvolles gelernt zu haben. Wünschenswert ist nicht nur eine „Technik-Folgen-Abschätzung", sondern auch eine „Pädagogik-Folgen-Abschätzung" (nicht nur in der Erwachsenenbildung, auch in der Schule). Dabei sollte jedoch nicht in Vergessenheit geraten, dass Tausende von Lehrkräften eine kompetente, engagierte und teilnehmerorientierte Bildungsarbeit leisten. Die meisten von ihnen bereiten sich sorgfältig auf die Veranstaltungen vor und stehen den Teilnehmer/innen für beratende Gespräche zur Verfügung. Viele Lehrende bemühen sich um eine ständige Qualitätsverbesserung ihrer Lehre – trotz meist unzulänglicher finanzieller Honorierung. Für diese Lehrenden ist das Lernen mit Erwachsenen nicht nur ein Job, sondern auch eine ethisch verantwortliche Tätigkeit. Sie sind mit „Leib und Seele" bei der Sache, und sie interessieren sich aufrichtig für die Teilnehmenden. Eine solche Lehre lässt sich als authentisch bezeichnen – auch wenn man dieses Attribut behutsam verwenden sollte. Authentizität kann man kaum lernen, aber um Authentizität kann man sich bemühen. Meist spüren die Teilnehmer/innen ein solches fachliches und personales Engagement, es entsteht eine Resonanz zwischen Lehrenden und Lernenden, „ein Funke springt über" und die Motivation überträgt sich auf (fast) alle Beteiligten.

Literaturverzeichnis

Alheit, Peter: Lernen in Selbsthilfe. In: Tippelt a.a.O. 1999, S. 516 ff.
Alheit, Peter: Zivile Kultur. Frankfurt am Main 1994
Arnold, Rolf: Das Santiago-Prinzip. Köln 2000 Arnold, Rolf: Lernkulturwandel. In: REPORT 44/1999, S. 31 ff.
Arnold, Rolf et al.: Lehren und Lernen im Modus der Auslegung. Hohengehren 1998
Arnold, Rolf: Die emotionale Konstruktion der Wirklichkeit. Hohengehren 2005
Arnold, Rolf: Natur als Vorbild. Frankfurt am Main 1993
Arnold, Rolf; Arnold-Haecky, Beatrice: Der Eid des Sisyphos. Hohengehren 2009
Arnold, Rolf; Gieseke, Wiltrud; Zeuner, Christine (Hg.): Bildungsberatung im Dialog. 3 Bde. Baltmannsweiler 2009
Arnold, Rolf; Gieseke, Wiltrud; Nuissl, Ekkehard (Hg.): Erwachsenenpädagogik. Hohengehren 1999
Arnold, Rolf; Müller, Hans-Joachim (Hg.): Kompetenzentwicklung durch Schlüsselqualifizierung. Hohengehren 1999
Arnold, Rolf; Schüßler, Ingeborg: Wandel der Lernkulturen. Darmstadt 1998
Arnold, Rolf; Siebert, Horst: Konstruktivistische Erwachsenenbildung. Hohengehren 1997

Balgo, Rolf; Lindemann, Holger (Hg.): Theorie und Praxis systemischer Pädagogik. Heidelberg 2006
Baltes, Paul: Entwicklungspsychologie der Lebensspanne. In: Psychologische Rundschau 1/1990, S. 1 ff.
Bamberger, Günter: Lösungsorientierte Beratung. Weinheim 2001
Barz, Heiner; Tippelt, Rudolf (Hrsg.): Weiterbildung und soziale Milieus in Deutschland. Bielefeld 2004, 2Bde.
Belenky, Mary et al.: Das andere Denken. Frankfurt am Main 1989
Beyersdorf, Martin: Selbstorganisierte Bildungsarbeit. Hamburg 1991
Bildungskommission Nordrhein-Westfalen: Zukunft der Bildung – Schule der Zukunft. Neuwied 1995
BMBF: Konzentrierte Aktion Weiterbildung: Selbstgesteuertes Lernen: Bonn 1998
Bönsch, Manfred: Die beste Schule für mein Kind. Freiburg 1994

Breloer, Gerhard; Dauber, Heinrich; Tietgens, Hans: Teilnehmerorientierung und Selbststeuerung in der Erwachsenenbildung. Braunschweig 1980

Bremer, Helmut: Soziale Milieus und Bildungsurlaub. Hannover 1999

Brödel, Rainer (Hg.): Weiterbildung als Netzwerk des Lernens. Bielefeld 2004

Brödel, Rainer (Hg.): Erwachsenenbildung in der Moderne. Opladen 1997

Brödel, Rainer (Hg.): Lebenslanges Lernen – lebensbegleitende Bildung. Neuwied 1998

BUND/Misereor: Zukunftsfähiges Deutschland. Basel 1996

Bundesministerium für Bildung und Forschung (Hg.): Stand der Anerkennung non-formalen und informellen Lernens in Deutschland. Bonn2008

Bundesministerium für Bildung und Forschung (Hg.): Delphi-Befragung 1996/1998. 3 Abschlussberichte. München 1998

Burow, Olaf-Axel; Hinz, Heinz (Hg.): Die Organisation als Kreatives Feld. Kassel 2005

Capra, Fritjof: Lebensnetz. München 1999

Capra, Fritjof: Synthese. München 2000

Ciompi, Luc: Die emotionalen Grundlagen des Denkens. Göttingen 1997

Ciompi, Luc: Affektlogik, affektive Kommunikation und Pädagogik. In: REPORT 3/2003, S. 62 ff

Damasio, Antonio: Decartes'Irrtum. München 2000

Derichs-Kunstmann, Karin et al. (Hg.): Selbstorganisiertes Lernen als Problem der Erwachsenenbildung. Beiheft zum REPORT. Frankfurt 1998

Deutsches Institut für Erwachsenenbildung (Hg.): Preis für Innovation in der Erwachsenenbildung. Frankfurt am Main 1997

Deutsches Institut für Erwachsenenbildung (Hg.): Lernen für die Zukunft – Nationales Confintea V Follow-up Deutschland. Frankfurt am Main 1999

Dietrich, Stephan (Hrsg.): Selbstgesteuertes Lernen in der Weiterbildungspraxis. Bielefeld 2001

Dietrich, Stephan; Fuchs-Brüninghoff, Elisabeth et al.: Selbstgesteuertes Lernen – auf dem Weg zu einer neuen Lernkultur. Frankfurt am Main 1999

Dohmen, Günther: Das lebenslange Lernen. Hg.: Bundesministerium für Bildung und Forschung. Bonn 1996

Dohmen, Günther (Hg.): Selbstgesteuertes lebenslanges Lernen? Hg.: Bundesministerium für Bildung und Forschung. Bonn 1997

Dohmen, Günther: Das Jahr des lebenslangen Lernens. In: REPORT 39/1997, S. 10 ff.

Dörner, Dietrich: Die Logik des Misslingens. Reinbek 1993
Drerup, Heiner; Keiner, Edwin (Hg.): Popularisierung wissenschaftlichen Wissens in pädagogischen Feldern. Weinheim 1999

Eckert, Thomas; Schiersmann, Christiane; Tippelt, Rudolf: Beratung und Information in der Weiterbildung. Hohengehren. 1997
Edmüller, Andreas; Wilhelm, Thomas: Moderation. Planegg 1999
Engel, Andreas; König, Peter: Das neurobiologische Wahrnehmungsparadigma. In: Gold/Engel a.a.O. 1998, S. 156 ff.
Engel, Frank: Beratung. In: H. Faulstich-Wieland; P. Faulstich (Hg.): Erziehungswissenschaft. Reinbek 2008, S. 195 ff.
Erdberg, Robert von: Vom Bildungsverein zur Volkshochschule (1920). In: Henningsen a.a.O. 1960, S. 13 ff.
Erdberg, Robert von: Betrachtungen zur alten und neuen Richtung (1921). In: Henningsen a.a.O. 1960, S. 40 ff.
Ernst, Heiko: Psychotrends. München 1998
Erpenbeck, John: Erwachsenenlernen als Wissens- und Kompetenzmanagement. In: REPORT Nr. 45/2000, S. 84 ff.
Erpenbeck, John; Heyse, Volker: Die Kompetenzbiografie. München 1999

Faulstich, Peter: Einige Grundfragen zur Diskussion um „selbstgesteuertes Lernen"? In: Dietrich a.a.O. 1999, S. 24 ff.
Faulstich, Peter; Bayer, Mechthild (Hg.): Lernwidertände. Hamburg 2006
Faulstich, Peter; Ludwig, Joachim (Hg.): Expansives Lernen. Baltmannsweiler 2004
Faulstich, Peter; Zeuner, Christine: Erwachsenenbildung. Weinheim 1999
Faulstich, Peter; Zeuner, Christine: Lernkulturen in regionalen Netzwerken. In: REPORT 44/1999, S. 58 ff.
Faulstich-Wieland, Hannelore et al. (Hg.): REPORT Nr. 39/1997: Lebenslanges Lernen – selbstorganisiert? Frankfurt am Main 1997
Foerster, Heinz von: KybernEthik. Berlin 1993
Forschungsinstitut für Arbeiterbildung (Hg.): Jahrbuch Arbeit, Bildung, Kultur. Recklinghausen 1999
Freire, Paulo: Pädagogik der Unterdrückten. Reinbek 1973
Friedrich, Helmut; Mandl, Heinz: Analyse und Förderung selbstgesteuerten Lernens. In: Weinert/Mandl a.a.O. 1997, S. 237 ff.
Fuleda, Stefanie: Medieneinsatz. In: Grundlagen der Weiterbildung. Praxishilfen. Nr. 6.60.20/2005, S. 1 ff.

Geißler, Karlheinz: Lernen, lernen, lernen. In: Erwachsenenbildung 2/2000, S. 52 ff.
Gerstenmaier, Jochen; Mandl, Heinz: Konstruktivistische Ansätze in der Erwachsenenbildung. In: Tippelt a.a.O. 1999, S. 184 ff.
Gieseke, Wiltrud: Lebenslanges Lernen aus der Perspektive der Geschlechterdifferenz. In: REPORT 39/1997, S. 79 ff.
Glasersfeld, Ernst von: Radikaler Konstruktivismus. Frankfurt 1997
Gnahs, Dieter: Organisiertes Lernen – Organisierter Widerstand. In: P. Faulstich; M. Bayer a.a.O. 2006, S. 55 ff.
Gnahs, Dieter: Selbstgesteuertes Lernen – vom Unterricht zur Lernberatung. In: forum – VNB Niedersachsen 1/2000, S. 2 ff.
Gnahs, Dieer; Kuwan Helmut; Seidel, Sabine (Hg.): Weiterbildungsverhalten in Deutschland. Bd. 2 Bielefeld 2008
Gnahs, Dieter; Seidel, Sabine: Die Praxis des selbstgesteuerten Lernens. In: Dietrich a.a.O. 1999, S. 71 ff.
Gold, Peter; Engel, Andreas (Hg.): Der Mensch in der Perspektive der Kognitionswissenschaften. Frankfurt am Main 1998
Goleman, Daniel: Emotionale Intelligenz. München 1997
Götz, Klaus (Hg.): Wissensmanagement. München 1999
Götz, Klaus; Häfner, Peter: Didaktische Organisation von Lehr- und Lernprozessen. Weinheim 1999
Greif, Siegfried; Kurtz, Hans-Jürgen (Hg.): Handbuch Selbstorganisiertes Lernen. Göttingen 1996
Gropengießer, Harald: Lehren fürs Leben. Köln 2004
Grotlüschen, Anke; Brauchle, Barbara: Lenkompetenz oder Learning Literacy? Hamburg 2006

Hartkemeyer, Johannes; Hartkemeyer, Martina; Dhority, Freeman: Miteinander denken. Stuttgart 1998
Henningsen, Jürgen (Hg.): Die Neue Richtung in der Weimarer Zeit. Stuttgart 1960
Hentig, Hartmut von: Bildung. München 1996
Herbrich, Esther; Jurkeit, Jörg (Hg.): Lebenslanges Lernen und Bildungsberatung. Berlin 2004
Heuer, Ulrike; Siebers, Ruth (Hg.): Weiterbildung am Beginn des 21. Jahrhunderts. Münster 2007
Heuer, Ulrike u.a. (Hg.): Neue Lehr- und Lernkulturen in der Weiterbildung. Bielefeld 2001
Heyse, Volker; Erpenbeck, John; Max, Horst (Hg.): Kompetenzen erkennen, bilanzieren und entwickeln. Münster 2004
Hof, Christiane: Erzählen in der Erwachsenenbildung. Neuwied 1995
Holzkamp, Klaus: Lernen. Frankfurt 1993

Horster, Detlef: Das Sokratische Gespräch. Opladen 1994
Hufer, Klaus-Peter (Hg.): Politische Bildung in Bewegung. Schwalbach 1995
Hufer, Klaus-Peter: Neue Lernkulturen in der politischen Bildung. In: REPORT 44/1999, S. 48 ff.

Illich, Ivan: Entschulung der Gesellschaft. Reinbek 1973
Illich, Ivan: Fortschrittsmythen. Reinbek 1983

Jagenlauf, Michael; Schulz, Manuel; Wolgast, Günther (Hg.): Weiterbildung als quartärer Bereich. Neuwied 1995
Jung, Carl G.: Über den Menschen. Zürich 1998
Jung, Hans: Potenzialentwicklung als Grundlage der Personalentwicklung. In: Grundlagen der Weiterbildung (GdWZ) 4/2000, S. 198 ff.

Kade, Jochen: Riskante Biografien und die Risiken lebenslangen Lernens. In: REPORT 39/1997, S. 112 ff.
Kade, Jochen; Nittel, Dieter; Seitter, Wolfgang: Einführung in die Erwachsenenbildung. Stuttgart 1999
Kaiser, Armin (Hrsg.): Selbstlernkompetenz. München 2003
Kaiser, Arnim; Kaiser, Ruth: Metakognition. Neuwied 1999
Kemper, Marita; Klein, Rosemarie: Lernberatung. Hohengehren 1998
Kerres, Michael; Jechle, Thomas: Hybride Lernarrangements. In: Forschungsinstitut für Arbeiterbildung (Hg.) a.a.O. 1999, S. 21 ff.
Keupp, Heiner: Eine Gesellschaft der Ichlinge? München 2000
Klafki, Wolfgang: Studien zur Bildungstheorie und Didaktik. Weinheim 1963
Kleve, Heiko: Konstruktivismus und Soziale Arbeit. Aachen 1996
Knoll, Joachim H.: „Lebenslanges Lernen“ im Kontext internationaler Bildungspolitik und Bildungsreform. In: REPORT 39/1997, S. 27 ff.
Knoll, Jörg: Eigen-Sinn und Selbstorganisation. In: QUEM: Kompetenzentwicklung ‚99. Münster 1999, S. 61 ff.
Kolb, David: The learning style inventory. Boston 1976
Konzertierte Aktion Weiterbildung: Selbstgesteuertes Lernen. Hg.: Bundesministerium für Bildung und Forschung. Bonn 1998
Koring, Bernhard: Überlegungen zur didaktischen Struktur internetbasierten Lernens in der Erwachsenenbildung. In: Forschungsinstitut für Arbeiterbildung (Hg.) a.a.O. 1999, S. 9 ff.
Kösel, Edmund: Die Modellierung von Lernwelten. Elztal 1993
Krause, Christina u.a. (Hrsg.): Pädagogische Beratung. Paderborn 2003

Krug, Peter: Das Europäische Jahr des lebensbegleitenden Lernens 1996. In: REPORT 39/1997, S. 50 ff.
Krüger, Wolfgang: Beratung in der Weiterbildung. Paderborn 1978
Kühne de Haan, Lelia: Ja, aber... München 2004

Lakoff, G.; Johnson, M.: Metaphors We Live By. Chicago 1980
Landesverband der Volkhochschulen von NRW (Hrsg.): Zum Verhältnis von Aufstiegshoffnung und Bildungsinteresse. Dortmund 1965
Lehnert, Uwe: Lohnt sich teure EDV-Schulung? In: Grundlagen der Weiterbildung 5/2000, S. 234 ff.
Lenzen, Dieter: Orientierung Erziehungswissenschaft. Reinbek 1999
Ludwig, Joachim: Bildungsberatung und Lernberatung. In: A. Grotlüschen; P. Beier (Hg.): Zukunft lebenslangen Lernens. Bielefeld 2008, S. 73 ff.
Luhmann, Niklas: Die Moral der Gesellschaft. Frankfurt 2008

Mader, Wilhelm: Lebenslanges Lernen oder lebenslange Wirksamkeit von emotionalen Orientierungssystemen. In: REPORT 39/1997, S. 88 ff.
Mader, Wilhelm: Von der zerbrochenen Einheit des Lehrens und Lernens. In: Nuissl et al. a.a.O. 1997, S. 61 ff.
Mader, Wilhelm: Weiterbildung und Beratung. In: Tippelt a.a.O. 1999, S. 318 ff.
Mager, Robert: F.: Lernziele und Unterricht. Weinheim, Basel 1965
Mahlmann, Regina: Einzel-Coaching: Kompetenz entwickeln. Weinheim 2001
Mandl, Heinz; Gruber, Hans; Renkl, Alexander: Lernen und Lehren mit dem Computer. In: Weinert/Mandl a.a.O. 1997, S. 437 ff.
Mann, Alfred: Denkendes Volk – Volkhaftes Denken (1928). Braunschweig 1948
Maturana, Humberto: Was ist erkennen? München 1996
Metzinger, Thomas: Anthropologie und Kognitionswissenschaft. In: Gold/Engel a.a.O. 1998, S. 326 ff.
Michelsen, Gerd (Hg.): Sustainable University. Frankfurt am Main 2000
Michelsen, Gerd; Siebert, Horst: Ökologie lernen. Frankfurt am Main 1985
Müller, Klaus (Hg.): Konstruktivismus. Neuwied 1996
Mutzek, Wolfgang: Kooperative Beratung. Weinheim 2002

Nickolaus, Reinhold: Handlungsorientierung als dominierendes didaktisch-methodisches Prinzip in der beruflichen Bildung. In: Zeitschrift für Berufs- und Wirtschaftspädagogik 2/2000, S. 190 ff.
Nittel, Dieter; Seitter, Wolfgang (Hrsg.): Die Bildung des Erwachsenen. Bielefeld 2003

Nolda, Sigrid: Interaktion und Wissen. Frankfurt am Main 1996
Nuissl, Ekkehard: Lernorte in der Erwachsenenbildung. In: Literatur- und Forschungsreport Weiterbildung 27/1991, S. 11 ff
Nuissl, Ekkehard: Einführung in die Weiterbildung. Neuwied 2000
Nuissl von Rein, Ekkehard: Der Wandel des Lehrens und Lernens in der Weiterbildung. In: Grundlagen der Weiterbildung – Praxishilfen 5.335, S. 1 – 12

Olbrich, Josef: Systemtheorie und Erwachsenenbildung. In: Tippelt a.a.O. 1999, S. 157 ff.

Pätzold, Henning: Lernberatung und Erwachsenenbildung. Hohengehren 2004
Peters, Roswitha: Erwachsenenbildungs-Professionalität. Bielefeld 2004
Pfleger, Claudia: Didaktische Aspekte des Computereinsatzes in der Lehre. In: Grundlagen der Weiterbildung – Praxishilfen Nr. 6.60.21/2004, S. 1 ff.
Pongs, Armin: In welcher Gesellschaft leben wir eigentlich? München 1999
Postman, Neil: Keine Götter mehr. München 1997

QUEM (Hg.): Kompetenzentwicklung ,99. Münster 1999

Radatz, Sonja: Einführung in das systemische Coaching. Heidelberg 2008
Reich, Kersten: Systemisch-konstruktivistische Didaktik. In: Voß a.a.O. 1996, S. 70 ff.
Reich, Kersten: Konstruktivistische Didaktik auf dem Weg, die Didaktik neu zu erfinden. In: R. Voß (Hrsg.): LernLust und EigenSinn. Heidelberg 2005, S. 179 ff.
Reinmann-Rothmeier, Gabi; Mandl, Heinz: Lehren im Erwachsenenalter. In: Weinert/Mandl a.a.O. 1997, S. 355 ff.
Reinmann-Rothmeier, Gabi; Mandl, Heinz; Erbach, Christine: Wissensmanagement in der Weiterbildung. In: Tippelt a.a.O. 1999, S. 753 ff.
Reischmann, Jost: Self-directed Learning – die amerikanische Diskussion. In: REPORT 39/1997, S. 125 ff.
Reischmann, Jost: Selbstgesteuertes Lernen – Verlauf, Ergebnisse und Kritik der amerikanischen Diskussion. In: Dietrich a.a.O. 1999, S. 40 ff.
Rifkin, Jeremy: Access. Frankfurt 2000
Rohs, Matthias; Käpplinger, Bernd: Lernberatung in der beruflich-betrieblichen Weiterbildung 2004
Rosenbladt, Bernhard von; Bilger, Frauke: Weiterbildungsverhalten in Deutschland. Bd 1 Bielefeld 2008

Rosenstock, Eugen: Das Dreigestirn der Bildung (1920). In: Henningsen a.a.O. 1960, S. 61 ff.
Roth, Gerhard: Fühlen, Denken, Handeln. Frankfurt 2001

Sartre, Jean Paul: Der Ekel. Reinbek 1968
Sauer, Johannes: Selbstorganisiertes Lernen. In: Derichs-Kunstmann a.a.O. 1997, S. 25 ff.
Schäffner, Lothar: KODE als Ansatz für Coaching. In: V. Heyse a.a.O. 2004, S. 11 ff.
Schäffter, Ortfried: Münchhausens Zopf als pädagogische Innovation. In: Derichs-Kunstmann a.a.O. 1997, S. 30 ff.
Schäffter, Ortfried: Weiterbildung in der Transformationsgesellschaft. Berlin 1998
Schiersmann, Christiane: Beratung im Kontext lebenslangen Lernens. In: R. Tippelt; A. v. Hippel (Hg.): Handbuch Erwachsenenbildung/Weiterbildung. Wiesbaden 2009, S. 747 ff.
Schiersmann, Christiane: Profile lebenslangen Lernen. Bielefeld 2006
Schiersmann, Christiane: Zielgruppenforschung. In: Tippelt a.a.O. 1999, S. 557 ff.
Schiersmann, Christiane; Thiel, Heinz-Ulrich: Projektmanagement als organisationales Lernen. Opladen 2000
Schlutz, Erhard (Hg.): Lernkulturen. Hg.: Deutsches Institut für Erwachsenenbildung. Frankfurt am Main 1999
Schmidt, Bernd: Systemisches Coaching. Köln 2004
Schmid, Wilhelm: Philosophie der Lebenskunst. Frankfurt am Main 1999
Schmid, Wilhelm: Der philosophische Weg zum Glück. In: Psychologie heute, 11/2000, S. 20 ff.
Schmid, Wilhelm: Mit sich selbst befreundet sein. Frankfurt 2004
Schmidt, Monika: Was Lernberatung und -prozessbegleitung beinhalten. In: Grundlagen der Weiterbildung – Praxishilfen 8.70.1 Köln 2006
Schmidt, Siegfried: Die Zähmung des Blicks. Frankfurt am Main 1998
Schönbauer, Cornelia; Paffrath, Hartmut; Michl, Werner (Hrsg.): Metaphern – Schnellstraßen des Lernens. Augsburg 1999
Schrader, Josef: Lerntypen bei Erwachsenen. Weinheim 1994
Schrader-Naef, Regula: Warum Erwachsene (nicht) lernen. Chur 1997
Schüßler, Ingeborg: Deutungslernen. Hohengehren 2000
Siebert, Horst: Konstruktivistisch lehren und lernen. Augsburg 2008
Siebert, Horst: Pädagogischer Konstruktivismus. Weinheim 2005
Siebert, Horst: Die Wirklichkeit als Konstruktion. Frankfurt 2005
Siebert, Horst: Didaktisches Handeln in der Erwachsenenbildung. Augsburg 2009
Siebert, Horst; Griese, Hartmut; Czernianska, Olga (Hg.): Lernprojekte Erwachsener. Hohengehren 1993
Spitzer, Manfred: Geist im Netz. Heidelberg 2000

Stadelhofer, Carmen; Körting, Gabriele (Hg.): Senior-Studierende Online. Mössingen 2000

Staudt, Erich; Kriegesmann, Bernd: Weiterbildung: Ein Mythos zerbricht. In: QUEM a.a.O. 1999, S. 17 ff.

Staudt, Erich; Kriegesmann, Bernd: Weiterbildung: Ein Mythos zerbricht. In: Grundlagen der Weiterbildung 4/2000, S. 174 ff.

Stipsits, Reinhold: Zertifizierbare Bildung? In: Tools 1/2000, S. 7 ff.

Straka, Gerald: Selbstgesteuertes Lernen in der Arbeitswelt. In: REPORT 39/1997, S. 146 ff.

Strzelewicz, W. u.a.: Bildung und gesellschaftliches Bewusstsein. Stuttgart 1996

Stukenberg, Horst: Selbstgestaltete Bildungsarbeit in der Erwachsenenbildung. Regensburg 1999

Tannen, Deborah: Ich mein's doch nur gut. München 2002

Tannen, Deborah: Du kannst mich einfach nicht verstehen. München 1991

Terhart, Ewald: Konstruktivismus und Unterricht. Zeitschrift für Pädagogik 5/1999, S. 629 ff.

Tietgens, Hans: Warum kommen wenig Industrie-Arbeiter in die Volkshochschule? (1964) In: Wolfgang Schulenberg (Hg.): Erwachsenenbildung. Darmstadt 1978, S. 98 ff.

Tietgens, Hans: Die Erwachsenenbildung. München 1981

Tietgens, Hans: Teilnehmerorientierung in Vergangenheit und Gegenwart. Frankfurt am Main 1983

Tippelt, Rudolf von Hippel, Aiga (Hg.): Handbuch Erwachsenenbildung/Weiterbildung. Opladen 2009

Tippelt, Rudolf von Hippel, Aiga: Kontinuität und Diskontinuität von Bildungsbiografien? In: Nuissl et al. a.a.O. 1999, S. 253 ff.

Titze, Michael; Eschenröder, Christof: Therapeutischer Humor. Frankfurt am Main 1998

Tomaschek, Nino: Systemisches Coaching. Wien 2003

Tough, Allen: The Adult's Learning Projects. Toronto 1971

Tully, Claus: Jugend auf der Suche nach Gelegenheitsstrukturen. In: Landesinstitut für Schule und Weiterbildung: Informationen Weiterbildung, 7/2000, S. 20 f.

Varela, Francisco: Kognitionswissenschaft – Kognitionstechnik. Frankfurt am Main 1990

Varela, Francisco; Thompson, Evan: Der Mittlere Weg der Erkenntnis. Bern 1992

Verband unabhängiger Bildungsinitiativen/Zimmermann, Hannelore (Hg.): Kulturen des Lernens. Mössingen 1995

Vogel, Norbert; Scheile, Hermann (Hg.): Lernort Heimvolkshochschule. Paderborn 1983

Vogelbauer, Werner: Methoden-ABC im Coaching. Neuwied 2001

Voß, Reinhard (Hg.): Die Schule neu erfinden. Neuwied 1996

Watzlawick, Paul: Anleitung zum Unglücklichsein. München 2000

Watzlawick, Paul (Hrsg.): Kurzzeittherapie und Wirklichkeit. München 2003

Weidenmann, Bernd: Medien in der Erwachsenenbildung. In: Weinert/Mandl a.a.O. 1997, S. 405 ff.

Weinberg, Johannes: Lernkultur – Begriff, Geschichte, Perspektiven. In: QUEM (Hg.): Kompetenzentwicklung ,99. Münster 1999, S. 81 ff.

Weinberg, Johannes: Einführung in das Studium der Erwachsenenbildung. Bad Heilbrunn 2000

Weinberg, Johannes: Über die Entstehung von Wissen und Lernen aus Trivialität und Erinnerung. In: REPORT Nr. 45/2000, S. 116 ff.

Weinert, Franz; Mandl, Heinz (Hg.): Psychologie der Erwachsenenbildung. Göttingen 1997

Weinert, Franz; Schrader, Friedrich: Lernen lernen als psychologisches Problem. In: Weinert/Mandl a.a.O. 1997, S. 296 ff.

Weiß, Reinhold: Elemente eines Bildungscontrolling. In: W. Ischebeck et al.: Qualität und Effizienz betrieblicher Bildungsarbeit. Köln 1994, S. 28 ff.

Welsch, Wolfgang: Vernunft. Frankfurt am Main 1996

Whitmore, John: Coaching für die Praxis. Frankfurt am Main 1996

Willke, Helmut: Einführung in das systemische Wissensmanagement. Heidelberg 2004

Winter, Gerhard: Sozial- und persönlichkeitspsychologische Beiträge zu einer zukunftsorientierten Umweltbildung und -erziehung. In: W. Bechinger (Hg.): Zukunftsaufgabe Umweltbildung. Frankfurt am Main 1993, S. 23 ff.

Witthaus, Udo; Wittwer, Wolfgang: Open Space. Bielefeld 2000

Wittpoth, Jürgen: Rahmungen und Spielräume des Selbst. Frankfurt am Main 1994

Wolters, Ursula: Lösungsorientierte Kurzberatung. Leonberg 2004

Zech, Rainer; Ehses, Christiane (Hg.): Organisation und Lernen. Hannover 1999

Ziehe, Thomas; Stubenrauch, Herbert: Plädoyer für ungewöhnliches Lernen. Reinbek 1982

Grundlagen der Weiterbildung

Herausgeber der Buchreihe: RA Jörg E. Feuchthofen; Prof. Dr. Michael Jagenlauf MA; Prof. Dr. Arnim Kaiser

Hermann Finkenzeller und Sabine Riemer

Kompetenz und Reflexion

Kompetenzen beschreiben, beurteilen und anerkennen
184 Seiten, Format 14 x 21 cm
zahlreiche Abb. / Graf. / Tab.
19,90 € (D) / 20,50 € (A) / 36,00 sFr
ISBN 978-3-940 562-97-5 (Softcover)

Kompetenz ist das neue Paradigma im europäischen Bildungsbereich. Es besteht große Unsicherheit, was darunter zu verstehen und wie dieses Phänomen zu beurteilen ist. Der Bologna-Prozess sowie die Entwicklung von nationalen und vergleichenden Qualifi kationsrahmen in Europa betonen die prinzipielle Gleichwertigkeit unterschiedlicher Bildungswege im Hinblick auf ein angestrebtes Lernergebnis.
Das, worauf es allein ankommt, ist das Resultat des Lernprozesses, das näher bezeichnet wird als Kompetenz. Das Buch hat sich die Aufgabe gestellt, den Kompetenzbegriff zu differenzieren und zu operationalisierbaren Bewertungskriterien zu kommen.
Das Buch bietet Anregungen und Zusammenfassungen wichtiger Aspekte. Eine verantwortungsvolle Entscheidung für eine eigene Kompetenzbestimmung sollten die Leserinnen und Leser bezogen auf den jeweiligen Kontext für sich selbst vornehmen. Dies gilt für Lehrende und Lernende gleichermaßen, wenn sie zum Beispiel: Curricula entwickeln – Lernergebnisse festlegen – unterrichten – lernen – andere bewerten – sich selbst bewerten – reflektierte Berichte schreiben usw.

Bernd Heckmair und Werner Michl

Von der Hand zum Hirn und zurück

Bewegtes Lernen im Fokus der Hirnforschung
188 Seiten, Format 14 x 21 cm
zahlreiche Abb. / Fotos / Schaubilder
19,90 € (D) / 20,50 € (A) / 36,00 sFr
ISBN 978-3-940 562-83-8 (Softcover)

Hirnforscher haben eine neue Debatte um Erziehung und Bildung angefacht. Ihre Protagonisten erklären den etablierten Erziehungswissenschaftlern und Institutionen, wie Lernen funktioniert. In diesem Buch geht es um die Emotionen und das Erleben, den Körper und die Bewegung, die Gruppe und die Gemeinschaft. Welche Rolle spielen sie beim Lernen? Wie können Lehrende und Studierende, Erziehende und Therapierende von den Erkenntnissen der Neurowissenschaft profitieren?
Der Band enthält den frei nutzbaren und unbegrenzt reproduzierfähigen Kriterien- und Indikatorenkatalog zur Neurodidaktik. Als Hochschuldozentin oder Lehrer, als Personalentwicklerin oder Erwachsenenbilder, als Coach oder Trainerin können Sie ihre Konzepte und Programme mit diesem Test überprüfen. Die Autoren stehen Ihnen mit Rat und Tat zur Seite.

Kersting Hohenstein

Berufskonzepte zwischen Psychotherapie und ...

Erwachsenenbildung

304 Seiten, Format 14 x 21 cm
34 Abb. / Graf. / Tab.
19,90 € (D) / 20,50 € (A) / 36,00 sFr
ISBN 978-3-940 562-24-1 (Softcover)

Immer häufiger erwerben Kursleitende in der Erwachsenenbildung eine therapeutische Zusatzausbildung und setzen diese gezielt in Seminaren mit den Themenbereichen Identitäts- und Orientierungswissen ein. Im Hinblick auf die Chancen und Gefahren einer ‚Therapeutisierung' dieser Seminare stellt sich die Frage, wie sich eine solche Ausbildung auf die Arbeit in der Erwachsenenbildung auswirkt. Ausgangspunkt der vorliegenden Studie ist daher die Frage nach der Bedeutung und der Funktion einer psychotherapeutischen Ausbildung für die erwachsenenpädagogische Professionalität.
Unter Berücksichtigung zentraler Theorien und Studien zu den Themenbereichen Professionalisierung, Professionalität und dem Verhältnis von Erwachsenenbildung und Psychotherapie wird im ersten Teil der Arbeit ein Rahmenmodell des professionellen Selbst von Kursleitenden entwickelt. Nach der Darlegung der Forschungsmethodik im Mittelteil werden im dritten, empirischen Teil der Arbeit fünf Kursleitertypen vorgestellt, die sich in ihren Berufskonzepten, insbesondere der Integration psychotherapeutischer Elemente, unterscheiden.
Der entwickelte theoretische Bezugsrahmen und die Ergebnisse der empirischen Studie sind nicht nur von theoretischem Interesse. Sie eignen sich vor allem auch als Reflexionsanregung für Praktiker, um diesen ihre eigenen Motive, Ziele und Handlungsmaximen deutlicher bewusst zu machen.

Rolf Arnold und Claudia Gómez Tutor

Grundlinien einer Ermöglichungsdidaktik

Bildung ermöglichen – Vielfalt gestalten
216 Seiten, Format 14 x 21 cm
zahlreiche Abb. / Graf. / Tab.
19,90 € (D) / 20,50 € (A) / 36,00 sFr
ISBN 978-3-937 210-60-5 (Softcover)

Lebensvorbereitende (Aus-)Bildung wird angesichts der Debatte um die Anforderungen der Wissensgesellschaft an die Einzelnen zu einem immer weniger tragfähigen Konzept. Eine Subjektstärkung durch die Entwicklung von Selbststeuerungskompetenzen erscheint damit als ein Weg aus der bisherigen defensiven Lernkultur, in der allein Lehrende stellvertretend für die Lernenden die Bildungsinhalte auswählen, aufbereiten und vermitteln wollen. Die Autoren erläutern auf systemisch-konstruktivistischer Grundlage die Konsequenzen aus einem Perspektivenwechsel für die Erwachsenenbildung und die pädagogische Professionalität von Lehrenden. Sie zeigen mit ihrer lernorientierten Sichtweise Wege aus den bislang vorhandenen erzeugungsdidaktischen Arrangements hin zu einer Ermöglichungsdidaktik auf, die hierbei auch die emotionale Kompetenz mit in den Blick nimmt.

Aus dem Inhalt:
Bildung, Wissen, Kompetenz – Lernkulturwandel – Erzeugungs- vs. Ermöglichungsdidaktik – Selbstgesteuertes Lernen – Selbstlernkompetenz – virtuelle Lernumgebungen – pädagogische Professionalität – emotionale Kompetenzen und systemische Achtsamkeit

Bestellungen bitte an:

ZIEL – Zentrum für interdisziplinäres erfahrungsorientiertes Lernen GmbH
Zeuggasse 7–9, 86150 Augsburg
Tel. (08 21) 420 99 77, Fax (08 21) 420 99 78
E-Mail: verlag@ziel.org

Die Bücher der Reihe „Grundlagen der Weiterbildung" geben Raum für Theorien, die das berufliche Handeln anregen und vertiefen und bieten praktische Grundlagen und Tools. Konkurrierende Theorien, Praxen, Modelle und Ansätze werden gedanklich und empirisch weitergeführt.